农村数字普惠金融创新发展研究

杨 菁 著

中国金融出版社

责任编辑：黄　羽
责任校对：李俊英
责任印制：程　颖

图书在版编目（CIP）数据

农村数字普惠金融创新发展研究/杨菁著 . —北京：中国金融出版社，
2021. 2
ISBN 978 - 7 - 5220 - 1031 - 1

Ⅰ. ①农… 　Ⅱ. ①杨… 　Ⅲ. ①数字技术—应用—农村—金融—
研究—中国 　Ⅳ. ①F832. 35

中国版本图书馆 CIP 数据核字（2021）第 035354 号

农村数字普惠金融创新发展研究
NONGCUN SHUZI PUHUI JINRONG CHUANGXIN FAZHAN YANJIU

出版
发行　中国金融出版社

社址　北京市丰台区益泽路 2 号
市场开发部　（010）66024766，63805472，63439533（传真）
网 上 书 店　www. cfph. cn
　　　　　　　（010）66024766，63372837（传真）
读者服务部　（010）66070833，62568380
邮编　100071
经销　新华书店
印刷　北京市松源印刷有限公司
尺寸　169 毫米×239 毫米
印张　15. 25
字数　220 千
版次　2021 年 3 月第 1 版
印次　2021 年 3 月第 1 次印刷
定价　48. 00 元
ISBN 978 - 7 - 5220 - 1031 - 1
如出现印装错误本社负责调换　联系电话（010）63263947

前　言

随着经济和科技的迅速发展，普惠金融逐渐取代微型金融，开始融入国际金融体系。党的十八届三中全会明确指出"要发展普惠金融"，2015 年的《政府工作报告》中更是提出"大力发展普惠金融，让所有市场主体都能分享金融服务的雨露甘霖"。2016年 1 月，国务院印发的《推进普惠金融发展规划（2016—2020年)》指出，提高金融服务覆盖率、可得性，增加人民群众对金融服务的获得感，让农民、小微企业等弱势群体及时获取价格合理、便捷安全的金融服务，到 2020 年使我国普惠金融发展水平居于国际中上游水平。近年来，我国普惠金融发展呈现服务主体多元化、服务对象大众化、服务模式多样化、互联网普及化、大数据应用化等特点，人均拥有银行账户数量、银行网点密度等基础金融服务水平已达国际中上游水平。但是，普惠金融发展仍存在竞争不充分、体系不健全、制度不完备、地区不均衡、设施不齐全、缺乏可持续等问题。

与城市相比，我国农村金融长期处于相对薄弱的环节，农村金融供求矛盾突出，农村金融市场建设相对滞后，农村金融服务的质与量难以满足农村各项事业综合发展的需要，农村经济主体融资难、融资贵仍是无法逾越的鸿沟。2019 年 2 月 21 日，中共中央办公厅、国务院办公厅印发的《关于促进小农户和现代农业发展有机衔接的意见》表明，发展农村普惠金融，健全小农户信用信息征集和评价体系，探索完善无抵押、无担保的小农户小额信用贷款政策，不断提升小农户贷款覆盖面，切实加大对小农户生产发展的信贷支持；鼓励产业链金融、互联网金融在依法合规前提下为小农户提供金融服务；鼓励发展农业互助保险，发展与小农户生产关系密切的农作物保险等。

随着互联网、大数据、云计算、区块链的普及与应用，数字普惠金融能够发挥融资快、成本低、规模小、模式多等优势，将服务触角延伸至农村小生产经营组织，为农村低收入群体等提供更加便捷高效的金融服务。农村普惠金融体系并非对现有农村金融体系的重构，而是在现有体系中进行存量改革与增量输入。市场经济的发展使城乡差距、贫富差距与地区差距不断加大，这一方面源自农村经济主体对于风险承受能力的不同以及自身生产效率的差异；另一方面归因于弱势群体对稀缺金融资源的占有不足，从而失去了向上进阶的空间与可能性。长期以来，我国在农村金融领域实施了一系列的严格管制措施，如设置较高的市场准入门槛、限制农村金融机构的业务范围、对存贷款利率的管制等。在西方金融自由化思潮的影响下，在金融科技创新浪潮的推动下，政府采取了一系列措施缓解农村金融抑制现象，加速推进农村普惠金融体系布局等。

本书的研究目标在于探讨农村数字普惠金融对于农户和小微企业融资难、融资贵的缓解问题，农村数字普惠金融在发展过程中面临哪些约束，存在何种问题，如何更好地支持和推动农村数字普惠金融发展，使其更好地服务于农村各类经济主体，提高农村数字普惠金融深化度。基于此，本书综合运用信息经济学分析方法、行为科学研究方法、制度经济学分析方法以及数理和计量分析方法，从制度、机制、市场三个层面就农村数字普惠金融发展面临的约束问题进行了探讨，在对国外普惠金融发展经验进行总结的基础上，提出了我国农村数字普惠金融的可能创新路径。

本书研究发现：（1）随着金融科技创新不断加速及其在农村金融领域的逐步应用，中国农村普惠金融进入以移动支付、网上银行、大数据征信为特征的数字普惠金融发展阶段。（2）随着农村信用社的转制，合作金融的商业化取向日益明显，新型农村金融机构初具规模，新兴互联网巨头开始涉足农村金融蓝海，多元化竞争性的农村普惠金融体系格局已经初步形成。（3）农村信息化建设不断加速，互联网普及率稳步提高，传统农村金融机构依托"互联网＋"不断进行机构转型、模式创新与产品升级。网上银行、手机银行、微信银行和电商平台等数字金融服务形式在农村金融领域快速发展。（4）农村数字普惠金融除面临财税货币政策约束外，在激励、信用、定价与风控等方面也存在着诸多问题。此外，小额贷款公司对"三农"的信贷支持有限，村镇银行偏离政策初衷未达预期，P2P转型困难，农业保险供给与风险分担需求不对称，数字技术在农村金融领域应用滞后等。（5）营造适合普惠金融发展的制度环境，弱化权益资金在资金来源中的比重，健全征信服务体系，构建动态的多层次金融监管体系等国际经验，为完善我国农村普惠金融体系提供了参考路径。（6）加快金融科技在农村地区的创新与应用，推进数字化普惠式征信体系建设，普及金融健康教育、提升农户的数字金融素养，构建基于大数据技术的风控体系等举措为农村数字普惠金融建设提供了可能的创新路径。

本书的研究特色与创新在于，结合互联网金融与金融科技创新，对农村普惠金融发展概况进行了系统总结与梳理，围绕农村数字普惠金融的新进展，从制度、机制、市场三个层面对农村数字普惠金融发展面临的约束进行了深入探讨。随着金融科技创新在农村金融领域的不断深化，农村普惠金融体系应是一个动态的体系，农村数字普惠金融建设也应是一个与时俱进的发展过程。不仅如此，随着大数据技术在农村普惠金融体系中的广泛运用，用实证和数理方法对农村数字普惠金融开展系统性量化研究，应是未来的研究趋势，也是本书在研究过程中的不足之处。

杨菁

2020 年 10 月

目　录

第1章 农村数字普惠金融发展的
理论基础

1.1 研究背景

1.1.1 传统金融供给不足加剧城乡差距

作为全球第二大经济体，中国在向市场经济转型与发展过程中，会不可避免地引起贫富差距、城乡差距等诸多问题。贫富差距主要源自经济主体对于市场风险与自然风险的承受能力不同、生产效率不同，也是金融嫌贫爱富、推波助澜的结果。相对于穷人，富人更容易获得金融资源，并据此拥有向上层社会经济结构进阶的机会。改革开放40多年以来，我国农村经济虽然得到快速发展，农民收入也有显著提高，但是与城镇居民相比还有很大差距。2019年全国居民人均可支配收入为30733元，较2018年增长8.9%；其中，城镇居民人均可支配收入为42359元，增长7.9%；农村居民人均可支配收入为16021元，增长9.6%。城镇居民人均可支配收入是农村居民人均可支配收入的2.64倍。分地区看，东部地区的农村居民人均可支配收入普遍高于中西部地区，上海以33195元的农村居民人均可支配收入高居榜首，甘肃则以9629元的农村居民人均可支配收入居于末端，前者是后者的3.45倍。贫富差距的扩大不仅体现在城乡之间，在地区之间也日益凸显（见图1-1）。

截至2019年6月末，全国乡镇银行业金融机构覆盖率为95.65%，保险服务覆盖率为95.47%，基础金融服务在行政村的覆盖率为99.20%，银行卡助农取款服务点有82.30万个，基本实现了金融服务村村通。但农村地区，尤其是偏远山区、贫困地区，作为农村金融服务覆

1

盖的"最后一公里"，却成为农村数字普惠金融目标能否实现的关键所在。农户信贷需求满足率低，投资理财等多元化金融需求蓄势待发，农村金融供给仍不充分，农村金融供求之间的不对称，制约着农村经济的发展。

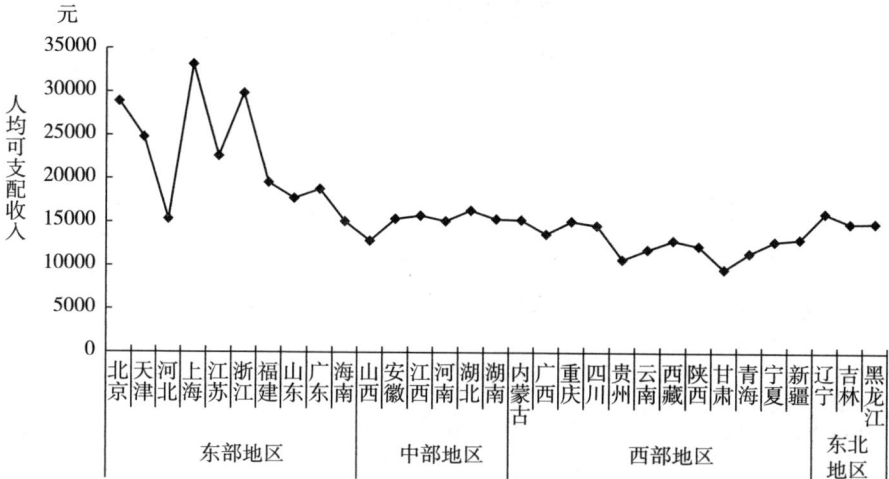

图1-1 2019年中国各地区农村居民收入水平

1.1.2 小微企业贡献度与金融服务获得度不对称

中国小微企业名录数据显示，截至2017年底，我国小微企业达7328.1万户，占企业总数的75%以上，主要从事批发零售、工业和租赁以及商务服务业等行业，行业集中度接近70%，科技型小微企业占比仅为4.62%。处于金字塔底端的众多小微企业在促进国民经济发展、带动就业方面发挥着越来越重要的作用。但受制于较高的金融服务门槛，普惠型小微企业从正规金融机构获得的贷款严重不足，融资难、融资贵依然是小微企业面临的突出性、普遍性、持久性问题。2016年到2019年上半年，我国小微企业贷款余额由26.7万亿元增加到35.63万亿元，其中，普惠型小微企业贷款余额由6.17万亿元增加到10.7万亿元，在小微企业贷款余额中的占比由23.1%增加到30%（见图1-2）。2018年，工行、农行、中行、建行发放的普惠型小微企业贷款余额在总贷款余额中占比不足5%，工行仅有2.09%的贷款用于支持小微企业（见表1－1）。截至2019年末，普惠小微贷款支持了2704万户小微企业经营主体，同比增长26.4%，但与小微企业庞大的体量相比，仍是杯水车薪。

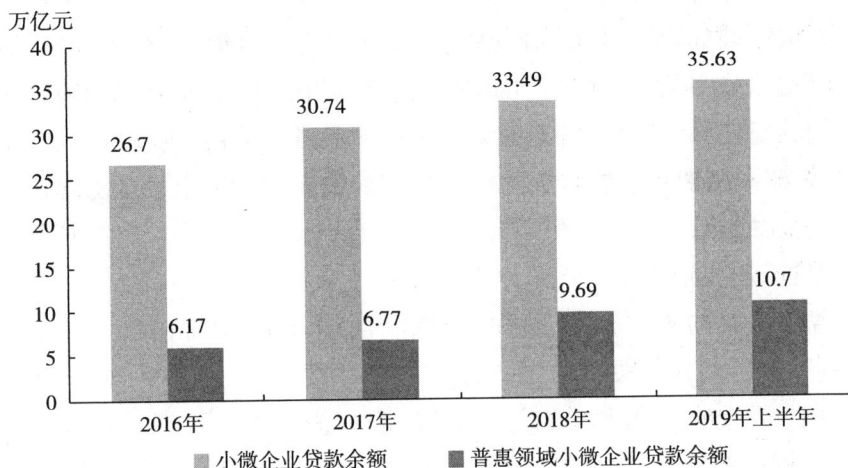

图1－2 2016年至2019年上半年我国小微企业贷款余额情况

表1－1 2018年中国主要商业银行普惠型小微企业贷款情况

银行名称	普惠型小微企业贷款余额（亿元）	占总贷款余额的比重（%）
浙商银行	1405.78	16.25
邮储银行	5449.92	12.74
建设银行	6310.71	4.58
农业银行	4937	4.13
中国银行	2984.18	2.57
交通银行	1081.33	2.28
工商银行	3101.14	2.09

资料来源：根据相关资料整理而得。

1.1.3 农村金融抑制政策的逐步放松

长期以来，我国在农村金融领域实施了一系列的严格管制措施，如设置较高的市场准入门槛、限制农村金融机构的业务范围、对存贷款利率的管制等。在西方金融自由化思潮的影响下，结合农村经济及金融发展形势，中央政府采取了一系列措施缓解农村金融领域的金融抑制现象。2006年12月20日，银监会颁布《关于调整放宽农村地区银行业金融机构准入政策　更好支持社会主义新农村建设的若干意见》，为加快培育多元化竞争性的农村金融体系提供了政策空间，村镇银行、农村资金互助社、贷款公司三类新型农村金融机构获准组建。截至2018年末，全国范围内共组建村镇银行1616家，设立农村资金互助社46家，成立贷款公司13家。组建新型农村金融机构，对解决农村地区金融机构网点覆盖率低、金融供给不足、竞争不充分等问题具有重要意义，为农村普惠金融发展打开了制度之门。

普惠金融的实质就是金融的"平民化"。联合国将普惠金融定义为"为所有阶层的人们提供合适的金融产品和服务的金融机构"。"十三五"规划纲要在"普惠金融"前面加上"农村"二字，意味着"十三五"期间发展的普惠金融有别于一般意义上的普惠金融。农村普惠金融就是要将金融普及到农村所有群体，特别是贫困地区、少数民族地区、偏远地区以及残疾人和其他弱势群体。诺贝尔和平奖得主穆罕默德·尤努斯作为小额信贷领域的鼻祖，其创办的格莱珉银行打破了放贷机构及其从业者的传统认知，让人们逐渐意识到社会弱势群体缺乏的不是信任，而是被信任的机会。在尤努斯看来，普惠金融从业机构应以社会价值为导向，淡化商业利益，积极创新服务方式，扩大普惠金融的社会公益感召力，充分挖掘弱势群体的创造力和自我价值实现的潜力。农村普惠金融应更加关注处于金字塔底端的农户、小微企业等弱势群体的金融服务覆盖面、金融需求满足度、信贷资金可得性、融资负担成本、消费者权益保护、农户金融教育等。让每一个社会公民都有平等获得基本金融服务的权利，应是普惠金融的根本要义。不仅如此，普惠金融的内涵与范畴应是与时俱进的动态概念，在满足弱势群体存贷汇等基本金融服务需求时，对于保险、租赁、理财产品需求的满足应逐步成为农村普惠金融服务的着力点。一个富有弹性的农村普惠金融体系需要众多分散在行业中的小微金融参与者，而不仅仅是在行业中处于高寡占地位的少数金融参与者。

1.1.4　金融科技在农村金融领域的逐步应用

随着移动互联网、大数据、人工智能等新一代信息技术的迅猛发展，第三方支付、P2P 平台、众筹、网上银行、大数据征信、互联网理财等新金融模式纷纷出现。新技术的出现及其在金融领域的广泛运用，为破解农村普惠金融发展困境提供了可行路径。在新技术的支持下，线上金融服务不再受制于物理网点的有限性，可以实现跨时空交易，服务门槛大幅降低。农村普惠金融机构可以运用大数据进行风险识别和信用评级，降低信息搜集、甄别和评估成本，改变传统授信方式，打破既有抵押担保方式约束，为农村经济主体提供更加方便快捷有效的金融服务。

截至 2018 年底，我国网民规模达到 8.3 亿，其中农村网民 2.2 亿，占比 27%；互联网普及率达到 59.6%，其中城镇地区互联网普及率高达 74.6%，农村地区仅有 38.4%，比城镇地区低 36.2 个百分点。以"翼农贷"为代表的新型互联网体系、以"新希望"为代表的传统产业巨头体系、以"蚂蚁金服"为代表的互联网巨头企业已开始重视并积极布局农村普惠金融领域。蚂蚁金服自 2014 年成立以来，服务了 500 多万家小微企业和个体创业者，贷款余额达到 9000 多亿元人民币，是格莱珉银行创立 40 多年来放贷总额的 7 倍。2016 年初，蚂蚁金服还专门成立了农村金融事业部，启动了"千县万亿"计划，向"三农"提供信贷、支付、保险、理财等综合金融服务。此外，微众银行也通过"微粒贷"向受到金融排斥的中低收入人群开展授信，客户群体覆盖到全国 31 个省份；截至 2018 年末，其各项贷款余额 1198.1 亿元，有效客户数达 1 亿。

1.2　理论基础

1.2.1　金融抑制与深化论

1973 年，美国斯坦福大学的罗纳德·麦金农（R. I. Mckinnon）和爱德华·肖（E. S. Show）两位经济学家分别出版了《经济发展中的货币与资本》和《经济发展中的金融深化》两本经典著作，深入研究了发展中国家金融发展与经济增长之间的辩证关系，批判了凯恩斯学派以及结构主义学派货币模型，提出符合发展中国家实际的金融抑制论和金融深化论，奠定了金融自由化的理论基础。

金融抑制论是罗纳德·麦金农在《经济发展中的货币与资本》一书中倡导的基本观点。他以金融抑制阻碍经济发展为切入点，着力揭示了"发展中国家金融自由化的内在原因，以及如何以较小的社会与经济代价实现金融自由化"。实践表明，发展中国家普遍存在深度金融抑制：利率受到政府严格管制，实际利率水平被压得过低，甚至经常为负值，低利率造成国民储蓄水平低而资金需求量大，为抑制对廉价资金的过度需求，政府不得不采取信贷资金配给制，这无疑会造成市场行为扭曲，降低资金资源配置效率，最终影响整个经济的发展。

金融深化论是爱德华·肖在《经济发展中的金融深化》一书中提出的重要观点，也由此引发全球金融自由化浪潮。与麦金农不同的是，他在对 20 世纪 50 年代、60 年代中国台湾地区和韩国金融改革实践考察的基础上，以金融深化促进经济发展为切入点，提出以金融资产存量（FRI）与 GDP 之比作为衡量一国金融深化度的指标，探求金融自由化的路径。在该理论中，金融深化的各项措施均有助于调动国民增加储蓄，扩大生产资金来源，优化资金配置，提高资金使用效率，促进经济稳定发展。

尽管麦金农和肖理论的切入点有所不同，但他们都明确主张发展中国家必须摒弃金融抑制，进行金融深化，放开利率管制，实行由市场自动生成利率的机制，即利率自由化。在他们看来，金融发展与经济发展是辩证统一的，一方面，金融自由化能使广大发展中国家走出金融抑制约束下的低水平发展陷阱；另一方面，经济发展又会产生对金融发展的良性需求，促进金融发展。

麦金农和肖认为，利率自由化影响储蓄和投资，进而影响经济增长。在这一过程中，R_i 表示实际利率，Sg_i 是与经济增长率 g_i 对应的储蓄水平，为实际利率的增函数，I 是投资曲线，F 是政府干预形成的低于市场均衡利率水平的名义利率，表示金融抑制。假定仅对存款利率设置上限，如 R_0，对应的社会储蓄量和最大投资水平均为 OI_0，如果贷款利率是市场利率，R_3 就是投资者或借款人面临的使市场出清的贷款利率，R_3 与 R_0 之间的差额就会被受到管制但仍保持竞争性的银行，以广告或开设分支机构等非价格性竞争方式消耗掉（见图 1-3）。然而，在金融抑制国家，不仅存款利率而且贷款利率通常也会受到管制，这就必然出现非价格性信贷配给。经济学一般原理告诉我们，在风险等其他影响贷款可回收性因素确定的情况下，出价最高的借款人享有优先从金融机构获得所需贷款权，在价格受到管制的情况下，贷款利率通常会低于使市场出清的均衡利率水平，这就使那些在市场利率水平下本不会盈利的项目变得有利可图，造成更多的借款人进入金融市场追逐有限的资金资源。这一方面给政府干预资金配置与金融机构利用权力寻租留下空间；另一方面降低了资金资源的配置效率以及投资效率。

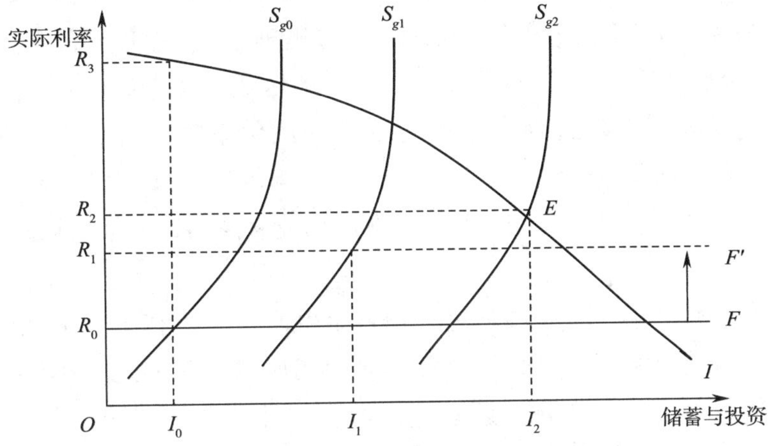

图 1-3　利率管制下的储蓄与投资

金融抑制对发展中国家经济造成的扭曲主要表现在：（1）较低的利率水平使人们倾向于增加现时消费，以消费替代储蓄，降低了社会的最优储蓄水平，减少了社会可利用的投资资源；（2）资本价格的相对低廉使人们更倾向于将有限的资源用于资本密集型项目，而非劳动密集型项目；（3）金融机构聚集存款的作用受到限制，潜在借款人更倾向于将资金直接用于相对产出效益较低的项目，而非以存款转化为间接贷款的方式增加收益，降低了资金资源的配置效率。

7

鉴于此，麦金农和肖均主张发展中国家推行金融自由化，使实际利率在市场机制的作用下自动地趋于市场均衡利率水平。实际利率越接近市场均衡利率，反映在图 1 - 3 中，就是表示金融抑制的曲线由 F 移向 F'，金融机构可利用的非价格竞争空间缩小，信贷配给现象有所缓解，这不仅会增加资本形成的数量，还可提升资本形成的质量，从而促进发展中国家的经济得到发展。

1.2.2 金融约束论

自麦金农和肖提出金融抑制论和金融深化论后，"自由化"思潮一度成为金融理论发展的主流。正是基于对自由竞争的金融体制以及自由放任的政府的憧憬，20 世纪 80 年代，许多发展中国家相继开始金融自由化改革，但随后爆发的金融危机对这一理论提出了挑战。不仅如此，日本和亚洲四小龙等国家或地区的迅速崛起，使人们开始反思"完全的金融自由化"是不是促进一国或地区经济和金融发展的最优体制，在金融体制中是否存在市场与政府的最优策略组合。正是在对战后日本经济高速增长经验总结的基础上，赫尔曼、穆尔多克和斯蒂格利茨等经济学家于 1988 年创造性地提出金融约束理论（赫尔曼等，1999）。

金融约束是指政府通过制定一系列金融政策，旨在为金融部门和生产部门创造攫取租金的机会。金融约束的实质是政府通过利率管制、严格市场准入等一系列金融约束政策，为金融部门创造"租金机会"，调动其挖掘社会潜在储蓄资源，扩大信贷供给的积极性，弱化信贷市场上存在着的逆向选择和道德风险，使银行、储户和企业的福利都得到改善，达到"帕累托改进"，提高效率，促进经济增长。如图 1 - 4 所示，在金融市场上，使市场出清的均衡利率水平为 R_0，在利率弹性较低的情况下，制度租金的存在使金融中介有足够的动力增强储蓄的安全性和便利性，从而使储蓄曲线由 S 移至 S'。如果政府仅对存款利率进行管制，如设定为 R_d，对应的储蓄水平为 Q_d，而对贷款利率不加限制，则使市场出清的贷款利率为 R_L，低于市场均衡利率 R_0，R_L 与 R_d 之间的差额为金融中介可获得的租金，R_0 与 R_L 之间的差额为企业获得的租金。贷款利率越

偏离市场均衡利率，企业可获得的租金比例越大。学者们认为，租金效
应的存在使金融中介和实物生产部门的福利均得到改善，存款者因享受
了更为安全和便利的储蓄，境况也有所好转。因此，政府以设定低利率
为特征的选择性干预是一个典型的"帕累托改进"。

政府通过利率管制创造制度租金可起到两方面作用：（1）制度租金
的存在使金融中介有动力增加贷款发放，并通过开设新的营业网点增加
存款，这在一定程度上削弱了利率管制造成国民储蓄水平下降带来的负
面效应；（2）为了获得持续不断的制度租金，金融机构必然加强对贷款
企业的监督，一定程度上可降低金融机构的贷款风险，减少金融危机的
发生。

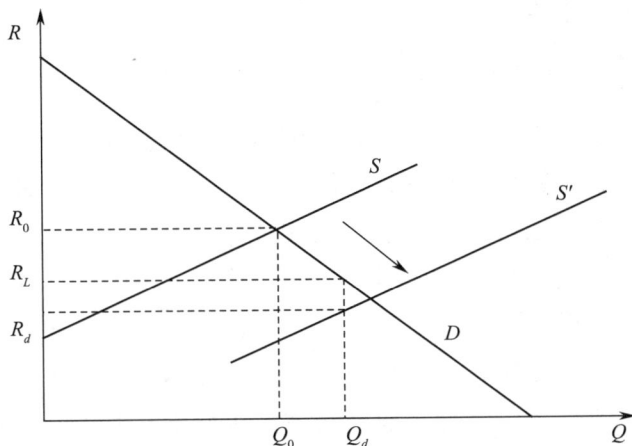

图1-4　金融约束理论中的租金效应

学界普遍认为，尽管金融抑制与金融约束理论都包含利率管制，但
两者之间仍存在明显差别：（1）在金融抑制下，政府通过利率管制从民
间部门获得租金，而在金融约束下，政府则是为民间部门创造租金；
（2）在金融抑制下，实际利率往往是负值，而在金融约束下，实际利率
通常为正值。在笔者看来，金融约束理论与金融抑制理论并无本质区别，
两者均立足于利率管制，之所以出现两种看似不同的理论，原因在于：
（1）理论提出的时代背景不同。金融抑制理论产生于20世纪70年代，
以20世纪50年代经济欠发达的中国台湾和韩国的经济发展为背景；金

融约束论产生于 20 世纪 80 年代，以日本和亚洲四小龙等新兴工业化国家或地区的经济发展为背景，这一时期这些国家或地区的经济是超常规发展的。（2）金融约束论与金融抑制论分析的都是发展中国家的利率管制问题，不同的是，金融约束论是从制度创造租金机会的积极面分析问题，金融抑制论则从租金机会出现的消极面剖析问题。（3）制度租金无论是政府攫取抑或是政府创造，归根结底都是以损害储蓄者的利益为代价的。此外，金融约束与金融抑制间的界限不明显，在现实中，实际利率经常随通货膨胀率的变动而频繁波动，我们很难以实际利率的正或负来判断一个时期是金融抑制时期抑或是金融约束时期。尤其是随着中国加入世界贸易组织及国内金融市场的进一步开放，利率的完全市场化势必到来，金融约束政策只能是一种过渡政策（王国松，2001）。

1.2.3　农业信贷补贴理论

20 世纪 80 年代以前，农业信贷补贴理论（Subsidized Credit Paradigm）在农村金融领域居于主导地位。该理论认为，农村居民尤其是贫困阶层几乎无储蓄能力，资金不足是农村地区长期面临的问题。农民收入的不确定性、农业投资的长期性和低收益性，使其难以从商业银行等正规金融机构获得融资支持。在该理论看来：（1）为减缓农村贫困，促进农业增产，有必要建立非营利性的专门金融机构，从外部注入政策性资金；（2）鉴于农业与其他产业之间的结构性收入差距，应对农业融资实行低利率；（3）以高利率为特征的非正规金融，增加了农户融资成本，阻碍了农业生产发展，有必要通过商业银行在农村的网点以及农村信用合作组织，向农村发放低息政策性资金。

农业信贷补贴理论作为一种倡导信贷供给先行的农村金融理论，有其固有的理论缺陷，主要体现在：（1）若农民预期能够持续得到廉价资金支持，则无储蓄动机，造成金融机构无法通过吸收农村储蓄增加资金来源，使农业信贷成为纯粹的财政压力；（2）当低利率无法补偿高交易成本时，官方信贷资金会倾向于选择大农户，使低息贷款的主要受益人并非贫困人口，而是较富裕的农户，出现贷款支持对象的逆向选择；（3）因受政府扶持，农村金融机构市场主体地位表现不充分，缺乏监督借款人投资、催收借款人偿债的动力，容易造成借款人故意拖欠贷款。

事实上，许多亚洲国家的经验表明，如果有储蓄机会和相应的激励机制，即使是农村地区的贫困农户，也存在储蓄需求。此外，由于贷款用途的可替换性，很难保证低息贷款全部用于支持农业活动，以及向贫困人口倾斜。因此，对消除贫困影响最大的，既非贷款也非储蓄，而是应该建立一种可持续发展的金融机制。

1.2.4　农村金融市场论

自 20 世纪 80 年代以来，农村金融市场论逐渐取代了农业信贷补贴论。与农业信贷补贴论相比，农村金融市场论更加强调市场机制的作用，其主要建立在以下前提基础之上：（1）农户和农村地区的贫困人口具备一定的储蓄能力。只要存在储蓄机会，小规模农户也可以提供大数量存款，没有必要向农村地区注入外部资金。（2）低息政策阻碍了金融机构吸收存款，抑制了农村金融发展。（3）对外部资金运用的依存度过高，导致农村贷款回收率较低。（4）考虑到农村资金的机会成本，非正规金融存在高利率现象有其合理性。

农村金融市场论特别强调市场机制的作用，尤其是利率的市场化，尤为反对补贴政策对信贷市场的扭曲。在该理论看来，利率市场化既有利于农村金融机构补偿其经营成本，作为市场主体开展业务，承担适当的利润限额；又可以鼓励金融机构有效动员农村储蓄，逐渐摆脱对外部资金的依赖，切实承担起资金管理职责。在农村金融市场论的理论框架下，农村金融面临着一系列改革：（1）农村金融机构要想发挥应有作用，动员储蓄是关键；（2）为动员储蓄、平衡资金供求，利率必须实现市场化，且实际利率不能为负；（3）农村金融机构在开展业务过程中，应保持经营自主性，实现财务可持续发展；（4）为特定利益集团服务的目标贷款制度不应存在；（5）应正视非正规金融的存在，允许其合理发展，引导非正规金融市场与正规金融市场结合起来，互补发展。

尽管利率市场化在一定程度上改善了部分农户的融资条件，但融资的高成本和合格抵押物品的缺乏，仍然会造成农户无法从正规金融市场获得充分的贷款支持。不仅如此，市场化的利率可能会减少农户对信贷的总需求。因此，政府适度干预农村金融市场，有一定的必要性和合理性。

1.2.5 不完全竞争市场理论

不完全竞争市场理论为政府介入农村金融市场提供了理论基础。在不完全竞争市场理论看来，"发展中国家的金融市场不是一个完全竞争的市场，尤其是贷款一方对借款人的情况根本无法充分掌握，如果完全依靠市场机制就可能无法培育出一个社会所需要的金融市场。为了补救市场的失效部分，有必要采用诸如政府适当介入金融市场以及借款人的组织化等非市场要素"。该理论的代表人物是在 2001 年获得诺贝尔经济学奖的斯蒂格利茨，他们对不完全竞争市场和信息不对称问题的研究成果，构成了农村金融不完全竞争市场理论的基础。

按照该理论，发展中国家的金融市场不是一个完全竞争的市场，金融机构对借款人信息掌握不充分，完全依靠市场机制，无法培育出一个满足社会需要的金融市场，为弥补市场失灵的不足，政府有必要对金融市场进行适度干预。但任何形式的介入，若要有效克服市场缺陷所引发的问题，都应具有完善的体制结构。因此，借款人的组织化等非市场要素对解决农村金融问题尤为重要。研究表明，小组贷款能够有效提高信贷市场的效率（Ghatk，2000；Laffont 和 N'Guessan，2000）。在小组贷款下，同样类型的借款者聚集到一起，有助于解决逆向选择问题（Ghatak，1999 和 2000；Ghatak 和 Guinnane，1999；Tsaael，1999）。银行等正规金融机构由于无法完全监督借款者行为而面临道德风险问题，小组贷款通过小组中的同伴相互监督可以有效约束高风险借贷行为，有助于缓解道德风险问题（Besley 和 Stepthen，1995；Stiglitz，1990）。

基于不完全竞争市场理论的政策建议主要包括：（1）较低的通货膨胀率以及宏观经济稳定是推动一国金融市场发展的前提条件；（2）应保持实际存款利率为正，并抑制其不断增长，对由此导致的信用分配及过度信用需求，在不损害金融机构储蓄动员的情况下，可由外部提供资金；（3）在不损害商业性金融根本利益的范围内，面向特定群体或部门的政策性金融是有效的；（4）政府应鼓励借款人以小组联保或者互助合作的形式申请贷款，缓解因不完全信息导致的贷款回收率低下的问题；
（5）使用权担保等融资担保形式，融资与实物买卖相结合的方法，既可
以有效缓解信息不对称，又可以确保贷款的回收；（6）政府应给予金融
机构一定的扶持政策，如限制新参与者进入等，以促进金融机构的发展。

小额信贷作为普惠金融发展的雏形，其理论基础经历了由农业信贷
补贴论向不完全竞争市场论的转变，前者作为福利主义小额信贷的理论
基础，由于忽视机构可持续性而难以为继，后者作为制度主义小额信贷
的理论基础，更加关注农村金融市场上的信息不对称和高交易成本问题。

1.2.6　金融排斥理论

金融排斥（Financial Exclusion）也称金融排除或金融排斥性，与普
惠金融相联系，最初被国外金融地理学家作为研究议题，是西方金融地
理学家"新金融地理"的研究方向之一，主要关注金融机构和服务的地
理指向性。从 20 世纪 90 年代中期开始，金融排斥理论逐渐发展成为一
门新兴理论，也是西方金融地理学家将研究视角从地理指向性转向社会
文化性的产物。

最初的金融排斥是指发达国家政府管制的放松、信息技术的广泛
应用，为金融业创造出新的发展空间和机会，金融机构为降本增效，
大量关闭中小城市的分支机构，导致落后地区金融机构的匮乏。随着
对金融排斥研究的深入，金融排斥的概念也在不断丰富，虽未达成共
识，但大多强调金融排斥是特定人群被排斥在金融服务之外的一个
过程。

在我国学者看来，金融排斥是一个多维度的动态复合概念，主要包
括：（1）地理排斥是指被排斥对象无法就近获取金融服务，只能依赖公
共交通系统到达相距较远的金融机构，才有可能获得金融服务。（2）评
估排斥是指主流金融机构通过风险评估手段对借款人施加的准入限制。
在农村地区，农村金融机构为防范风险，通过设置一系列标准化贷款流
程、作业方式及合约格式等，将农户接近和使用金融资源的金融需求排
斥在服务范围之外。（3）条件排斥是指金融机构对经济主体获取金融产
品附加不合理的条件。农村经济主体因信用档案不健全、合格抵押物品

缺失、担保人难以获取等问题，被农村金融机构天然地排斥在金融服务之外。(4) 价格排斥是指金融机构通过对金融产品制定较高的价格，造成经济主体无力偿付，从而将其排斥在金融服务之外。如在利率市场化进程中，农村信用社在利润的驱动下，将贷款利率上浮到顶，增加了农户的借款成本，降低了农户贷款可得性，通过提高贷款价格实现对大多数农户的金融排斥。(5) 营销排斥是指主流金融机构在定位目标市场、制定营销策略时，往往会将某类特定群体排除在外。如在金融机构商业化加速推进时期，农业银行等从农村地区大量撤并网点，在金融科技布局金融领域的当下，农村地区也并非其瞄准的首发市场，这些都形成了农村金融发展中的营销排斥。(6) 自我排斥是指经济主体受自身经历和心理因素影响，主动将自身排斥在主流金融体系之外，这是一种自我选择结果的排斥。

地理排斥、评估排斥、条件排斥、价格排斥、营销排斥与自我排斥共同构成了一个复杂的金融排斥集合，推动着金融排斥理论不断走向发展。

1.3 研究现状

关于农村普惠金融的研究，最早可以追溯到 2007 年，是出闫广宁、丁劲光于 2007 年 9 月发表在《中国金融》的《小额信贷：创新农村普惠金融制度——对宁夏盐池县妇女发展协会小额信贷服务中心营运情况的调查》一文。近年来，学者们对农村普惠金融的研究日益升温，在中国知网检索篇名中含有"农村普惠金融"的论文，结果显示，2007 年至 2020 年 6 月，中国知网共收录 438 篇相关研究的论文。从论文发表数量来看，2007—2013 年是农村普惠金融研究的起步阶段，这一时期，每年发表的论文数量较少，为 1~3 篇；2014 年之后关于农村普惠金融的研究快速升温，2014 年相关论文数量为 29 篇，2019 年达到 91 篇（见图 1-5）。近年来，随着金融科技的不断创新，学者们开始从数字化角度审视农村普惠金融相关问题，对于农村数字普惠金融的关注始于 2017 年，但迄今为止仅收录了 13 篇相关论文。

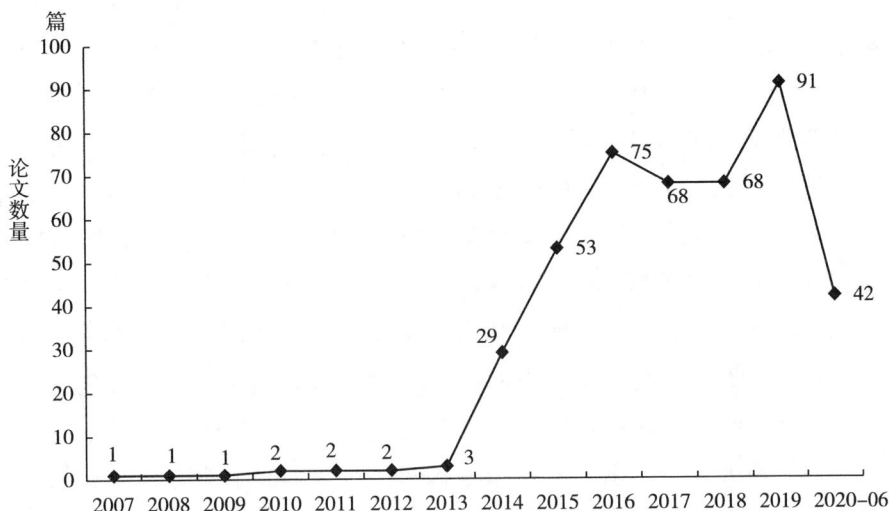

图 1 - 5　2007 年至 2020 年 6 月"农村普惠金融"相关论文发表情况

1.3.1　关于传统农村金融问题的研究

Banerjee 和 Besley（1994）认为，社区银行在与中小企业的长期互动中，有助于缓解信息不对称，合作组织中的中小企业之间为了组织利益会实施自我监督，且组织内监督较之金融机构的监督更加有效。Berger 和 Udell（1995）研究发现，小银行比大银行更加倾向于向中小企业提供贷款，小银行在对中小企业融资上具有优势。社区银行具有处理软数据的能力，在向信息不透明的中小企业发放关系型借贷上拥有比较优势（Berger 和 Udell，1995，2002）。Keeton、Harvey、Willis（2003）研究发现，美国社区银行对经济发展具有十分重要的作用，突出表现在社区银行在小型工商企业贷款和农业贷款所占的市场份额上，社区银行拥有 33% 即 100 万美元以下的小型工商企业贷款市场份额和 80% 即 10 万美元以下的农业贷款市场份额。DeYoung 和 Duffy（2004）认为，社区银行具有地区知识优势，服务更加人性化。Berger、Hasan、Klapper（2004）运用 1994—2000 年 49 个国家的数据进行实证研究时发现，发展社区银行有助于提高 GDP 增长率和银行业效率，有利于促进竞争，增强信贷资金供给量。

李树生、何广文（2008）认为，银监会对农村金融市场的准入新政是中国农村金融史上的重大突破，将从增量角度改善农村金融机构的结构和布局，但仍需要多角度创新。茅于轼（2008）认为，小额贷款公司属于微利行业，只有维持较高的贷款利率和低息吸纳资金才能保持其盈利和健康发展，低息小额信贷试验失败的原因在于低息贷款往往被一些人利用职权侵占，真正需要资金的穷人得不到贷款。李建华、许传华（2008）认为，村镇银行在发展中存在会计科目设置和统计归属、资金清算系统行号、存款准备金率和存贷款利率的执行标准等问题。秦汉锋（2009）认为，新型农村金融机构的组建，在形式上是从体制内到体制外的改革，在路径上是从单一存量改革到引入多元增量改革，在动力上是从强制到诱致改革，在绩效上是从风险化解到"三农"发展改革。李喜梅等（2009）研究发现，新型农村金融机构在一次博弈下会采取不履行社会责任的短期行为，但多次长期重复博弈的结果，会促使其自觉履行社会责任。徐瑜青等（2009）认为，村镇银行存在吸收存款困难、存款之外的资金来源受限、对公业务受限以及政策支持不足等问题，指出村镇银行要实现商业可持续发展，应完善市场退出机制和风险救助机制。马勇、陈雨露（2010）研究表明，新型金融机构数量的超速增长可能导致过于拥挤的市场状态，过度竞争的高利率政策极可能引发严重的逆向选择和道德风险问题，最终导致信贷市场崩溃。杨虎峰、何广文（2012）认为，小额贷款公司的贷款对象符合其设立的政策初衷，小微企业、个体工商户和农户是其主要的服务对象，涉农贷款比例明显高于银行业金融机构，但是其服务的深度不够，贷款的利率较高，基本上可以实现财务上的可持续发展。

随着乡村振兴战略的提出及实施，学者们开始着眼于农村金融与乡村振兴相结合的研究。何广文、刘甜（2018）认为，乡村振兴时代的农村金融需求主体主要是乡村新型经营主体，创新乡村振兴的金融服务，在注意供给侧创新的同时，还应关注需求侧的创新。龙建平（2018）认为，金融支持乡村振兴战略主要存在银行信贷管理机制与农业现代化发展要求不匹配、新型农业经营承贷主体资格与银行信贷管理条件设置不匹配、农村金融基础设施单一化与乡村振兴金融服务多元化不匹配、农村信贷产品创新滞后性与信贷支持乡村振兴需求广泛性不匹配，以及配套扶持政策与金融服务乡村振兴协调推进不匹配等问题。冯兴元、孙同全（2018）提出，为更好地推行乡村振兴战略，有必要进一步改革和发展农村金融体制，形成多层次的农村金融服务主体，加快推动出台非存款类放贷组织条例等。何广文、何婧（2018）指出，乡村振兴金融服务需求出现综合化、集团化趋势，农村金融需要进行制度创新和转型，并不断完善相应辅助机制和配套措施。王睿、周应恒（2019）认为，破解传统农村金融扶持困局、培育新型农业经营主体是完善新型农业经营体系的微观基础，实现乡村振兴战略的重要保障。

1.3.2　关于农村普惠金融的研究

Beck 等（2007）从金融覆盖渗透度和使用深度两个维度、运用四个指标构建了普惠金融发展水平评价指标体系。Sarma（2008）从渗透度、使用度、效用度三个维度定量分析了普惠金融发展水平。Andaerloni 和 Vandone（2008）从自由化、反洗钱、财政政策、反洗钱政策、社会救助政策、人口变化、收入等方面，对欧盟金融市场的普惠金融发展水平进行了分析。Arora（2010）从银行服务范围、成本及服务便利性三个维度评价了普惠金融发展水平，对发展中国家和发达国家金融服务可获得性差异进行了比较。Priyadarshee 等（2010）认为，政策、社会保障等政府主导因素是影响普惠金融发展的主要因素。Appleyard（2011）研究发现，金融机构网点地理分布影响普惠金融的发展。

杜晓山（2013）认为，普惠金融是小额信贷的发展和延伸，增加了小企业金融服务内容。郑中华、特日文（2014）从我国金融三元结构出发，认为我国普惠金融体系主要存在金融服务覆盖率低、融资成本差异大以及监督机制不健全等问题。焦瑾璞等（2015）从金融服务"可获得性、使用情况、服务质量"三个维度研究了 2013 年各省份的普惠金融发展指数。何德旭、苗文龙（2015）从金融排斥和金融包容的角度，提出实现普惠金融发展应以公平、高效的法律体系和信用体系为基础，调整现有金融制度、提升风险管理水平、推进金融市场分层和提高竞争程度。王颖、曾康霖（2016）从经济伦理层面认为，不同个体所具有的先验和后验禀赋不一致性造成要素配置、收入分配和再分配的非均等性，普惠由伦理理想演化为政策取向，即在要素配置、收入分配和再分配领域的均等性和反哺性。部分学者认为，宏观经济、收入差距、产业结构、基础设施、政府支农支出等是影响普惠金融的主要因素（王婧、胡国晖，2013；张珩等，2017；李明贤、谭思超，2018）。北京大学互联网金融研究中心的学者们通过研究发现，普惠金融发展指数与地区经济发展水平呈正相关，各地区普惠金融发展差距随着时间的推移在减小，经济落后地区在数字普惠金融发展方面具有后发优势和"弯道超车"的可能性。曾刚（2016）从财税支持体系、金融支持政策、金融监管体制、农村金融生态环境、农村风险转移和风险分担机制等方面，提出完善农村普惠金融制度体系的相关建议。

1.3.3 关于"互联网＋"农村普惠金融的研究

互联网金融是普惠金融理念的深化。谢平（2014）认为，互联网金融扩大了公众的投资范围，简化了投资过程，淡化了金融业的分工和专业化程度，对普惠金融作用巨大。徐洁等（2014）以融资双方的供需对接为标准，把互联网金融与小微企业融资模式划分为点对点融资模式、基于大数据的小额贷款模式、众筹融资模式以及电子金融机构—门户融资模式四种主要模式。马九杰等（2014）认为，中国农村互联网金融显现出买卖线上化、金融服务平等化、农村人口年轻化三大特点，成为推动农村发展新的动力和源泉。江维国、李立清（2015）研究发现，P2P融资、基于大数据的小额贷款融资、众筹融资以及供应链融资等模式，与新型农业经营主体融资模式创新具有内在契合性。焦瑾璞（2016）认为，互联网技术在货币领域的运用，数字货币在促进普惠金融发展方面，具有增加金融服务的覆盖面和便利性、降低金融服务的交易成本和时间成本、提升金融服务的质量和满意度等优势。卜又春等（2016）认为，高频率的交易流水、物流和社交信息等，为通过信息挖掘、真实全面反映借款者的还款能力和还款意愿提供了保障。张晓燕（2016）研究发现，互联网金融提高了普惠金融发展水平，且与城乡收入差距有着均衡关系，普惠金融的发展对改善城乡收入差距具有更好的持久效应。

1.3.4 关于农村数字普惠金融的研究

数字技术更迭了传统金融服务模式，有利于降低金融服务成本，深化金融服务率，扩大金融服务覆盖率、金融政策和金融知识的普及（Daniela Gabor 等，2017）。Sarma（2008，2011）借鉴联合国 HDI 指标构建方法，从地理渗透性、产品接触性和使用有效性三个维度构建了一个综合普惠金融指数（IFI）。

　　姜振水（2017）认为，农村数字普惠金融发展面临着基础金融服务缺失、数据采集难、金融机构内部挖掘不足的制约；促进农村数字普惠金融发展，应采取转变思维模式、多维度获取客户基础性数据、深度切入农业信息化等有效措施。宋晓玲（2017）运用泰尔指数从数字普惠金融视角对各省城乡居民收入差距进行了测度。易行健和周利（2018）提出，数字普惠金融可通过缓解流动性约束和便利居民支付影响居民消费。葛和平和朱卉雯（2018）研究发现，经济发展与数字普惠金融指数呈"U"形关系，数字普惠金融指数由东向西呈现递减趋势。傅秋子和黄益平（2018）认为，数字普惠金融发展对农村正规金融水平具有影响，且对生产性和消费性两种金融需求的影响具有差异性。吴金旺等（2018）利用空间面板模型研究发现，数字普惠金融具有明显的空间聚集性，互联网技术、经济发展水平以及网络消费水平对各省数字普惠金融发展水平具有正向影响。葛和平等（2018）研究发现，数字普惠金融的滞后一期、人口密度、金融意识、互联网使用状况与数字普惠金融发展具有明显的正相关关系，城乡收入差距与数字普惠金融发展则具有反向关系。张栋浩、尹志超（2018）发现数字金融比传统金融在金融普惠的使用度上能发挥更大的作用，可以更加显著地降低农村家庭贫困脆弱性。董玉峰（2018）提出，数字技术与农村金融的交叉融合主要表现在移动技术驱动支付普惠、农村电商拉动信贷普惠、代理网络推动渠道普惠、数据征信推动信用普惠等几个方面。蒋庆正等（2019）选取 15 个省市样本数据，利用 Cov 层次分析法和正交偏向最小二乘回归模型进行的实证研究发现，农村地区数字普惠金融发展与收入水平、城镇化水平、教育水平呈正相关关系，而存款贷款比例、少数民族人口占比与农村数字金融发展水平呈现负相关关系。何婧和李庆海（2019）认为，数字金融具有融资功能，可以缓解农户信贷约束，对农户创业产生正向影响，数字金融的普及会改善社会信任环境，提升社会信任程度。谢汶磊（2019）认为，普惠金融重点在农村，金融科技覆盖广、成本低、效率高的优势可以使金融服务触及农村地区。程萍（2020）研究发现，农村数字普惠金融发展具有网络外部性、边际成本趋于零和边际效益递增的特征，包括农村数字借贷、农业数字供应链金融、农村线上理财、农村数字化保险等多种应用模式。芦国荣、拜剑梅（2020）认为，数字普惠金融市场竞争加剧、数字普惠金融监管和消费者权益保护机制不完善、群体性差异等是农村数字普惠金融发展面临的突出问题。刘时习（2020）提出，应构建金融大数据征信体系、建立统一的金融科技监管规则、改善农村金融生态、探索互联网农村金融服务及产销一体化平台、加强金融启蒙教育等。

1.3.5　对研究现状的总结与评价

已有研究主要集中于以下三个方面：（1）从普惠金融的视角重新诠释小额信贷，强调农村金融机构应从需求出发，完善自身的服务供给系统，实现机构可持续发展；（2）从普惠视角探讨农村金融对农村经济诸多方面的影响，对农村普惠金融发展水平进行测度，剖析农村普惠金融发展在地区之间的差异及其影响因素等；（3）"互联网＋"与金融科技创新推动了数字普惠金融的发展，已有研究多集中于发展模式探讨、趋利避害的定性分析，以及运用模型对农村数字普惠金融影响因素的量化研究。

已有研究仍存在以下三个方面的不足：（1）对农村普惠金融体系供求主体及其相互关系的系统性研究较少；（2）随着金融科技的不断创新，农村普惠金融发展出现了新情况、新问题、新变化，现有研究多集中于数字金融方面，结合农村经济现状、农村金融实际开展的定性与定量相结合的研究不足；（3）对于数字普惠金融发展水平及其影响因素的实证研究，大多是从经济因素、人口因素、政策因素等宏观角度选取指标，缺少微观层面的分析。

1.4　研究框架

本书的研究目标在于，探讨农村数字普惠金融对于农户和小微企业融资难、融资贵的缓解问题。针对农村数字普惠金融在发展过程中面临的制度约束、机制约束与市场约束，提出可能的创新路径，推动农村数字普惠金融发展，提高农村数字普惠金融深化度，更好地服务于农村各类经济主体。基于此，本书综合运用信息经济学分析方法、行为科学研究方法、制度经济学分析方法以及数理和计量分析方法对农村数字普惠金融进行了系统性研究。第一，回顾了农村数字普惠金融发展的理论脉络，梳理了普惠金融在国内外的发展历程，总结了我国农村传统普惠金融发展概况；第二，结合"互联网＋"、金融科技创新的最新发展趋势，对农村普惠金融的渠道创新和技术创新进行了总结；第三，从准入政策、利率政策、财税政策、货币政策、监管政策等方面，探讨了农村数字普惠金融发展的制度约束；第四，从竞争、定价、风控、激励、治理、信用等方面，探讨了农村数字普惠金融发展存在的机制约束；第五，从村镇银行、小额贷款公司等机构视角，结合"互联网＋"与金融科技创新，探讨了农村数字普惠金融发展面临的市场约束；第六，在总结国外普惠金融发展经验及启示的基础上，从微观、中观、宏观三个层面提出了推进农村数字普惠金融创新的相关建议（见图 1 –6）。

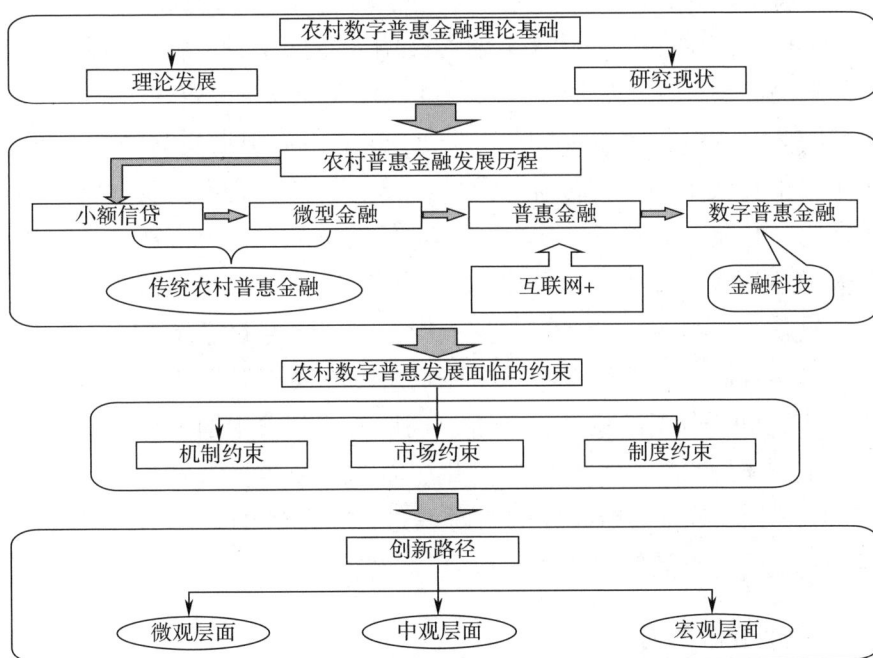

图 1 –6 技术路线

第 2 章　从小额信贷到数字普惠金融的
演变历程

2.1　数字普惠金融相关概念

2.1.1　小额信贷的内涵

国内学者对于小额信贷内涵的界定，更多的是从贷款对象、贷款方式、贷款额度等单一方面或者综合角度的考察，主要包括：（1）从贷款对象角度，将小额信贷界定为"向贫困或低收入人口提供的贷款"（杜晓山等，2000）。这一内涵旨在寻求金融对贫困人口的扶持，谋求金融对贫困问题的解决机制。（2）从贷款方式角度，将小额信贷界定为"小额度的、无担保的信用贷款"（Morduch，1997）。这一内涵根据贷款种类的划分，认为小额信贷就是小额度的信用贷款。（3）从贷款金额角度，将小额信贷界定为"单笔贷款低于一定标准的小额度贷款"（应宜逊等，2005）。（4）从贷款对象与额度二维角度，将小额信贷界定为"面向弱势群体的小额度贷款"（何广文，2002）。这一内涵得到学界的普遍认可与接受。

尽管学者们对小额信贷内涵的界定角度不同，但主要集中于贷款额度的"小"和贷款对象的"弱"上。问题是，随着中国经济提质降速发展、产业结构调整、地区差距变化、金融科技创新，内涵所涉及的"小"和"弱"等核心范畴也应与时俱进，在定性的基础上，引入量化指标，真正践行小额信贷"扶小帮弱"的初心。

2.1.2　微型金融的内涵

"微型金融"一词最早由世界银行在全球范围推广，其发起成立的

22

"扶贫咨询委员会"（CGAP）致力于微型金融的研究与推广。根据世界银行的定义，"微型金融"是指对低收入家庭提供贷款、储蓄、保险及货币支付等一系列的金融服务，其核心是微型信贷，即对没有收入来源的借款者提供无抵押贷款。

20 世纪 80 年代，微型金融在发展中国家逐步兴起；20 世纪 90 年代得以快速发展，并成为发展中国家传统正规金融体系的有益补充。2000 年以后，相关部门开始鼓励民营和外资进入微型金融领域，试办商业性微型金融业务，开创了我国微型金融发展的新局面。2005 年，由国家开发银行支持，率先在包商银行开展的微贷项目，是我国第一次由正规金融机构实施的基于商业可持续原则的微型金融业务。

微型金融致力于服务那些无法从正规金融体系获得金融服务的小微企业、贫困人口等。尽管其具有特定的目标客户群体，但并不妨碍其追求财务可持续发展。

2.1.3　普惠金融的内涵

普惠金融（Inclusive Finance）又称"包容性金融"，是与"金融排斥"相对而言的。这一概念由联合国和世界银行于 2005 年宣传"国际小额信贷年"时率先提出，"让每一个人在有金融需求时都能以合适的价格，享受到及时的、有尊严的、方便的、高质量的金融服务"。具体地，普惠金融是指以可负担的成本为有金融服务需求的社会各阶层和群体提供适当、有效的金融服务。在此基础上，联合国还第一次明确了普惠金融体系的四大目标：（1）家庭和企业以合理的成本获取较广泛的金融服务，包括开户、存款、支付、信贷、保险等；（2）稳健的金融机构，要求内控严密、接受市场监督及健全的审慎监管；（3）金融业实现可持续发展，确保长期提供金融服务；（4）增强金融服务的竞争性，为消费者提供多样化的选择。

对普惠金融的研究与探索，推动学界从多个角度对普惠金融进行了阐述（见表 2 - 1），致使普惠金融内涵呈现多样化发展。贝多广等（2016）认为，普惠金融的理念是让所有有金融需求的人都可以平等地享受金融服务，应具备五个方面的特点：（1）金融权利的公平性和包容性；（2）服务群体的可变性；（3）服务产品的全面性；（4）参与主体的广泛性和变化性；（5）商业模式的可持续性等。

2015 年 12 月 31 日，国务院印发《推进普惠金融发展规划（2016—2020 年)》，明确提出："普惠金融是指立足机会平等要求和商业可持续原则，以可负担的成本为有金融服务需求的社会各阶层和群体提供适当、有效的金融服务。小微企业、农民、城镇低收入人群、贫困人群和残疾人、老年人等特殊群体是当前我国普惠金融重点服务对象。"尽管不同主体对普惠金融内涵的界定存在差异，但均强调"以可负担的成本将金融服务惠及到所有人群"，提高金融服务的可获得性。

表 2 - 1   不同主体关于普惠金融概念的界定

主体	概念界定
亚洲开发银行（2000）	普惠金融是指向穷人、低收入家庭及微型企业提供的各类金融服务，包括存款、贷款、支付、汇款及保险；强调在一定时期内持续性地向贫困人口提供多种金融服务，能够推动金融系统及全社会的进步
英国财政委员会（2004）	普惠金融是指个人获得合适的金融产品和服务，主要包括人群可负担的信贷和储蓄
联合国（2006）	普惠金融是指将以往被忽视的小微企业、城镇低收入群体和农村贫困人口都纳入其体系，让不同的机构分别为不同的客户群体提供差异化的金融服务和产品，让每个人都拥有平等获得金融服务的权利
世界银行扶贫协商小组（CGAP，2006）	普惠金融体系是通过不同渠道，为社会所有群体提供金融服务的体系，特别是那些广大的、一般被正规金融体系排斥在外的贫困和低收入群体；提倡应向其提供差别化的金融服务，包括储蓄、保险、信贷和信托等，更加强调和关注所有的人特别是弱势群体和贫困人口享有平等的金融权利
联合国资本开发基金（2006）	对于所有的家庭和企业来说，能以合理的成本获得合理范围内的金融服务
印度普惠金融委员会（2008）	普惠金融确保弱势群体和低收入阶层以低廉的成本获得金融服务和及时、足额的信贷
墨西哥银行与证券业监督委员会（2009）	在适当的监管框架下，绝大部分成年人能够获得并使用金融产品和服务，清晰准确地获取相关信息以满足其对金融服务和产品日益增长的需求

续表

主体	概念界定
普惠金融联盟（2010）	普惠金融将被金融体系排斥的人群纳入传统金融体系
焦瑾璞（2009）	可以让社会成员普遍享受的，并且对落后地区和弱势群体给予适当优惠的金融体系，包括金融法规体系、金融组织体系、金融服务体系和金融工具体系，其中，"信贷支持"是核心内容
吴晓灵（2013）	普惠金融的核心是让每一个人在具有金融需求时，都能够以合适的价格，享受到及时的、有尊严的、方便的、高质量的金融服务。包括：政策层面的监管与监督；对于普惠金融机构的财务报告和信息披露有一定的要求；对客户层面要有公平的定价
周小川（2013）	普惠金融是指"通过完善金融基础设施，以可负担的成本将金融服务扩展到欠发达地区和社会低收入人群，向他们提供价格合理、方便快捷的金融服务，不断提高金融服务的可获得性"

资料来源：根据相关资料整理而得。

　　为推动普惠金融实践，不同主体为衡量普惠金融程度设置了不同的指标体系，总的来看，主要是从供需两个角度考量。尽管视角不同，但"可获得性和使用情况"是普遍共同关注的衡量指标（见表 2－2）。

表 2－2　　　　　　　　衡量普惠金融发展程度的指标体系

机构	指标
普惠金融全球合作伙伴组织（GPFI）	可获得性、使用情况
国际货币基金组织（IMF）	可获得性、使用情况
普惠金融联盟（AFI）	可获得性、使用情况
世界银行	从需求方的角度提供有价值的信息，评估和监测各国普惠金融实践情况
FinMark Trust（南非的一个非政府组织）	从需求方的角度，帮助各国进行普惠金融政策制定，并对普惠金融政策效果进行跟踪监测
Sarma（2008）和 Sarma and Pais（2011）	从金融服务供给视角，选择了银行渗透度、金融服务的可获得性和使用状况
Arora（2010）	从银行服务范围和便利性入手，考察普惠金融发展程度的差异

资料来源：根据相关资料整理而得。

2.1.4　数字普惠金融的内涵

尽管普惠金融的发展已经取得了显著成果，但全球仍有 20 亿成年人无法获得正规金融服务。数字技术的创新与应用为金融机构以可负担的方式，为无法获得正规金融服务的群体，提供储蓄、支付、贷款、汇款以及保险等金融服务创造了机会，提供了可能。2016 年，G20 极大地影响并加快了数字技术的运用，通过了由普惠金融全球合作伙伴（GPFI）制定的 G20 数字普惠金融高级原则，旨在促使 G20 领导人采取行动，运用数字方法实现普惠金融目标，以及实现包容性发展和提高妇女经济活动参与度等 G20 相关目标。

"数字普惠金融"仍在不断发展中，并无统一定义。这里沿用 2016 年 G20 普惠金融全球合作伙伴（GPFI）报告《全球标准制定机构与普惠金融——演变中的格局》（GPFI 白皮书）中的概念，即"'数字普惠金融'泛指一切通过使用数字金融服务以促进普惠金融的行动。它包括运用数字技术为无法获得金融服务或缺乏金融服务的群体提供一系列正规金融服务，其所提供的金融服务能够满足他们的需求，并且是以负责任的、成本可负担的方式提供，同时对服务提供商而言是可持续的"。

根据《G20 数字普惠金融高级原则》，"数字普惠金融"涵盖各类金融产品和服务，如支付、转账、储蓄、信贷、保险、证券、财务规划和银行对账单服务等，通过数字化或电子化技术进行交易，如电子货币（通过线上或者移动电话发起）、支付卡和常规银行账户。

互联网、大数据、云计算等一系列技术创新在金融领域的广泛应用，有效地降低了金融交易成本，提升了金融风险防控能力。而数字普惠金融的创新发展，很好地诠释了金融科技的初衷，成为被现代金融服务业排斥人群能够获取正规金融服务的一种数字化途径。

2.2　全球普惠金融发展历程

2.2.1　普惠金融雏形阶段：15 世纪至 20 世纪 60 年代

15 世纪，为抵制高利贷业务在意大利的盛行，降低金融服务成本，

26

使低收入群体有机会获取金融服务，意大利天主教堂创办了典当行，从事信贷业务。随后，意大利典当行的小额信贷模式得以在欧洲城市地区广泛推广与应用。这一时期的普惠金融在理念上以推进金融服务的均等化为宗旨。

到了 18 世纪，欧洲部分地区开始通过邮政储蓄金融等形式为低收入群体提供储蓄、支付、结算等金融服务。这一时期，爱尔兰的"贷款基金"模式和德国的"社区储蓄银行"模式颇具代表性。爱尔兰贷款基金成立于 18 世纪 20 年代，起初是一个慈善机构，主要利用社会捐赠向贫困农户提供无息小额信用贷款，之后转型为可吸收存款的金融中介。德国的社区储蓄银行则兼具慈善性与可持续发展，通过吸收存款和自身积累的方式，取代高利放贷，弥补金融供给不足，提高当地居民福利。

自 19 世纪开始，非洲、拉丁美洲的许多国家逐步拓宽了国有银行的服务对象，对弱势群体给予金融扶持，将普惠金融理念上升到国家层面。1895 年，印度尼西亚人民信贷银行（BPR）成立，作为该国最大的普惠金融机构，设立了近 9000 家分支机构。20 世纪初，拉丁美洲等地也开始出现各式各样的存贷款机构。这些机构以动员储蓄、增加投资、服务农业为目的，成为现代意义上的普惠金融的初期探索。

2.2.2　普惠金融发育阶段：20 世纪 70 年代至 80 年代

20 世纪 70 年代初，小额信贷的运作形式不断变化，服务对象不断扩大，覆盖地域不断延伸，推动了现代小额信贷的快速发展，以非政府组织（NGO）为代表的国际性机构在此期间发挥了重要作用。穆罕默德·尤努斯教授在孟加拉国开展的扶贫小额信贷试验，取得了巨大成功，形成了孟加拉乡村银行（GB）模式，在世界范围内得到广泛认可、推广与应用。亚洲、非洲和拉丁美洲等地的欠发达国家纷纷跟进，拉丁美洲的行动国际组织、泰国的农业和农村合作社银行以及印度的自我就业妇女协会银行等机构相继成立。

进入 20 世纪 70 年代，许多国家开始通过政策性扶贫小额信贷，以低利率方式向贫困人口提供信贷支持，尽管风靡一时，却因贷款收益无法弥补经营成本，陷入发展瓶颈，传统小额信贷面临的机遇与挑战并存。

20 世纪 80 年代，小额信贷开始转变理念，拓宽内涵，打破传统意义上扶贫金融的观念，不断改革创新，延伸发展空间，追求自身可持续发展，逐步实现了盈亏平衡。较高的还款率及财务可持续性，为小额信贷在全球范围内的实践奠定了基础。

2.2.3 普惠金融加速阶段：20 世纪 90 年代至 21 世纪初

自 20 世纪 90 年代开始，越来越多的金融机构加入普惠金融的实践中，在服务对象、业务领域、覆盖地域等方面不断扩大范围，不仅为贫困人口提供全方位、多层次的金融服务，也开始惠及金字塔底的弱势群体。由此，以项目形式运作的非政府组织（NGO）小额信贷开始转向由正规金融机构开展的可持续小额信贷，传统的扶贫小额信贷也逐步过渡到商业性小额信贷。普惠金融发展进入为低收入群体提供全面金融服务的"微型金融"阶段。

微型金融突破了小额信贷的边界，将金融服务的范围由贷款延伸至储蓄、保险、转账、信托等其他金融服务；将金融服务的供给由正规金融机构拓宽至非正规金融机构和个人开展的微型金融服务。

经过 20 多年的发展，微型金融理论和实践取得了较大成功，已从体系边缘发展成为研究主流。实践证明，贫困人口完全有可能也有能力成为各类金融机构的服务对象。普惠金融逐步走出狭义的扶贫发展空间，真正进入多样化服务的快速发展时期。

2.2.4 普惠金融创新阶段：21 世纪初至今

21 世纪以来，互联网、大数据、云计算、人工智能 AI 等技术取得了快速发展，并不断应用于金融领域，催生了金融与科技的融合发展，推动着金融科技不断走向创新，这就为金融践行普惠目标提供了全方位的技术支持。正是在这一背景下，互联网金融应运而生，实现了金融交易的线上化运作，出现了 P2P 网贷平台、众筹等诸多形式创新。不仅拓宽了金融服务路径，而且有效地降低了金融交易成本，使金融摆脱了物理网点约束，实现了跨界、跨区、跨时交易。

在互联网金融模式下，各个阶层的经济主体都能通过互联网渠道实现金融产品消费，完成金融交易，弥补了小额信贷和微型金融无法触及某些领域、无法实现某些功能的缺陷，使普惠金融市场的参与者迅速膨胀，推动了现代普惠金融体系的全面发展。在非洲，移动货币账户发展迅猛，极大地提高了非洲地区账户拥有率；在印度，政府通过实施"数字印度项目"，推动各项服务实现"去现场化、无纸化和去现金化支付"，并利用在交易过程中生成的数据，改进面向个人和小微企业的金融服务。

从普惠金融的发展历程可以看出，普惠金融起源于小额信贷，发展于微型金融，创新在数字普惠，具有典型的时代特征。普惠金融在各个时期的内涵不断丰富、表现形式不断创新、惠及群体不断扩大，形成了由"小额信贷"到"微型金融"，再到"数字普惠"的发展脉络。

2.3　中国普惠金融发展历程

普惠金融在中国的发展经历了小额信贷、微型金融、传统普惠金融、数字普惠金融四个阶段，各阶段在资金来源、服务对象、产品特色、服务宗旨等方面都存在较为明显的差异，有着鲜明的时代特征（见表 2 - 3）。

表 2 - 3　　　　　中国数字普惠金融发展阶段及其主要特征

项目	发展阶段			
	小额信贷	微型金融	传统普惠金融	数字普惠金融
时间	20 世纪 90 年代	2000—2005 年	2006—2010 年	2011 年之后
代表机构	NGO、政府主导型的扶贫信贷机构等	农村信用社、中国农业银行等正规金融机构	小额贷款公司、村镇银行、商业银行等	P2P 网贷平台、众筹、电商小贷等
资金来源	捐赠资金、财政资金、扶贫贴息贷款等	金融机构存款、国家贴息贷款	金融机构存款、民营资本等	金融机构存款、民营资本、普通大众等
服务对象	农村贫困人口	农村经济主体、个体工商户等	个体工商户、中小微企业等	所有群体包括金字塔底的弱势群体
金融产品	小额信贷	小额信贷、储蓄、结算等基本金融服务	小额信贷及汇款、支付、结算、手机银行、网上银行等金融服务	余额宝、移动支付、P2P 网贷、众筹等

项目	发展阶段			
	小额信贷	微型金融	传统普惠金融	数字普惠金融
时间	20 世纪 90 年代	2000—2005 年	2006—2010 年	2011 年之后
服务宗旨	减缓农村地区贫困状况	促进就业和改善居民生活	降低金融服务门槛，提供综合金融服务，提高金融服务质量	使所有群体都能以可负担的成本获得金融服务
标志性事件	1993 年，河北省易县建立了中国首家小额信贷机构——扶贫经济合作社	1999 年，人民银行出台《农村信用社农户小额信用贷款管理暂行办法》，采取"一次核定、随用随贷、余额控制、周转使用"的管理办法，全面推进农户小额信贷	2005 年中央一号文件明确提出"有条件的地方，可以探索建立更加贴近农民和农村需要、由自然人或企业发起的小额信贷组织"	2015 年 12 月 18 日，宜人贷在纽约证券交易所上市，成为纽交所上市的中国金融科技第一股

资料来源：根据相关资料整理。

2.3.1 小额信贷阶段：20 世纪 90 年代

在中国，真正具有扶贫性质的小额信贷始于 20 世纪 90 年代初期。1993 年，中国社会科学院农村发展研究所的杜晓山研究员将"孟加拉乡村银行模式"引入中国，在河北省易县率先成立了第一家具有扶贫性质的小额信贷机构——扶贫经济合作社，开启了小额信贷模式在中国的探索与实践。之后，国际组织相继在我国陕西、四川、云南等地参与了小额信贷机构的建立，例如世界银行在四川蜀中的小额贷款扶贫项目试点。

自 1996 年起，我国政府越发重视小额信贷在扶贫中的作用，制定了一系列支持小额信贷发展的政策。1997 年，我国开始依托中国农业银行和中国农业发展银行等正规金融机构，以扶贫贴息贷款的方式，通过小额信贷项目，向中低收入群体提供信贷支持，显著提高了金融服务覆盖的广度。

这一阶段，普惠金融更多以小额信贷的形式存在，依托非政府组织捐赠资金或者政府的扶贫资金，进行有针对性的项目运作，致力于为农村地区的贫困人口提供低息信贷支持，以减缓农村地区的贫困状况，为推动中国扶贫事业发展作出了应有的贡献。

2.3.2　微型金融阶段：2000—2005 年

在借鉴 NGO 小额信贷成功经验的基础上，为促进"三农"发展，中国人民银行于 2000 年初开始在农村合作金融领域试点并大力推广"农户小额信用贷款"和"农户联保贷款"业务。农户无须提供合格的抵押担保物品，仅以自身信誉为担保，就可以在核定额度和期限内向农村信用社等金融机构申请贷款。这些创新举措，简化了贷款审批流程，缩短了放贷时间，增强了农户贷款易得性，有效地缓解了农户贷款难问题，取得了较为显著的成效。

除农村合作金融机构外，商业性金融机构在政府引导和推动下，也开始办理小额信贷业务。这一阶段的普惠金融发展以微型金融为表现形式，更加注重金融在增加农民收入、促进就业等方面的积极作用。微型金融的定位，也从"帮助贫困群体"扩展到"扶持一般农户及小微企业"；微型金融的目标，也由"单一扶贫"转向"商业可持续发展"，开启了普惠金融发展的新局面。

2.3.3　传统普惠金融阶段：2005—2010 年

联合国大会将 2005 年指定为"国际小额信贷年"，提出"普惠金融"的概念，旨在鼓励各国普惠金融的发展。同年，中央一号文件《中共中央　国务院关于进一步加强农村工作提高农业综合生产能力若干的政策的意见》明确提出，"有条件的地方，可以探索建立更加贴近农民和农村需要、由自然人或企业发起的小额信贷组织"，标志着中国进入普惠金融发展阶段。

为适应普惠金融发展，商业银行等金融机构纷纷成立专门的微型金融部门，如工商银行的小企业信贷专业部、民生银行的中小企业客户部等，针对小微客户不断进行金融产品和服务创新。以信贷为主的传统金融服务向提供汇款、支付、结算等一揽子金融服务的综合支持转变。2006 年 12 月 22 日，中国银监会发布《关于调整放宽农村地区银行业金融机构准入政策　更好支持社会主义新农村建设的若干意见》，逐渐放开民营资本进入金融业的准入限制，贷款公司、农村资金互助社、村镇银行等新型农村金融机构相继成立，并进入起步发展阶段。

这一阶段，普惠金融开始从分散的微型金融向包容性的普惠金融体系转变，微型金融供给者不再局限于小额信贷机构、商业银行等传统金融机构，保险公司、证券公司等纷纷加入。普惠金融的服务对象扩大至金字塔底的所有弱势群体，金融产品更加多样性，贷款方式更加灵活，各类金融机构在商业可持续的基础上致力于为所有弱势群体提供信贷、保险、结算、投资等全方位的金融支持。

2.3.4 数字普惠金融阶段：2011 年至今

数字技术以普惠、平等、兼容与协作为理念，贴近普惠金融所追求的可得性与包容性目标，两者之间的深度融合，催生了数字普惠金融。在金融的运作模式、产品形态、交易路径等方面产生了诸多创新，并通过低成本、广覆盖的运作形式将服务传递于传统金融难以企及的弱势群体。2013 年党的十八届三中全会将普惠金融上升为国家战略；2015 年 12 月 31 日，国务院正式印发了《推进普惠金融发展规划（2016—2020年)》（以下简称《发展规划》），成为我国第一部国家层面的战略规划。《发展规划》明确提出，"到 2020 年，建立与全面建成小康社会相适应的普惠金融服务和保障体系，有效提高金融服务可得性，明显增强人民群众对金融服务的获得感，显著提升金融服务满意度，满足人民群众日益增长的金融服务需求，特别是要让小微企业、农民、城镇低收入人群、贫困人群和残疾人、老年人等及时获取价格合理、便捷安全的金融服务，使我国普惠金融发展水平居于国际中上游水平。"

第 3 章 传统农村普惠金融发展概况

3.1 农村普惠金融体系架构

　　农村普惠金融体系应从哪些角度进行架构？应包含哪些组织机构类型？不同学者从不同视角进行了不同的诠释。贝多广、李焰（2016b）认为，农村普惠金融体系是将包括落后地区和穷人在内的金融服务有机地融入微观、中观和宏观三个层面的金融体系。构建农村普惠金融体系的同时，应健全农村金融制度环境，推进农村金融服务方式创新，着力扩大偏远地区和弱势群体金融覆盖面。也有学者认为，农村普惠金融体系建设不仅要从微观、中观、宏观三个层面予以考量，需求也应成为重要的考量因素。从微观、中观、宏观、需求四个层面来看，微观层面着重于农村金融机构改革、农村金融产品创新；中观层面着眼于征信体系、担保体系、支付系统、信息技术等农村金融基础设施的建设与完善；宏观层面致力于与农村普惠金融配套的法律法规、政策体系建设等；需求层面扎根于挖掘农村金融体系建设和机制创新的原动力，即深度了解农户、小微企业对金融机构、金融产品以及金融服务的具体需求等。张正平、杨丹丹（2017）则认为，在普惠金融体系建设方面，各国普遍采取政策性金融、开发性金融与商业性金融相结合的方式，从事微型金融业务的机构也逐渐形成非政府组织模式、正规金融机构模式，以及非政府组织与正规金融机构相结合的模式。

3.1.1 多元化竞争性农村普惠金融体系初具雏形

　　在我国，开展普惠金融服务的组织既有营利性金融机构，如商业银行、小额贷款公司、农村信用社、互联网金融平台等；也有非营利性组织，如扶贫基金会、中国妇联、中国社科院下属机构以及国际组织资助项目等。从数量及规模来看，我国农村地区仍以营利性金融机构提供的普惠金融服务为主导形式（见表 3-1）。

表 3-1　　　　中国现阶段从事小微金融活动的主要组织

机构性质		名称/类型	特征	数量（2014 年）	组织规模
非营利性机构	非存款性贷款组织	中国社科院扶贫项目 扶贫基金会项目 UNDP 支持的项目 妇联项目	以社会绩效目标为主	约 55 个	中小型
营利性机构	银行	传统大型商业银行	主动型：以盈利为目标	28 家， 其中以被动 服从为主	大型
			被动型：服从行政命令		大型
		城市商业银行	追求盈利目标		中型
		村镇银行、 农村互助合作社	具有双重绩效目标	131 家	小型
		农村信用合作社	具有双重绩效目标	316 家	小型
	小额贷款公司	小额贷款公司	大部分追求盈利目标	67 家	小型
	互联网金融组织	P2P 交易平台	追求盈利目标	9000 家	中型
		众筹平台 a		1574 家	小型
		网络小贷银行 b		149 家 （2015 年 4 月）	大中型
	担保机构	融资担保公司	——	3 家 （2015 年 9 月）	中小型
	其他组织	——	——	8400 家	——

注：a 代表 2015 年 4 月统计数据；b 代表 2015 年 10 月统计数据。
资料来源：贝多广、李焰（2016b）。

我国农村普惠金融体系涵盖了农村正规金融机构、农村准正规金融机构以及农村非正规金融机构（见图 3-1）。其中，农村正规金融机构主要包括以下类型：一是银保监会批准设立持牌经营的农村银行类金融机构，包括政策性银行中的农业发展银行，商业银行中的农业银行和邮政储蓄银行，农村合作金融机构中的农村信用社、农村商业银行和农村合作银行，新型农村金融机构中的村镇银行、贷款公司和农村资金互助社；二是与"三农"关系密切的非银行类金融机构，包括保险公司、农村保险互助社、农产品期货公司等。农村准正规金融机构主要涵盖了小额贷款公司、涉农金融科技公司等；近年来快速发展的涉农金融科技公司在支付、信贷、理财、保险等诸多领域提供了创新性金融服务。农村非正规金融机构主要包括典当行、合会、私人钱庄等形式。总的来看，一个多层次的农村普惠金融服务体系已初步形成，在服务方式和产品供给上不断创新，普惠金融服务覆盖的广度在逐步加大、深度在逐渐提高，但农村普惠金融机构之间差距较大，完全竞争态势仍未根本形成，服务仍不充分。

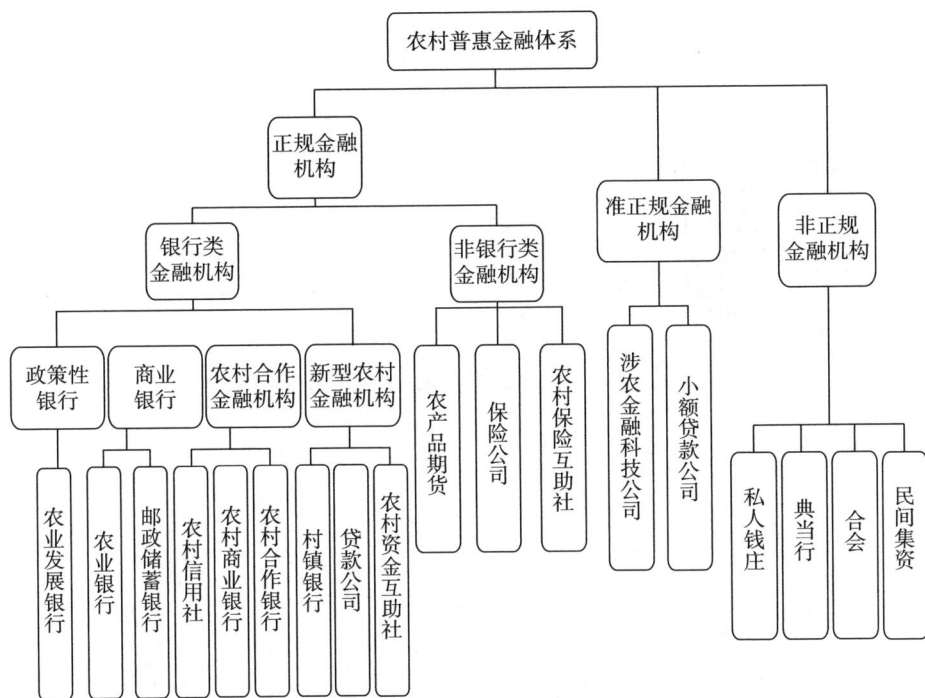

图 3 - 1　农村普惠金融体系框架

3.1.2　银行网点下沉有限，信用卡未在农村地区普及

2015—2018 年，农村地区银行网点数量由 12.17 万个增加到 12.66 万个，增加了 0.49 万个（见图 3 - 2）；每万人拥有的银行网点数量为

1.31 个，县均银行网点 56.41 个，乡均银行网点 3.95 个，村均银行网点 0.24 个，银行网点布局从县域到乡村依次减少，金融机构在农村地区的网点覆盖率低，下沉动力不足。截至 2018 年底，农村地区银行卡发行量达 32.08 亿张，人均持卡 3.31 张。其中，借记卡 29.91 亿张，同比增长 11.13%；信用卡 2.02 亿张，同比增长 15.60%；借贷合一卡 1434.35 万张（见图 3-3）。农村地区的银行卡仍以传统借记卡为主，具有透支功能的信用卡发卡数量不足，表明以信用卡为载体的小额信贷发展相对滞后。

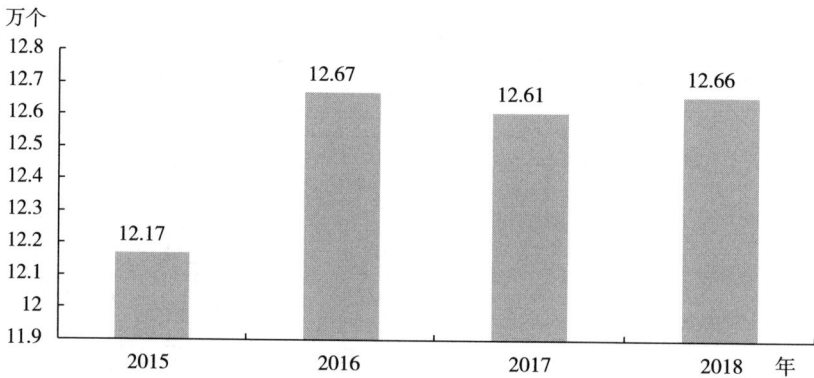

图 3-2 2015—2018 年我国农村地区银行网点数量

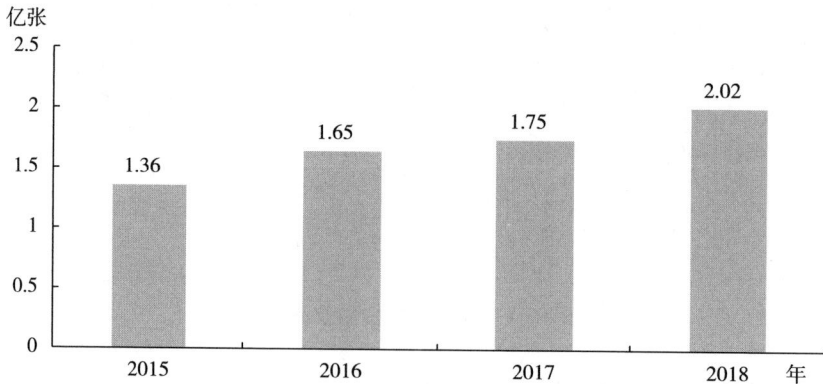

图 3-3 2015—2018 年我国农村地区信用卡发卡数量

3.1.3 农村地区依托自助终端设备的金融服务呈下降态势

2015—2018 年,我国农村地区 ATM 数量由 30.92 万台增加到 38.04 万台,增加了 7.12 万台,年均增长 7.7%;借助 ATM 交易数量由 165.35 亿笔下降到 124.06 亿笔,下降了 41.29 亿笔,年均下降 8.3%;依托 ATM 发生交易的金额由 2015 年的 21.21 万亿元增加至 2017 年的 23.05 万亿元之后,又减少至 2018 年的 21.96 亿元(见图 3 - 4、图 3 - 5、图 3 - 6)。尽管自助终端设备在农村地区的投放量有增加趋势,但农村经济主体借助 ATM 进行金融交易的笔数与金额却呈现不断下降的态势。

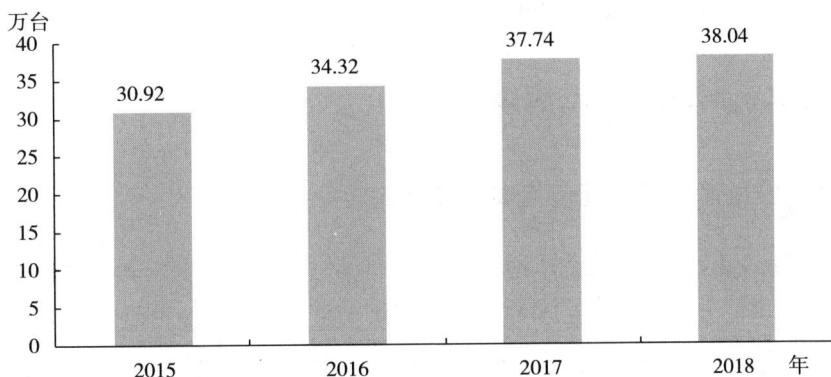

图 3 - 4 2015—2018 年我国农村地区 ATM 数量

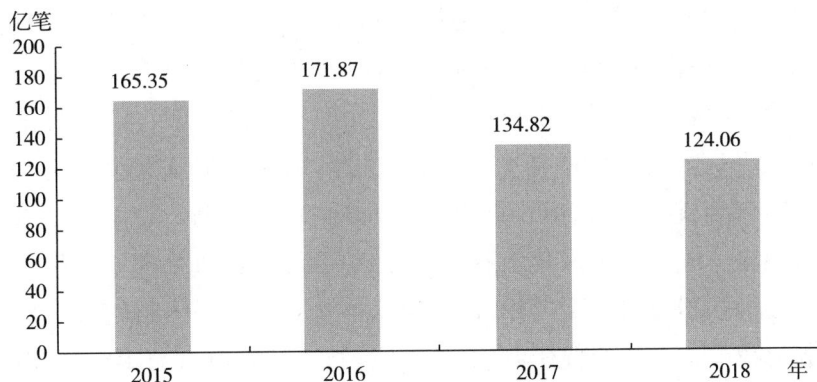

图 3 - 5 2015—2018 年我国农村地区 ATM 发生交易数量

万亿元

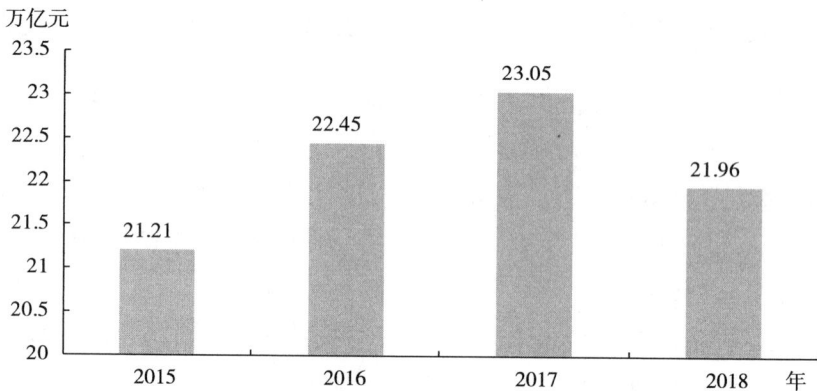

图 3 - 6　2015—2018 年我国农村地区 ATM 发生交易金额

3.2　农村商业银行发展概况

3.2.1　农村商业银行逐步实现了商业化转型

为进一步满足经济发达地区对农村金融服务的需求，2001 年国务院决定对江阴、常熟、张家港三地的农村信用合作社进行股份制改造试点。同年 11 月，经中国人民银行批准，国内首家农村商业银行——张家港农村商业银行正式挂牌营业。为进一步深化农村信用社改革，改善农村金融服务，促进农业发展、农民增收、农村全面建设小康社会，2003 年 6 月，国务院发布《深化农村信用社改革试点方案》（国发〔2003〕15 号），重点推进农村信用社产权制度和管理体制改革，首批将浙江、江苏、江西、山东、贵州、重庆、吉林、陕西 8 个省（市）的农村信用合作社列入改革试点。2004 年 8 月底，农村信用社改革试点范围进一步扩大到全国 21 个省（直辖市、自治区），同年 8 月 13 日，江苏吴江农村商业银行成立，成为我国深化农村信用社改革试点启动后成立的第一家农村商业银行。2005 年，北京和上海组建全市一级法人体制的农村商业银行，成为我国首批省级股份制农村商业银行。2007 年 8 月 10 日，海南省农村信用社联合社在海口正式挂牌成立，标志着农村信用社新的经营管理体制框架已在全国范围内建立；该联合社由海南省 19 家市县农村信用合作社联合社自愿入股组成，实行民主管理，是具有独立法人资格的地方性金融机构。

3.2.2　农村商业银行组建步伐不断加快

截至 2005 年底，全国农村商业银行共成立 12 家，2006 年和 2007 年末分别增加到 13 家和 17 家。2008 年 6 月，在原重庆市农村信用社、农村合作银行的基础上组建成立了重庆农村商业银行，是全国第三家省级农村商业银行，也是全国首家中西部农村商业银行。截至 2011 年底，我国农村商业银行的数量由 2010 年的 85 家迅速增加到 212 家，增长了 2 倍有余，农村商业银行步入快速发展阶段。2018 年 6 月底，农村商业银行达 1311 家，占农村金融机构总数的 33.6%，比 2017 年底的 1262 家新增了 49 家（见图 3 - 7）。

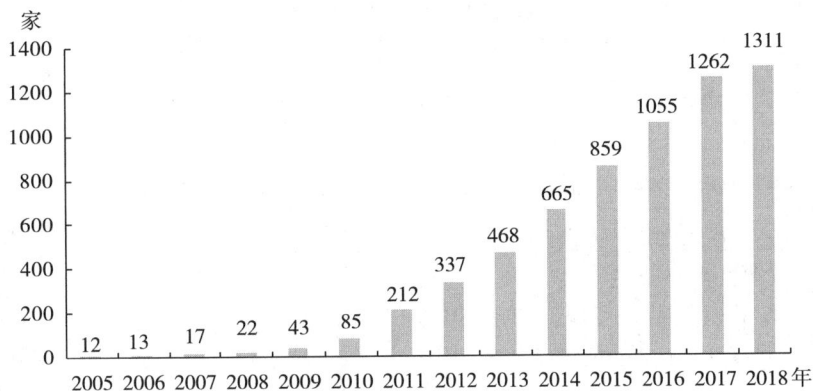

图 3 - 7　2005—2018 年我国农村商业银行数量

3.2.3　农村商业银行开始谋求 IPO 上市

2010 年 12 月 16 日，重庆农村商业银行在香港联合证券交易所 H 股主板成功上市，成为全国首家上市农商行、首家境外上市地方银行、西部首家上市银行（见表 3 - 2）。之后，随着农村商业银行的逐步发展壮大，许多经济发达地区的农村商业银行纷纷将目光投向 IPO，申请公开募股。2016 年 9 月，作为首家递交上市申请的农村商业银行，江苏常熟农村商业银行掀起了农村商业银行 IPO 上市热潮。截至 2019 年 5 月 16

日，申请首次公开发行股票的企业中，共有 15 家银行，其中农村商业银行达 9 家（见表 3－3）。

表 3－2 农村商业银行上市情况

机构名称	上市地点	上市时间
江阴农村商业银行	深圳证券交易所	2016 年 9 月
无锡农村商业银行	上海证券交易所	2016 年 9 月
常熟农村商业银行	上海证券交易所	2016 年 9 月
吴江农村商业银行	上海证券交易所	2016 年 11 月
张家港农村商业银行	深圳证券交易所	2017 年 1 月
重庆农村商业银行	香港联合证券交易所	2010 年 12 月
九台农村商业银行	香港联合证券交易所	2017 年 1 月
广州农村商业银行	香港联合证券交易所	2017 年 6 月

表 3－3 农村商业银行 IPO 情况

序号	企业名称	受理日期	申请地点	审核状态	是否已参加抽查抽签或现场检查
1	浙江绍兴瑞丰农村商业银行	2016－11－08	上交所主板	预先披露更新	是
2	厦门农村商业银行	2017－12－25	上交所主板	预先披露更新	是
3	重庆农村商业银行	2018－01－03	上交所主板	预先披露更新	是
4	亳州药都农村商业银行	2018－03－22	上交所主板	预先披露更新	是
5	江苏海安农村商业银行	2018－06－05	上交所主板	预先披露更新	是
6	江苏昆山农村商业银行	2018－12－20	上交所主板	已反馈	是
7	江苏大丰农村商业银行	2017－11－08	深交所中小板	预先披露更新	是
8	广州农村商业银行	2019－03－20	深交所中小板	已反馈	是
9	安徽马鞍山农村商业银行	2018－05－03	深交所中小板	已反馈	是

资料来源：根据相关资料整理而得。

3.2.4 农村商业银行存贷款余额快速增加

2006 年底，农村商业银行存款余额为 4394.83 亿元，贷款余额为 2598.34 亿元，存贷比仅为 59%。经过十多年的快速发展，截至 2017 年底，农村商业银行的存贷款余额分别达到 182027.93 亿元和 114536.22

亿元，是 2006 年的 41.4 倍和 44 倍，存贷比达到 63%，增加了 4 个百分点（见图 3-8）。在农村商业银行存贷款余额快速增加的同时，按法人机构平均的存贷款余额却在不断下降。2006 年，农村商业银行有 13 家，存贷款余额的平均值分别为 338 亿元和 200 亿元，到 2017 年，农村商业银行达到 1262 家，平均值分别仅有 144 亿元和 91 亿元，机构平均存贷款余额减少了 50% 以上。上述表明，在农村商业银行的整体实力不断增强的同时，却是机构均值的下降以及机构之间发展差距的不断加大。

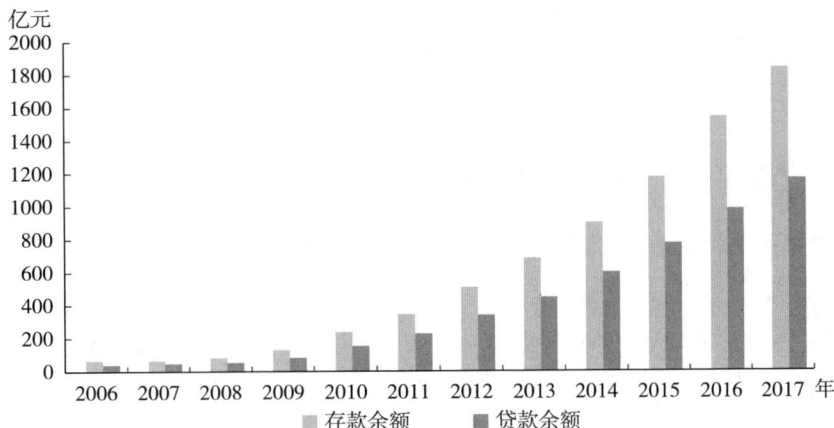

图 3-8 2006—2017 年农村商业银行存贷款余额

3.2.5 农村商业银行不良资产有上升倾向

2003 年，自农村信用社改制以来，农村商业银行的资产质量有向好趋势，尽管不良贷款余额由 2005 年的 57.1 亿元增加至 2011 年的 341 亿元，不良贷款率却从 6.03% 下降到 1.6%；2011 年之后，农村商业银行的不良贷款又出现抬头趋势，不良贷款余额增加到 2018 年的 5354 亿元，增长了 14.7 倍，不良贷款率也由 1.6% 的谷底升至 3.96%，上升 2.36 个百分点（见图 3-9）。农村信用社改制引致的制度创新，在短期内确实有助于改善农村商业银行的资产质量，但随着制度创新效应的释放，加之农村商业银行经营管理相对落后、风险控制能力较弱、征信体系不完善等，农村商业银行资产质量有恶化趋势。

41

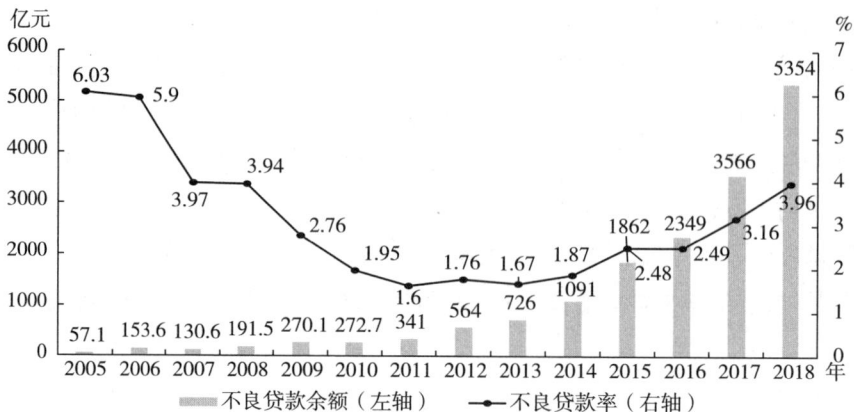

图 3 - 9 2005—2018 年农村商业银行不良贷款情况

3.3 小额贷款公司发展概况

根据《关于小额贷款公司试点的指导意见》（银监发〔2008〕23号），小额贷款公司是由自然人、企业法人与其他社会组织投资设立，不吸收公众存款，经营小额贷款业务的有限责任公司或股份有限公司。其中，有限责任公司的注册资本不得低于 500 万元，股份有限公司的注册资本不得低于 1000 万元。小额贷款公司是企业法人，自主经营、自负盈亏、自担风险，享有法人财产权，并以其全部财产对债务承担民事责任。

3.3.1 小额贷款公司由爆发式增长步入平稳发展时期

2005 年，中国人民银行开始在山西、四川、贵州、内蒙古、陕西五个省份各选择一个县进行小额贷款公司试点。2008 年，小额贷款公司在全国范围内推广，为民间资本进入金融领域打开了通道，释放了民间过剩的流动性，各地区纷纷加快组建步伐，小额贷款公司呈现爆发式的增长。从 2008 年的不到 500 家迅速增至 2015 年的 8910 家，之后进入了理性增长时期，2016 年小额贷款公司组建速度出现了 2.66% 的负增长。尽管如此，小额贷款公司依然在我国金融体系中发挥着越来越重要的作用，逐渐成为服务农户、个体工商户、中小微企业的新生金融力量（见图 3 - 10）。截至 2019 年 12 月底，全国共有小额贷款公司法人机构 9074 家，全行业实收资本达到 9478 亿元，贷款余额为 10043 亿元。

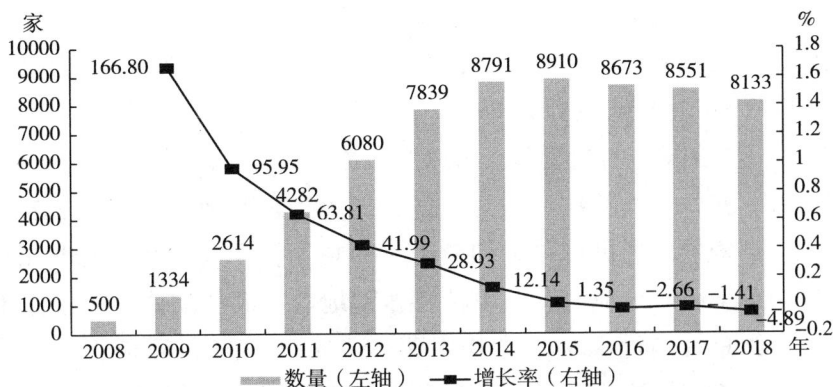

图 3 - 10　2008—2018 年小额贷款公司成立数量及增速

3.3.2　小额贷款公司的外源融资比例不断扩大

小额贷款公司受制于"只可放贷、不能吸存"的政策约束，资金主要来源于股东缴纳的资本金、捐赠资金以及向不超过两个银行业金融机构融入的资金，但是融资限额为资本净额的 50%，融资利率不能享受银行间的优惠利率，应根据同期"LIBOR"加点确定。各省份（西藏除外）在此基础上，也纷纷出台了"小额贷款公司管理暂行办法"，对小额贷款公司融资比例作出规定。2009 年 9 月，江苏省将小额贷款公司外源融资最高比例扩大至 100%，随后，浙江、广东等省份也相继放开了最高融资比例，最高可达 230%（见表 3 - 4）。

表 3 - 4　　　　　　　部分省份小额贷款公司外源融资比例要求

省份	最高融资比例（％）	放开时间
江苏	100	2009 年 9 月
广东	100	2012 年 1 月
浙江	100	2012 年 2 月
四川	100	2012 年 5 月
贵州	130	2012 年 9 月
海南	200	2012 年 7 月
重庆	230	2012 年 6 月

资料来源：根据相关资料整理而得。

3.3.3　机构覆盖广，西部地区聚集度高且内部分化严重

根据《中共中央、国务院关于促进中部地区崛起的若干意见》《国

43

务院发布关于西部大开发若干政策措施的实施意见》以及党的十六大报告的精神，我国的经济区域划分为东部、中部、西部和东北四大地区。

自 2005 年开始试点到 2018 年，小额贷款公司实现了全国 31 个省（直辖市、自治区）的全覆盖。2014 年，东部地区的江苏、河北、广东，中部地区的安徽，西部地区的内蒙古、云南和东北地区的辽宁、吉林等省份，小额贷款公司机构数量均突破了 400 家，江苏更是以 631 家的机构数量领跑全国。分地区看，2014 年东部地区小额贷款公司数量达 2626家，占全国总数的近 30%，省均组建 263 家；中部地区 1753 家，占比20% 左右，省均组建 292 家；西部地区 3130 家，占比 35.6%，省均组建261 家；东北地区 1282 家，占比 14.6%，省均组建 427 家（见表 3 - 5）。

表 3 - 5　　　2014 年和 2018 年小额贷款公司分地区机构数量统计

区域	省份	机构数量（家）		区域	省份	机构数量（家）	
		2014 年	2018 年			2014 年	2018 年
东部地区	北京	71	104	西部地区	内蒙古	473	339
	天津	110	95		广西	312	308
	河北	479	430		重庆	246	274
	上海	117	125		四川	350	293
	江苏	631	574		贵州	281	220
	浙江	340	320		云南	409	242
	福建	113	118		西藏	12	19
	山东	327	322		陕西	253	267
	广东	400	460		甘肃	351	307
	海南	38	57		青海	70	78
	小计	2626	2605		宁夏	116	116
中部地区	山西	344	275		新疆	257	275
	安徽	461	436		小计	3130	2738
	江西	224	198	东北地区	辽宁	600	499
	河南	325	247		吉林	427	488
	湖北	272	278		黑龙江	255	243
	湖南	127	126		小计	1282	1230
	小计	1753	1560				
全国总计	8791	8133					

资料来源：根据中国人民银行公布的数据整理。

可以看出，小额贷款公司地区之间以及地区内部发展都尤为不均衡，西部地区机构数量虽多，但平均水平却是最低的。就地区内部而言，东部地区的江苏和海南，机构数量之差高达 593 家，西部地区的内蒙古和西藏，组建机构数量的差距也达 461 家。从时间跨度看，与 2014 年相比，2018 年小额贷款公司机构数量出现了大幅下滑，其中西部地区降幅最大，由 3130 家减少至 2738 家，减少了 12.5%。

由此可见，小额贷款公司在地区之间的分布是不均衡的，在地区内部的发展差距也较为显著。东部地区人口数量多、经济发展快、金融竞争充分，小额贷款公司作为正规金融的有益补充，对弱势群体提供了有效的金融支持，而经济欠发达、地处偏远的地区，既缺少正规金融机构提供竞争性支持，又因小额贷款公司涉猎不足，而使农村普惠金融服务陷入强者越强，弱者越弱的"马太效应"。

3.3.4 小额贷款公司资金实力及放贷能力地区发展不均衡

各地区经济发展水平不平衡，金融交易参与成本的不同，造成有能力支付参与成本的群体数量的地区差异，影响了小额贷款公司的内生发展。小额贷款公司选址决策趋同是导致小额贷款公司空间内生集聚差异的根本诱因，地区内金融供求关系的非对称是小额贷款公司外生集聚的路径依赖，致使小额贷款公司在地区间的分布不均衡。不仅如此，小额贷款公司内在非均衡发展态势凸显。2013 年 9 月，江苏、江西、山东、湖北、西藏、海南、青海、北京、上海、新疆 10 个省份在机构数量、实收资本、贷款余额、从业人员四项指标的阶梯分布上完全一致，仅占 31 个省份的 32.3%。如江苏小额贷款公司的四项指标均位于第一集团；广东小额贷款公司在机构数量、实收资本和贷款余额三个指标的阶梯分布上完全一致；天津、陕西和四川 3 个省份在实收资本、贷款余额与从业人员三个指标的阶梯分布上完全一致；广西小额贷款公司在机构数量、贷款余额和从业人员数量三个指标的阶梯分布上完全一致（见表 3 - 6）。

表 3 - 6　　　　　　　2013 年 9 月小额贷款公司阶梯分布情况

指标	阶梯分布			
	第一集团 400 家以上 （5 家）	第二集团 200～400 家 （15 家）	第三集团 100～200 家 （5 家）	第四集团 100 家之内 （6 家）
机构数量	河北、安徽、内蒙古、辽宁、江苏	陕西、湖北、江西、广西、贵州、黑龙江、甘肃、陕西、四川、广东、山东、河南、吉林、浙江、云南	上海、湖南、宁夏、新疆、重庆	西藏、海南、青海、北京、福建、天津
	第一集团 400 亿元以上 （3 家）	第二集团 200 亿～400 亿元 （10 家）	第三集团 100 亿～200 亿元 （9 家）	第四集团 100 亿元以内 （9 家）
实收资本	浙江、江苏、四川	江西、河北、辽宁、广东、山东、安徽、重庆、内蒙古、湖北	新疆、黑龙江、天津、上海、陕西、云南、广西、河南、山西	西藏、海南、青海、宁夏、湖南、贵州、北京、甘肃、吉林
	第一集团 400 亿元以上 （4 家）	第二集团 200 亿～400 亿元 （10 家）	第三集团 100 亿～200 亿元 （8 家）	第四集团 100 亿元以内 （9 家）
贷款余额	重庆、四川、浙江、江苏	广西、湖北、福建、江西、河北、辽宁、广东、安徽、内蒙古、山东	黑龙江、天津、新疆、陕西、云南、上海、山西、河南	西藏、海南、青海、宁夏、贵州、吉林、甘肃、湖南、北京
	第一集团 4000 人以上 （9 家）	第二集团 2000～4000 人 （11 家）	第三集团 1000～2000 人 （7 家）	第四集团 1000 人以内 （4 家）
从业人员	重庆、河南、辽宁、内蒙古、河北、四川、江苏、安徽、广东	黑龙江、甘肃、江西、湖北、贵州、山西、吉林、广西、云南、山东、浙江	上海、福建、新疆、天津、湖南、宁夏、陕西	西藏、海南、青海、北京

注：在区间的分类统计中，包含下限不包含上限。

2018 年，我国小额贷款公司的实收资本、贷款余额分别达到了 8363.20 亿元、9550.44 亿元，其中，东部地区小额贷款公司的实收资本与贷款余额占比分别达到 41.1% 和 40.0%，远超其他地区；西部地区的重庆以 1024.24 亿元的实收资本和 1582.78 亿元的贷款余额在同业中遥遥领先。从全国平均情况来看，2018 年小额贷款公司平均实收资本和贷款余额分别为 1.03 亿元和 1.17 亿元；东部地区和中部地区的这两项指标均高于均值，西部地区和东北地区均低于均值，尤其是东北地区，平均实收资本和贷款余额分别只有 0.49 亿元和 0.41 亿元。尽管重庆 2018 年小额贷款公司的数量只有 274 家，但其小额贷款公司平均实收资本和贷款余额分别达到 3.74 亿元和 5.78 亿元，均远超同行，展现了较好的资本实力，具有较强的放贷能力（见表 3-7）。

表 3-7　　　　　　2018 年小额贷款公司分地区情况统计

区域	省份	实收资本（亿元）	贷款余额（亿元）	机构平均实收资本（亿元）	机构平均贷款余额（亿元）
东部地区	北京	143.24	152.42	1.38	1.47
	天津	118.21	128.52	1.24	1.35
	河北	244.19	244.35	0.57	0.57
	上海	211.50	223.82	1.69	1.79
	江苏	704.38	804.46	1.23	1.40
	浙江	560.65	649.02	1.75	2.03
	福建	262.62	299.43	2.23	2.54
	山东	437.22	480.51	1.36	1.49
	广东	695.03	773.41	1.51	1.68
	海南	62.78	66.70	1.10	1.17
	小计	3439.82	3822.64	1.32	1.47
中部地区	山西	177.25	163.72	0.64	0.60
	安徽	371.37	470.82	0.85	1.08
	江西	235.83	233.73	1.19	1.18
	河南	203.68	221.51	0.82	0.90
	湖北	307.60	309.01	1.11	1.11
	湖南	102.25	103.21	0.81	0.82
	小计	1397.98	1502	0.90	0.96

续表

区域	省份	实收资本 (亿元)	贷款余额 (亿元)	机构平均实收 资本(亿元)	机构平均贷款 余额(亿元)
西部 地区	内蒙古	244.44	240.92	0.72	0.71
	广西	272.07	467.62	0.88	1.52
	重庆	1024.24	1582.78	3.74	5.78
	四川	488.87	557.17	1.67	1.90
	贵州	70.47	67.31	0.32	0.31
	云南	118.49	116.64	0.49	0.48
	西藏	20.01	22.89	1.05	1.20
	陕西	244.75	244.59	0.92	0.92
	甘肃	160.46	133.03	0.52	0.43
	青海	48.58	48.44	0.62	0.62
	宁夏	53.30	49.72	0.46	0.43
	新疆	173.77	191.45	0.63	0.70
	小计	2919.45	3722.56	1.07	1.36
东北 地区	辽宁	335.69	291.38	0.67	0.58
	吉林	140.63	104.32	0.29	0.21
	黑龙江	129.62	107.51	0.53	0.44
	小计	605.94	503.21	0.49	0.41
合计		8363.20	9550.44	1.03	1.17

3.3.5 西部地区小额贷款公司资金缺口大，东北地区放贷乏力

小额贷款公司不能向公众吸储，资金来源渠道有限，因此小额贷款公司普遍面临资金短缺问题。杠杆率一般是指一个公司的权益资本与资产负债表中总资产的比率。因小额贷款公司的主要资产表现形式是贷款，这里用资本贷款率，即小额贷款公司的实收资本与贷款余额的比率，来反映小额贷款公司的杠杆率。2018年，小额贷款公司的平均杠杆率为0.88，其中，东部地区0.90，中部地区0.93，西部地区0.78，东北地区1.20。可以看出，西部地区小额贷款公司资金实力弱，放贷能力强，对资金需求量大，资金缺口较大。东北地区三个省份的小额贷款公司杠杆率均超过了1.00，资金放贷能力明显不足。广西、重庆小额贷款公司的

杠杆率较低，仅有 0.58 和 0.65，资金不足但放贷强劲（见图 3 - 11）。

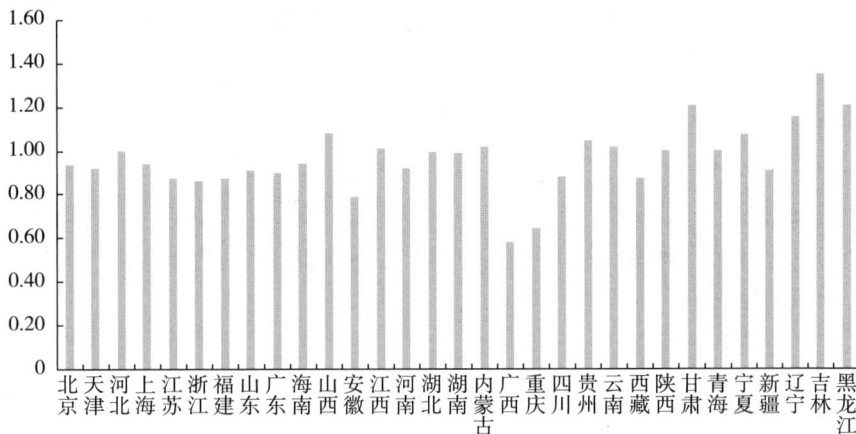

图 3 - 11　2018 年小额贷款公司资本贷款比

3.4　农村资金互助社发展概况

根据《农村资金互助社管理暂行规定》（银监发〔2007〕7 号），农村资金互助社是指经银行业监督管理机构批准，由乡（镇）、行政村农民和农村小企业自愿入股组成，为社员提供存款、贷款、结算等业务的社区互助性银行业金融机构。农村资金互助社是独立的企业法人，实行社员民主管理，以服务社员为宗旨，谋求社员共同利益。2007 年 3 月 9 日，全国首家经银监会批准的农村资金互助社——梨树县闫家村百信农村资金互助社成立，标志着新型农民信用合作组织在农村金融领域的诞生。

3.4.1　农村资金互助社组建数量相对不足

自 2006 年底农村地区放宽金融机构准入政策以来，新型农村金融机构率先在内蒙古、吉林、四川、青海、甘肃、湖北等省份进行试点。2007 年底，我国共有 8 家农村资金互助社成立；2008 年农村资金互助社遭遇了发展冷淡的一年，仅获得了两个试点指标；2009 年发展势头有所好转，共有 5 家获得了金融许可证。2010—2011 年是农村资金互助社设立的高峰时期，2010 年较 2009 年增加了 19 家，达 34 家，2011 年又新设 11 家，达 45 家。之后农村资金互助社增速放缓，2012 年达 48 家后，基本处于稳定发展态势。截至 2019 年底，农村资金互助社仅有 46 家（见图 3－12）。根据《农村资金互助社管理暂行规定》，组建农村资金互助社应"有 10 名以上符合本规定社员条件要求的发起人"，受发起人等因素制约，农村资金互助社的数量仍相对不足，与村镇银行数量相差甚远。经过十多年的发展，体制内的正规资金互助社举步维艰，体制外的资金互助社转正困难，农村资金互助社逐步陷入"边缘化"与"山寨化"的发展困境。

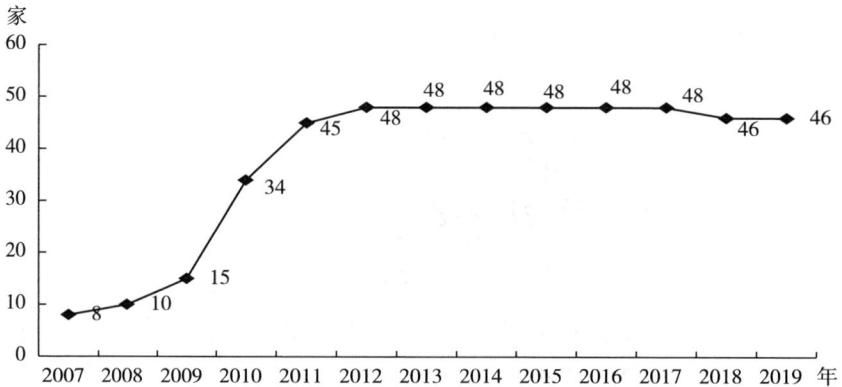

图 3－12　2007—2019 年农村资金互助社数量

3.4.2　注册资本不断增加，抗风险能力增强

根据《农村资金互助社管理暂行规定》，在乡（镇）设立的农村资金互助社，注册资本不低于 30 万元人民币，在行政村设立的农村资金互助社，注册资本不低于 10 万元人民币。农村资金互助社发展初期，其注册资本规模较小，2007 年的平均注册资本只有 63.47 万元。随着农村资金互助社的发展，平均注册资本呈逐年增加趋势。2019 年，农村资金互助社的平均注册资本达到 634.82 万元，是 2007 年的 10 倍（见图 3－13）。注册资本的不断增加，表明社员进行资金互助的意愿强烈，农村资金互助社的资金实力和抗风险能力不断增强，可以更好地服务社员，为社员提供更大额度的信贷支持。

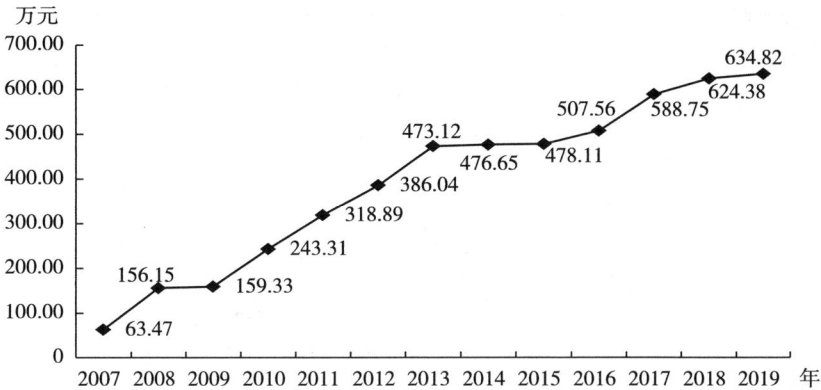

图 3 – 13 2007—2019 年农村资金互助社平均注册资本

3.4.3 地区之间分布较为均衡，地区内部差异较大

在全国 31 个省（直辖市、自治区）中，仅 16 个省组建了农村资金互助社，占比 51.6%，仍有近一半省份处于空白，新型合作金融机构的覆盖面较低。2018 年底，全国共组建农村资金互助社 46 家，其中东部地区 13 家，西部地区 14 家，中部地区 10 家，东北地区 9 家。除西部地区略有数量优势外，农村资金互助社在各地区的组建数量相对较为均衡，但地区内部差异较大，如东部地区，数量最多的浙江一个省组建了 7 家，占比达到 15.2%，河北省则仅有 1 家；中部地区的山西省有 6 家，安徽则仅有 1 家（见表 3 – 8）。从农村资金互助社的选址和布局来看，前期主要集中在试点省份，之后触角不断延伸，但覆盖的广度仍明显不足，地区内部差异较大。

表 3 – 8 截至 2018 年底农村资金互助社组建情况

区域	省份	名称	成立时间	注册资金（万元）	社员数
东部地区（13 家）	河北（1 家）	晋州市周家庄农村资金互助社	2008 – 09 – 22	1000	由 13006 户农民入股 636 万股，其余从全乡的集体企业、个体企业和广大群众中吸收

区域	省份	名称	成立时间	注册资金 （万元）	社员数
东部 地区 （13家）	浙江 （7家）	德清县乾元镇德农农村资金互助社	2010 – 03 – 22	1000	206 人
		平湖市当湖街道新当湖农村资金互助社	2011 – 03 – 29	500	317 户
		缙云县五云镇欣禾农村资金互助社	2010 – 02 – 03	518	335 户
		临海市涌泉镇农村资金互助社	2009 – 11 – 17	519.506	550 人
		温岭市箬横镇玉麟农村资金互助社	2010 – 02 – 09	722.03	129 户
		瑞安市马屿镇汇民农村资金互助社	2011 – 02 – 28	500	799 人
		建德市大同镇桑盈农村资金互助社	2011 – 01 – 07	598.8	788 人
	山东 （2家）	沂水县姚店子镇聚福源农村资金互助社	2008 – 03 – 20	53.7	268 户
		诸城市相州镇泰丰农村资金互助社	2010 – 02 – 05	600	309 户农民社员和 1 户小企业社员
	海南 （3家）	海口市甲子镇龙谭农村资金互助社	2010 – 06 – 29	301.25	77 户
		万宁市和乐镇和港农村资金互助社	2010 – 06 – 30	473.41	386 人
		三亚市崖城镇众树农村资金互助社	2010 – 06 – 28	629.5	351 户
西部 地区 （14家）	重庆 （1家）	重庆市江津区白沙镇明星农村资金互助社	2011 – 01 – 10	500	2532 人（16 年）
	四川 （1家）	苍溪县益民农村资金互助社	2007 – 07 – 08	50	2001 户（14 年）
	甘肃 （4家）	景泰县龙湾村石林农村资金互助社	2007 – 03 – 20	42.11	389 户（10 年）

续表

区域	省份	名称	成立时间	注册资金（万元）	社员数
西部地区（14家）	甘肃（4家）	岷县洮珠村岷鑫农村资金互助社	2007 - 03 - 20	30	由 18 名农民和天泰当归保健副食品加工企业发起
		宕昌县计子川农村资金互助社	2010 - 10 - 08	100	268 人（12 年）
		庆阳市西峰区彭原镇泰信农村资金互助社	2010 - 10 - 9	2000	由 5 家中小企业和 1565 户农民共同发起。目前股东总数为 2027 个，其中，自然人股东 2015 个，法人股东 12 个
	青海（2家）	海东市乐都区雨润镇兴乐农村资金互助社	2007 - 03 - 13	36	149 户（11 年）
		称多县清水河镇富民农村资金互助社	2007 - 08 - 16	30	由称多县联社和清水镇 12 名自然人发起
	新疆（1家）	昌吉市榆树沟镇民心农村资金互助社	2011 - 03 - 25	5000	5565 户（16 年）
	广西（3家）	田东县思林镇竹海农村资金互助社	2009 - 12 - 29	280	由 19 名社员和金荣纸业有限公司发起
		田东县祥周镇鸿祥农村资金互助社	2009 - 03 - 30	30	21 人
		荔浦县修仁镇永铖农村资金互助社	2010 - 01 - 20	136	53 人
	内蒙古（2家）	通辽市辽河镇融达农村资金互助社	2007 - 05 - 12	30	15 人
		锡林浩特市白音锡勒农牧场诚信农村资金互助社	2007 - 05 - 18	360	由白音锡勒农牧场和 93 户农民共同发起建立
中部地区（10家）	山西（6家）	汾西县勍香镇众鑫农村资金互助社	2010 - 09 - 27	31	11 户
		万荣县高村乡惠民农村资金互助社	2011 - 07 - 21	88	5606 人（15 年）
		浑源县永安镇恒源鑫农村资金互助社	2011 - 04 - 12	2200	12 人和浑源县人民银行

区域	省份	名称	成立时间	注册资金（万元）	社员数
中部地区（10家）	山西（6家）	五台县东冶镇源通农村资金互助社	2012-03-30	380	42人
		稷山县稷峰镇益民农村资金互助社	2012-05-31	960	13人
		兴县蔚汾镇全民农村资金互助社	2011-10-27	800	16人
	安徽（1家）	太湖县小池镇银燕农村资金互助社	2011-01-07	68.88	293人
	河南（3家）	安阳县柏庄镇四方农村资金互助社	2010-04-29	1000	50人
		安阳县黄口村惠民农村资金互助社	2009-12-31	299.8	970户（12年）
		民权县城关镇聚鑫农村资金互助社	2011-10-17	300	439人
东北地区（9家）	吉林（4家）	梨树县十家堡镇盛源农村资金互助社	2010-08-16	177	2300户
		梨树县小城子镇利信农村资金互助社	2010-08-11	100	903人
		梨树县小宽镇普惠农村资金互助社	2010-08-10	110	11户
		梨树县闫家村百信农村资金互助社	2007-03-09	10.18	143人（10年）
	黑龙江（5家）	林甸县宏伟乡誉兴农村资金互助社	2010-11-15	110	310人
		桦南县桦南镇鸿源农村资金互助社	2009-09-19	500	235人
		绥棱县四海店镇海鑫农村资金互助社	2010-04-09	200	846户
		讷河市新农合农村资金互助社	2012-06-20	521	762户
		宁安市宁安镇隆泰农村资金互助社有限公司	2010-06-02	100	12人

资料来源：根据相关资料整理而得。

3.4.4　注册资本地区差异大，西部地区资金互助意愿强烈

2018 年，东部地区农村资金互助社注册资本总额达到 7416.2 万元，平均注册资本为 570.5 万元，中部地区分别为 6127.68 万元和 612.8 万元，西部地区分别为 8624.11 万元和 616 万元，东北地区则分别为 1828.18 万元和 203.1 万元（见图 3 - 14）。尽管西部地区经济和金融水平相对滞后，但该地区的农村资金互助社无论是资本总额还是平均资本均高于其他地区，当地农户和小微企业等经济主体通过合作金融组织实现资金互助的意愿最为强烈。在 46 家资金互助社中，有 6 家互助社的注册资本在 1000 万元以上，占比 13%；有 14 家互助社的注册资本在 100 万元以内，占比近 1/3；西部地区新疆昌吉市榆树沟镇民心农村资金互助社的注册资本高达 5000 万元，东北地区的吉林梨树县闫家村百信农村资金互助社的注册资本则仅有 10.18 万元（见表 3 - 8）。资金互助社之间的资本差距较大，注册资本低仍是农村资金互助社发展面临的主要约束之一。

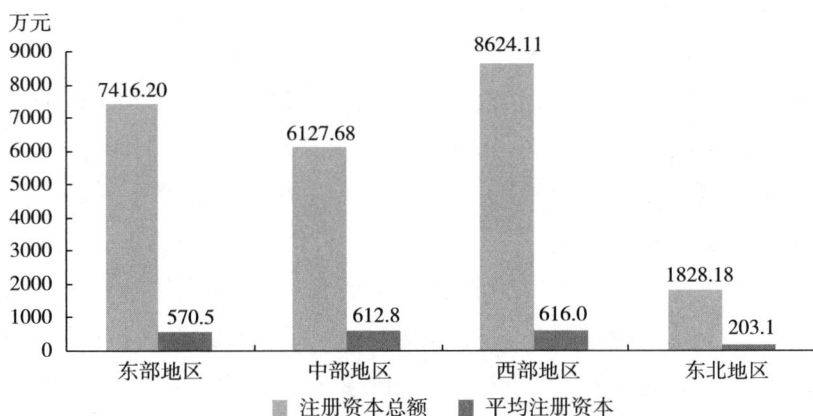

图 3 - 14　2018 年各地区农村资金互助社注册资本

3.4.5　农户社员众多，人均出资额度较低

农村资金互助社大多以农户为出资主体，46 家中仅有 8 家资金互助社由农户、农村小企业等共同出资，占比不足 20%，其他 38 家资金互助社则全部由农户单独出资。5 家资金互助社的人均出资额在 1000 元以

内，其中，山西万荣县高村乡惠民农村资金互助社，农户社员人均出资仅 160 元，四川苍溪县益民农村资金互助社户均出资 250 元；22 家资金互助社人均出资在万元以内，占比 47.8%；相比之下，山西稷山县稷峰镇益民农村资金互助社和兴县蔚汾镇全民农村资金互助社，人均出资额度分别高达 74 万元和 50 万元。可以看出，农户参与农村资金互助社的意愿强烈，是农村资金互助社最主要的出资主体，但受自身资金实力制约，出资额度普遍偏低。

3.5 村镇银行发展概况

3.5.1 村镇银行步入稳健发展期

2007 年 1 月，银监会出台的《村镇银行管理暂行规定》（银监发〔2007〕5 号）明确提出，村镇银行是指经中国银行业监督管理委员会依据有关法律、法规批准，由境内外金融机构、境内非金融机构企业法人、境内自然人出资，在农村地区设立的主要为当地农民、农业和农村经济发展提供金融服务的银行业金融机构。总体来看，村镇银行自开始组建至今，经历了发展初创期、发展催化期、发展提速期和发展稳健期四个阶段。

发展初创期：2006 年底至 2007 年底。2006 年 12 月 20 日，银监会出台《关于调整放宽农村地区银行业金融机构准入政策 更好支持社会主义新农村建设的若干意见》（银监发〔2006〕90 号），决定在甘肃、四川、吉林、青海、内蒙古、湖北 6 个省份开展村镇银行的首批试点。2007 年 3 月 1 日，我国第一家村镇银行——四川仪陇惠民村镇银行开业，作为一个新生事物开始迈入我国农村普惠金融的历史舞台，同年试点范围扩展到全国 31 个省（直辖市、自治区）。这一时期，《村镇银行管理暂行规定》《村镇银行组建审批工作指引》等文件相继出台，为村镇银行发起设立和经营管理提供了制度保障。

发展催化期：2008 年初至 2009 年底。2008 年，村镇银行在全国的组建步伐逐步加快。农业银行率先在内蒙古、湖北等地发起设立了两家村镇银行，成为商业银行作为主发起行设立村镇银行的开端，之后建设银行、交通银行、民生银行、浦发银行等纷纷涉足。2009 年，财政部对达到要求的村镇银行，按照贷款余额的 2% 给予补贴，银监会允许小额贷款公司在规定条件下转制为村镇银行。在新型农村金融机构发展规划中，村镇银行以绝对数量优势居于发展的第一梯队，这些都为推动村镇银行在全国范围内的快速布局奠定了基础。

发展提速期：2010 年初至 2014 年底。2010 年 4 月，银监会发布《关于加快发展新型农村金融机构有关事宜的通知》，将银行业金融机构其他市场准入事项、设立分支机构等与新型农村金融机构组建情况挂钩，进一步加速了村镇银行的设立步伐。2010—2012 年，村镇银行每年新增数量均在 200 家左右。在推动村镇银行快速组建的同时，《关于进一步加强村镇银行监管的通知》《村镇银行监管评级内部指引》《村镇银行风险处置办法（讨论稿）》等文件先后颁布实施，为规范和引导村镇银行健康发展，防范风险夯实了制度基石。

发展稳健期：2015 年至今。根据银监会《农村中小金融机构行政许可事项实施办法》，村镇银行进行机构设立、机构变更、机构终止、调整业务范围、增加业务品种等，均须经银监会及其派出机构行政许可。2015 年以来，村镇银行组建速度逐步放缓，2018 年仅新设 54 家机构，进入稳健发展时期（见表 3 - 9）。

表 3 - 9　　　　　　　　　村镇银行发展阶段及相关文件

阶段	时间	文件	内容
初创期：2006 年 12 月至 2007 年末	2006 年 12 月	银监会《关于调整放宽农村地区银行业金融机构准入政策　更好支持社会主义新农村建设的若干意见》	在四川、青海、甘肃、内蒙古、吉林、湖北 6 个省份的农村地区开展试点，鼓励各类资本到农村地区新设主要为当地农户提供金融服务的村镇银行，实现了我国农村金融政策的重大突破
	2007 年 1 月	银监会《村镇银行管理暂行规定》	为村镇银行的发起设立和经营管理提供制度保障，同时将试点扩大到全国 31 个省份
		银监会《村镇银行组建审批工作指引》	
	2007 年 5 月	银监会《关于加强村镇银行监管的意见》	村镇银行要着重防范信用风险、流动性风险和操作风险，并结合村镇银行小法人机构的特点，创新现场和非现场监管方式

阶段	时间	文件	内容
催化期：2008年至2009年末	2009年3月	财政部《关于实行新型农村金融机构定向费用补贴的通知》	对达到条件的村镇银行，2009—2011年按照上年末贷款余额的2%给予补贴，进一步推动村镇银行发展
	2009年6月	银监会《小额贷款公司改制设立村镇银行暂行规定》	允许符合条件的小额贷款公司改制为村镇银行
	2009年7月	银监会编制《新型农村金融机构2009—2011年总体工作安排》	计划三年在全国设立1294家新型农村金融机构，其中村镇银行1027家，推动包括村镇银行在内的新型农村金融机构快速发展
提速期：2010年至2014年	2010年4月	银监会《关于加快发展新型农村金融机构有关事宜的通知》	将大中型银行参与新型农村金融机构组建情况与其他市场准入事项挂钩；将中小银行业金融机构设立分支机构与发起设立新型农村金融机构实施准入挂钩；明确拥有30家以上新型农村金融机构的主发起人可组建新型农村金融机构控股公司等
	2010年5月	国务院《关于鼓励和引导民间投资健康发展的若干意见》	鼓励民间资本发起或参与设立村镇银行、贷款公司、农村资金互助社等金融机构，放宽村镇银行或社区银行中法人银行最低出资比例的限制
	2010年6月	财政部《中央财政农村金融机构定向费用补贴资金管理暂行办法》	规定中央财政对当年贷款平均余额同比增长、年末存贷比高于50%且达到银监会监管指标要求的村镇银行，按当年平均贷款余额的2%给予补贴
	2011年7月	银监会《关于调整村镇银行组建核准有关事项的通知》	调整组建村镇银行的核准方式，完善村镇银行挂钩政策，要求主发起行按照集约化发展、地域适当集中的原则，规模化、批量化发起设立村镇银行等
	2011年11月	银监会办公厅《关于进一步加强村镇银行监管的通知》	严格执行准入政策；防范村镇银行经营风险；把握贷款投向，支持县域经济发展；强化岗位职责，确保村镇银行持续稳健经营；提高资本充足率；压缩大额贷款，严禁贷款集中度超标等

续表

阶段	时间	文件	内容
提速期：2010年至2014年	2012年1月	银监会《村镇银行监管评级内部指引》	从定性和定量两个方面对村镇银行的主要经营管理要素进行评价，系统分析和识别村镇银行风险，确定监管重点，包括非现场监管、现场检查的频率和范围
	2012年5月	银监会《关于鼓励和引导民间资本进入银行业的实施意见》	支持民营企业参与村镇银行发起设立或增资扩股，将村镇银行主发起行的最低持股比例由20%降低为15%
	2012年6月	银监会办公厅《关于做好村镇银行非现场监管工作有关问题的通知》	加强市场定位监管，引导村镇银行下沉服务重心；督促做好资产风险分类工作；帮助村镇银行构建有效的公司治理结构；加强重大风险监测预警；加强对主发起行履行股东职责监管；加强联动监管；加强数据质量监管，提高监管决策科学性
	2012年7月	银监会《村镇银行风险处置办法（讨论稿)》	主发起行全面负责村镇银行风险处置工作；将村镇银行风险等级分为轻度风险、中度风险和重度风险；对村镇银行的风险监测和认定机制遵循全面覆盖、实时监测、早期预警、迅速认定的原则
	2014年12月	银监会《关于进一步促进村镇银行健康发展的指导意见》	在坚持主发起行最低持股比例的前提下，可以按照有利于拓展特色金融服务、有利于防范金融风险、有利于完善公司治理的原则调整主发起行和其他股东的持股比例；主发起行以外的股份应由民间资本出资认购
稳健期：2015年至今	2015年6月	银监会《农村中小金融机构行政许可事项实施办法》	机构设立、机构变更、机构终止、调整业务范围和增加业务品种、董事（理事）和高级管理人员任职资格等须经银监会及其派出机构行政许可

资料来源：根据相关资料整理而得。

3.5.2　村镇银行日渐成为农村普惠金融发展的生力军

2007—2018年，村镇银行数量由最初的20家快速增加至1616家，增加了 1596 家。分区间看，在银监会《新型农村金融机构 2009—2011 年总体工作安排》的指引下，2011 年之前，村镇银行的组建数量增速较快，仅 2011 年就新增村镇银行 289 家，增速达到顶峰，之后组建速度逐渐趋缓（见图 3 – 15）。截至 2017 年底，村镇银行已覆盖到全国 31 个省（直辖市、自治区）的 1247 个县（市、旗），县域覆盖率达 68%；覆盖到全国 401 个国家扶贫开发工作重点县和集中连片特殊困难地区县，占比 52.9%。除此之外，村镇银行在辽宁、湖北、贵州等 10 个省份已实现省内的全覆盖，在山东、安徽、浙江等省份的县域覆盖率已超过 90%。2018 年，在全国已组建的 1616 家村镇银行中，中西部地区占比约为 65.6%，覆盖到全国 1286 个县，县域覆盖率达到 70%，较 2017 年新增覆盖 39 个县，县域覆盖率增加了 2 个百分点；在全国 758 个国定贫困县和连片特困地区所辖县市中，已有 444 个县市设立或备案规划拟设村镇银行。由此可见，村镇银行已成为服务乡村振兴战略、助力农村普惠金融发展的金融生力军。

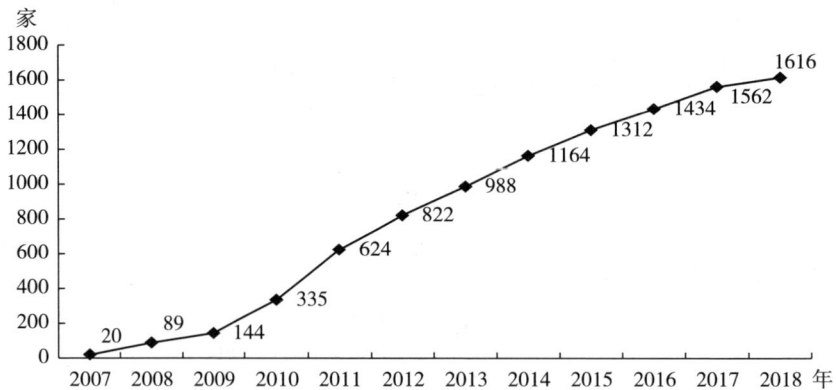

图 3 – 15　2007—2018 年村镇银行数量

3.5.3　注册资本地区间差距显著，地区内部不均衡

2018 年，村镇银行注册资本总额达 1423.5 亿元，平均注册资本 0.8 亿元，在东部地区、中部地区、西部地区和东北地区的注册资本总额分别为 822 亿元、249.4 亿元、270.1 亿元和 81.2 亿元，占比分别为 57.7%、17.5%、19% 和 5.7%；平均注册资本分别为 1.52 亿元、0.6

亿元、0.57 亿元和 0.51 亿元（见表 3 - 10）。可以看出，东部地区村镇银行的注册资本总额远超其他地区，东西部地区差异不大，东北地区的资本总额较低；东部地区的平均注册资本也远超其他地区，而其他三个地区之间的差异并不明显。就地区内部而言，东部地区江苏的村镇银行注册资本总额最高，达到 306.8 亿元，占东部地区注册资本总额的 37.3%，最低的海南则仅有 7.2 亿元，占比 0.88%，相差甚远；中部地区各省村镇银行注册资本总额的差距并不十分显著；西部地区的内蒙古、贵州和四川等地村镇银行的注册资本总额相对较高，青海、西藏则较低，差距也比较明显。

表 3 - 10   2018 年村镇银行分地区组建情况

区域	省份	数量（家）	注册资本总额（万元）	平均注册资本（万元）
东部地区	北京	11	304500	27681.8
	天津	13	375300	28869.2
	河北	96	501317	5222.1
	上海	14	362526	25894.7
	江苏	77	3067672	39839.9
	浙江	74	1095200	14800
	福建	54	427600	7918.5
	山东	126	976000	7746.0
	广东	57	1037936	18209.4
	海南	18	72000	4000
	小计	540	8220051	15222.3
中部地区	山西	79	459324	5741.55
	安徽	67	446249	6660.4
	江西	65	378000	5815.4
	河南	78	499236	6400.5
	湖北	71	308523	4345.4
	湖南	55	402900	7325.5
	小计	415	2494232	6010.2

区域	省份	数量（家）	注册资本总额（万元）	平均注册资本（万元）
西部地区	内蒙古	72	502956	6985.5
	广西	43	243100	5653.5
	重庆	38	235270	6191.3
	四川	59	456093	7730.4
	贵州	81	456500	5635.8
	云南	69	376827	5461.3
	西藏	1	2500	2500.0
	陕西	33	124000	3757.6
	甘肃	25	91525	3661
	青海	4	13245	4415
	宁夏	19	68000	3578.9
	新疆	28	138800	4957.1
	小计	472	2708816	5739.0
东北地区	辽宁	69	439848	6283.5
	吉林	63	266037.5	4222.8
	黑龙江	26	105900	4073.1
	小计	158	811785.5	5137.9
合计		1585	14234885	8027.35

资料来源：根据村银网 http://www.chinavbf.com 村银目录整理。

3.5.4 存贷款余额快速增加，存贷比波动不大

2012—2018 年，村镇银行的存贷款余额不断增加，存款余额由 3055 亿元增加至 11800 亿元，增长了 2.86 倍；贷款余额由 2330 亿元增加至 9400 亿元，增长了 3.03 倍（见图 3-16）。在存贷款余额双向快速增长的同时，贷款增速略高于存款增速。在此期间，村镇银行的存贷比基本保持在 75%~80%，2014 年存贷比最高时为 84%，2016 年最低时为 74%，变化并不十分明显。这表明村镇银行在风险与盈利之间的平衡较好，流动性较为合理。

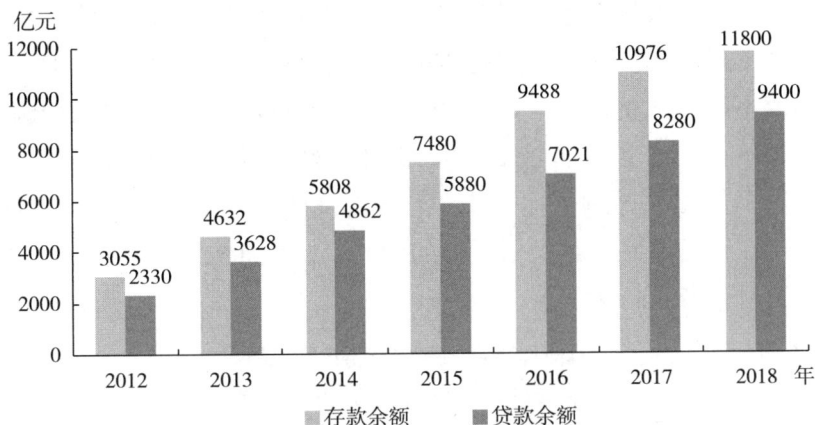

图 3－16　2012—2018 年村镇银行存贷款余额

3.5.5　支农支小力度加大，涉农不良贷款比例提高

2011—2018 年，村镇银行涉农贷款由 963.02 亿元增加到 6956 亿元，增长 6.22 倍；其中，农林牧渔业贷款余额由 271.75 亿元增加到 2124 亿元，增长 6.8 倍；农户贷款余额由 400.9 亿元增加到 4601 亿元，增长 10.5 倍；县及县以下贷款余额由 887.53 亿元增加到 6245 亿元，增长 6.03 倍；涉农贷款中，农户贷款占比由 2011 年的 41.6% 增加到 2018 年的 66.1%，上升了 24.5 个百分点（见表 3－11）。就增速而言，尽管农

表 3－11　　　　　　2011—2018 年村镇银行涉农贷款余额情况

年份	涉农贷款余额（亿元）	涉农贷款余额增速（%）	农林牧渔业贷款余额（亿元）	农林牧渔业贷款余额增速（%）	农户贷款余额（亿元）	农户贷款余额增速（%）	农村（县及县以下）贷款余额（亿元）	农村（县及县以下）贷款余额增速（%）
2011	963.02	—	271.75	—	400.9	—	887.53	—
2012	1797	86.6	556	104.6	799	99.3	1602	80.5
2013	2924.21	62.73	874.55	57.29	1430.01	78.97	2606.75	62.72
2014	3974	35.9	1213	38.7	2125	48.6	3553	36.3
2015	4776.25	20.19	1458.54	20.24	2688.28	26.51	4292.03	20.8
2016	5550	16.2	1724	18.2	3234	20.3	4953	15.4
2017	6343.47	14.3	1994	15.73	3941.97	21.89	5667.42	14.42
2018	6956	9.7	2124	6.5	4601	16.7	6245	10.2

资料来源：Wind 数据库。

户贷款余额在涉农贷款中的增速最快，但不同类型的涉农贷款余额增速却均呈现下降趋势。在村镇银行越来越扎根县域及以下地区，支农支小贷款力度不断加大的同时，其涉农不良贷款余额及占比也有上升趋势。2011—2018 年，村镇银行涉农不良贷款余额由 1.58 亿元增加到 232 亿元，涉农不良贷款比例也由 0.1% 上升至 3.3%（见表 3 – 12）。因此，村镇银行在践行金融普惠发展目标的同时，应更加关注资产质量的提高，着眼于自身财务可持续发展。

表 3 – 12　　　　　　2011—2018 年村镇银行不良贷款情况

年份	涉农不良贷款余额（亿元）	涉农不良贷款余额增速（%）	涉农不良贷款比例
2011	1.58	—	0.1
2012	6.0	279.6	0.3
2013	13.63	127.17	0.5
2014	31.0	127.4	0.8
2015	64.18	107.03	1.4
2016	93.0	44.9	1.7
2017	158.04	69.93	2.5
2018	232.0	46.8	3.3

资料来源：Wind 数据库。

3.5.6　合作金融机构是村镇银行主发起行中的中坚力量

截至 2017 年末，共有 294 家银行作为主发起人设立了村镇银行，使村镇银行在经营中既有母行优势又有自身发展特色。其中，5 家大型商业银行发起设立村镇银行 139 家，占比为 9%；中国银行更是批量发起设立了 100 家村镇银行，占到大型银行发起总数的 72%，发挥了国有大型商业银行支持"三农"和小微企业的金融普惠作用；6 家股份制银行共发起设立村镇银行 70 家，占比为 4%，其中，浦发银行和民生银行分别发起村镇银行 30 家和 29 家；97 家城市商业银行发起设立村镇银行 459 家，占比为 29%；184 家农村合作金融机构发起设立村镇银行 920 家，占比为 57%（见图 3 – 17）。可以看出，农村金融机构作为主发起人数量和发起村镇银行数量均超"半壁江山"，依然是培育村镇银行发展的中坚力量。

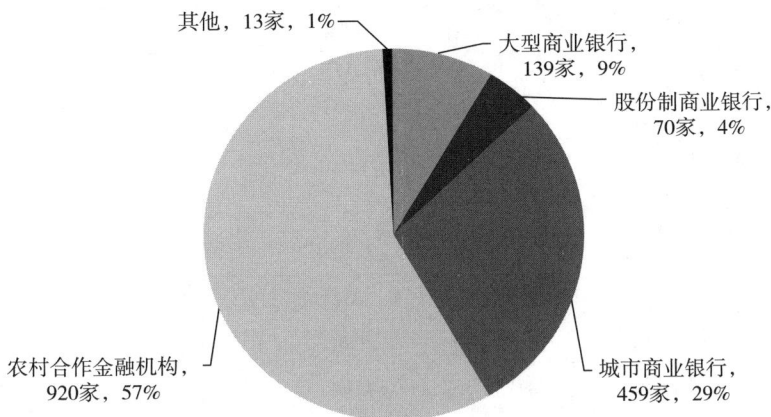

图 3 – 17 2017 年村镇银行主发起行概况

3.6 传统农村普惠金融机构运作比较

3.6.1 村镇银行以其网点优势领跑农村金融领域

随着农村信用社的改制，农村信用社商业化取向日益凸显，农村商业银行日渐成为农村合作金融机构的改制方向。2018 年，农村商业银行的数量达到 1427 家，较 2017 年增长了 13%。在银保监会试点的三类新型农村金融机构中，村镇银行更是一枝独秀，机构数量增长迅猛，尽管 2018 年的增速仅有 3.5%，低于农商行增速，但组建数量却达到 1616 家，比农村商业银行还多出 189 家（见表 3 – 13）。不难看出，村镇银行在农村金融领域具有"点多面广"的优势，可以更好地服务于"三农"和小微企业，践行金融普惠。

表 3 – 13 金融机构法人名单数量   单位：家

金融机构类别	2017 年	2018 年
开发性金融机构	1	1
政策性银行	2	2
国有大型商业银行	5	6
股份制商业银行	12	12

金融机构类别	2017 年	2018 年
金融资产管理公司	4	4
城市商业银行	134	134
住房储蓄银行	1	1
民营银行	17	17
农村商业银行	1262	1427
农村合作银行	33	30
农村信用社	965	812
村镇银行	1562	1616
贷款公司	13	13
农村资金互助社	48	45
外资法人银行	39	41
信托公司	68	68
金融租赁公司	69	69
企业集团财务公司	247	253
汽车金融公司	25	25
消费金融公司	22	23
货币经纪公司	5	5
其他金融机构	14	14

3.6.2 受限于出资主体和业务范围，贷款公司发育迟缓

贷款公司必须由境内商业银行或农村合作银行全额出资，且业务范围受限，不能吸收公众存款，只能发放贷款。因此，出资主体出于自身利益的考量，在资金投向上，多是通过入股组建村镇银行方式，进军农村金融市场，造成贷款公司增长乏力。自 2006 年试点到 2018 年，贷款公司数量仅有 13 家（见表 3-13）。

3.6.3 村镇银行与农村资金互助社具有"门槛低、业务全、规格高"优势

只需 10 万元人民币，符合条件的行政村就可以开办农村资金互助

社；只需100万元人民币，由银行业金融机构牵头就可以在乡镇组建村镇银行（见表3-14）。相较于动辄千万元或者亿元以上注册资本要求的农村商业银行等，新型农村金融机构以其低门槛优势，为民间资本进入农村金融市场打开了通道，农民、农村小企业、境内自然人都具备成为"股东"的资格与可能性。尽管门槛低，但无论是村镇银行还是农村资金互助社，都被定位为"银行业金融机构"。在业务范围上，不仅能够放贷，还能够吸存；不仅可以融入资金，还可以投资债券等，可以称得上是"全能银行"了。

表3-14 新型农村金融机构设立情况比较

设立情况	村镇银行	贷款公司	农村资金互助社
出资主体	境内外金融机构、境内非金融机构企业法人、境内自然人	境内商业银行或农村合作银行	乡（镇）、行政村农民和农村小企业
股权结构	最大股东或唯一股东必须是银行业金融机构；其他股东持股比例不得超过股本总额的10%	境内商业银行或农村合作银行全额出资	单个农民或单个农村小企业持股比例不得超过股金总额的10%
性质	银行业金融机构	非银行业金融机构	社区互助性银行业金融机构
资金来源	吸收公众存款、向其他银行业金融机构融入资金	实收资本和向投资人的借款	吸收社员存款、接受社会捐赠资金和向其他银行业金融机构融入资金
服务对象	主要为当地农民、农业和农村经济发展提供金融服务	为县域农民、农业和农村经济发展提供贷款服务	服务于入股的农民及农村小企业等本社社员
注册资本	在县（市）设立的，不得低于300万元人民币；在乡（镇）设立的，不得低于100万元人民币	不低于50万元人民币	在乡（镇）设立的，不低于30万元人民币；在行政村设立的，不低于10万元人民币
资金运用	发放贷款充分满足县域内农户、农业和农村经济发展的需要；富余资金可投放当地其他产业、购买涉农债券或向其他金融机构融资	提供贷款；办理票据贴现；办理资产转让；办理贷款项下的结算等	发放社员贷款；富余资金可存放其他银行业金融机构，也可购买国债和金融债券

设立情况	村镇银行	贷款公司	农村资金互助社
风险控制	对同一借款人的贷款余额不得超过资本净额的5%；对单一集团企业客户的授信余额不得超过资本净额的10%	对同一借款人的贷款余额不得超过资本净额的10%；对单一集团企业客户的授信余额不得超过资本净额的15%	对单一社员的贷款总额不得超过资本净额的15%；对单一农村小企业社员等的贷款总额不得超过资本净额的20%；对前十大户贷款总额不得超过资本净额的50%
适宜地区	资金供求矛盾突出、金融机构竞争不充分的农村地区	经济比较活跃的县域地区	金融服务缺失或专业合作初具规模的乡镇或村

资料来源：根据相关资料整理而得。

3.6.4 农村资金互助社单一客户贷款限额比例高

农村资金互助社由乡（镇）、行政村农民和农村小企业入股成立，主要为入社社员提供存款和贷款服务。鉴于农村资金互助社的注册资本要求偏低，在风险控制方面，要求对单一社员和单一农村小企业等的贷款总额限定为不超过资本净额的15%和20%，这一限额均高于村镇银行5%和10%的授信控制（见表3-14）。这种差异化的风控监管指标设计，既考虑了农村资金互助社的风险防范需要，也兼顾了农户和农村小企业的资金需求额度。

第4章　传统农村普惠金融运行绩效

4.1　小额贷款公司偏离目标定位

4.1.1　"小额度"民间资本阳光化遭遇准入壁垒

毋庸置疑，小额贷款公司已经成为民间资本进入金融业，实现阳光化发展的主要通道。《关于小额贷款公司试点的指导意见》（银监发〔2008〕23号）要求，有限责任公司的注册资本不得低于500万元，股份有限公司的注册资本不得低于1000万元。除山西和西藏外，其余29个省份均出台了小额贷款公司管理办法，绝大多数省份都不同程度地提高了准入门槛，四川在试点过程中更是要求小额贷款公司注册资本不得低于1亿元（见表4－1）。2011年以来，部分地区又相继提高了注册资本金上限，广东将上限提高至10亿元，浙江、贵州等地更是不再设置上限。小额贷款公司的主发起人越来越倾向于选择大资本、大企业，体现了地方政府希冀小额贷款公司做强做大而非扶弱帮贫的政策意图。部分省市在试水小额贷款公司设立分支机构的过程中，首先考虑了大资本的小额贷款公司，将小额贷款公司设立分支机构的准入条件与注册资本挂钩。比如，2012年山东开始试水小额贷款公司设立分支机构，允许上一年度分类评级达到一级且注册资本达1亿元以上的小额贷款公司，在本县（市、区）范围内设立分支机构，且注册资本每增加5000万元，可申请增设1家分支机构，但最多不超过3家。各地区在打开民间资本发起设立小额贷款公司制度之门的同时，又通过准入门槛的无形提高，阻碍了小额度民间资本作为主发起人阳光化发展的通道。

表 4 - 1　　　　　2010 年末部分省份小额贷款公司注册资本情况

省份	小额贷款公司数量（个）	注册资本（亿元）	注册资本 2 亿元以上的机构数量（个）	平均注册资本（亿元）
内蒙古	423	302.22	16	0.71
辽宁	281	114.42	6	0.41
江苏	261	345.67	42	1.32
山西	239	116.14	2	0.49
云南	229	85	0	0.37
河南	220	72.85	1	0.33
安徽	215	110.7	3	0.51
河北	198	110	0	0.56
山东	170	119.97	2	0.71
浙江	134	225.83	67	1.69
广东	109	88.7	15	0.81
四川	72	66.57	5	0.92
福建	6	13.38	4	2.23

资料来源：根据相关资料整理而得。

4.1.2　金融主体地位缺失，无法享受政策支持

人民银行发布的《金融机构编码规范》（银发〔2009〕363 号）将小额贷款公司纳入金融机构范围，给予其金融机构的定位。事实上，小额贷款公司依旧只在工商部门注册，未能取得银行监管部门颁发的金融许可证；只是经地方政府批准成立的非金融企业，不能享受小型金融机构 3 年内可以获得贷款余额 2% 的财政补助，影响了小额贷款公司的业务能力，弱化了支农意愿。2010 年 5 月 13 日财政部、国家税务总局发布的《关于农村金融有关税收政策的通知》（财税〔2010〕4 号）中的税收优惠政策同样没能惠及小额贷款公司。小额贷款公司参照一般服务业照章纳税，必须缴纳 5.6% 的营业税及附加税、25% 的企业所得税和 20% 的个人所得税，税负约占小额贷款公司营业收入的 30% 左右。相比村镇银行和农信社免交所得税，仅缴纳 3% 的营业税而言，小额贷款公司税负明显偏重。根据《关于印发中小企业划型标准规定的通知》（工信部联企

业〔2011〕300号）中对于小微企业的划分标准，小额贷款公司同样属于小微企业，在服务小微客户的同时，未能得到应有的政策扶持。

4.1.3 高流动性与低负债率之间的矛盾

根据《关于小额贷款公司试点的指导意见》（银监发〔2008〕23号）的规定，小额贷款公司的资金来源主要是股东缴纳的资本金、接受捐赠资金，以及从不超过两家银行业金融机构的融入资金，融入资金余额不超过资本净额的50%。外源融资渠道受阻成为制约小额贷款公司可持续发展的瓶颈。2012年2月8日，浙江省工商局出台《浙江省小额贷款公司融资监管暂行办法》（浙工商直〔2012〕2号），成为规范小额贷款公司融资的首个文件。此办法允许小额贷款公司在工商部门的监管下，向银行业金融机构、主要法人股东、市属范围内其他小额贷款公司融资，但融资比例不得超过小额贷款公司资本净额的100%；小额贷款公司也可利用回购进行资产转让，交易规模不得超过资本净额的50%。为进一步防范风险，引导小额贷款公司稳健发展，2020年9月7日，银保监会印发《关于加强小额贷款公司监督管理的通知》（银保监办发〔2020〕86号）（以下简称86号文件），再次明确规定了小额贷款公司的外源融资限度。根据86号文件，小额贷款公司向银行借款、股东借款等非标准化融资不得超过其净资产的1倍，通过发债、ABS等进行的标准化融资不得超过其净资产的4倍。可以看到，尽管小额贷款公司的资金渠道不再限于银行融资，可以通过多种途径实现，但外源融资比例仍受到限制，不能从根本上解决小额贷款公司资金短缺问题，86号文件对于小额贷款公司外部融资限额的规定更加严苛与全面。事实上，目前小额贷款公司资本金与外部融资比例仅为1∶0.13，远没有触及1∶0.5的政策底线。但是，在利率下行趋势下，小额贷款公司要想实现可持续发展，不得不坚持"小额、短期、分散、低利"的原则，这就要求小额贷款公司提高资金杠杆率，降低融资成本。银监会发布的《关于鼓励和引导民间资本进入银行业的实施意见》（银监发〔2012〕27号）明确提出，要加大对民间投资的融资支持力度，要求银行业金融机构创新和灵活运用多种金融工具，开展融资模式、服务手段和产品创新，建立小微企业金融服务长效机制，改进小微企业贷款工作流程等。可以看出，政府对于民间资本阳光化运作的政策抑制在不断弱化，但上述实施意见指向和针对的都是银行业金融机构，仍未能从根本上解决由民间资本作为出资主体成立的小额贷款公司融资受限的问题。

小额贷款公司不能吸收存款，只能以自有资金进行放贷；不能赚取存贷利差，而存贷利差却是银行业金融机构的主要利润来源。不能吸收公众存款，导致小额贷款公司的财务杠杆最高为 1.5 倍，而商业银行的平均财务杠杆率为 12.5 倍。在实际的经营中，大多数小额贷款公司的财务杠杆不超过 1.1 倍。获得外部融资的小额贷款公司，由于不能享受银行间的优惠利率，融资的成本也较高，资金来源的有限性和融资成本的高昂性，造成诸多小额贷款公司处于无钱可贷的尴尬境地，严重制约着小额贷款公司的发展。

4.1.4 接入征信系统成本高，风险控制难度加大

2011 年 1 月，人民银行发布的《关于小额贷款公司接入人民银行征信系统及相关管理工作的通知》（银办发〔2011〕1 号），就小额贷款公司接入征信系统的组织管理、流程管理、接入模式及接入后的业务管理要求作出了具体规定。允许符合条件的小额贷款公司，按照"先建立制度、先报送数据、后开通查询用户"的原则，加入企业和个人信用信息数据库。2012 年，浙江有 6 家小额贷款公司在上报内部信贷信息的基础上，开始试行以"集中组织，一口接入"的方式接入央行征信系统，获得与银行同质的征信查询服务。根据人民银行办公厅《关于小额贷款公司和融资性担保公司接入金融信用信息基础数据库有关事宜的通知》（银办发〔2013〕45 号），小额贷款公司按照"规范管理、风险可控、有序推进、自愿接入"的原则，可以自愿接入央行征信系统。截至 2018 年底，全国共有 8133 家小额贷款公司，但实际接入人民银行个人征信系统的小额贷款公司（包括互联网小额贷款公司）有 1200 余家，占比不足 15%。值得注意的是，小额贷款公司的业务管理系统普遍处于单机版操作状态，与人民银行对业务系统、网络条件、技术规范及安全管理的要求相差甚远。小额贷款公司要想实现与人民银行征信系统的对接，需

要投入大量的人力、物力和财力。受成本约束，加之缺乏管理经验，小额贷款公司普遍不具备接入条件，也就无法进入征信系统全面了解贷款人的财务信息、贷款情况、信用评级等，对贷款人的考察往往依赖主观判断，增加了小额贷款公司风险控制难度，加大了其业务运营风险。

4.1.5 小额贷款公司发展区域失衡：基于金融地理学视角的实证检验

各地区组建小额贷款公司是否达到政策预期？小额贷款公司是否实现了与地方经济的协同发展？本部分拟从金融地理学视角探讨小额贷款公司的空间集聚效应。

（1）指标选取。

选取绝对指标和相对指标，构建小额贷款公司发展的理论模型（见表 4 - 2）。

表 4 - 2 小额贷款公司发展指标

绝对指标	相对指标
农业 GDP （$AGDP$）	$X_1 = RP/NA$
农村人口 （RP）	$X_2 = NE/NA$
小额贷款公司机构数量 （NA）	$X_3 = LB/PIC$
小额贷款公司从业人员数量 （NE）	$X_4 = PIC/NA$
小额贷款公司实收资本 （PIC）	$X_5 = LB/NA$
小额贷款公司贷款余额 （LB）	—

X_1：农村人口和小额贷款公司机构数量的比值，即每家小额贷款公司服务于每万农村人口的数量，反映某一地区小额贷款公司的服务能力和覆盖范围。X_1 的值越小，表明该地区机构数量越多，机构的覆盖范围越广，反之则相反。按照政策预期，小额贷款公司应着力为农户和小微企业提供信贷服务。因此，农村人口比重越大的地区，小额贷款公司数量应越多，否则越少。

X_2：小额贷款公司从业人员与机构数量的比值，反映小额贷款公司在地区内带动就业的能力。X_2 的值越大，表明小额贷款公司带动就业的能力越强，值越小，带动就业能力越弱。

X_3：小额贷款公司贷款余额与实收资本的比值，反映某一地区小额贷款公司的放贷能力。X_3 的值越大，表明小额贷款公司的放贷能力越强，值越小，放贷能力越弱。此外，如果 X_3 的值大于 1，说明小额贷款公司资不抵贷，有外源融资需求；X_3 的值小于 1，表明小额贷款公司自有资金能够满足放贷需求，不需要外部资金支持。

X_4：小额贷款公司实收资本与机构数量的比值，反映某一地区小额贷款公司的抗风险能力与经营实力。X_4 的值越大，表明小额贷款公司的抗风险能力越强，单笔放贷额度越高；X_4 的值越小，抗风险能力越弱，单笔放贷额度越低。

X_5：小额贷款公司贷款余额与机构数量的比值，反映小额贷款公司的放贷效率。X_5 的值越大，表明小额贷款公司的放贷效率越强，值越小，放贷效率越弱。

（2）模型构建。

本部分所构建的模型主要基于以下 4 个前提假设。

假设 1：在绝对指标中，对小额贷款公司机构数量（NA）、从业人员（NE）、实收资本（PIC）、贷款余额（LB）指标，按照各地区指标绝对值由大到小顺序，从 31 到 1 依次赋值，即指标绝对值最大地区赋值 31 分，最小地区赋值 1 分；在相对指标中，X_1 按照绝对值由大到小，从 1 到 31 依次赋值，指标 $X_2 - X_5$ 的赋值方法相反。

假设 2：引入地区农业人口比重和农业 GDP 比重评价指标，按照指标由高到低的顺序，从 31 到 1 依次赋值。根据组建目标，小额贷款公司主要服务于农户、小微企业等，小额贷款公司在农村人口比重高和农业 GDP 大省的组建数量和贷款余额理应较高。

假设 3：引入参数 δ，用于反映小额贷款公司与各地区农村经济发展的相关关系。δ 值为正，表示小额贷款公司较好地支持了该地区农村经济的发展，反之则相反。

假设 4：K_i 用于综合评价地区小额贷款公司运行绩效，值越大，小额贷款公司运行绩效越好，反之则相反。

基于上述假设，构建如下模型：

$$F(X_i) = [f(X_{1i}) + f(X_{2i}) + f(X_{3i}) + f(X_{4i}) + f(X_{5i})] \div 5 \quad (4.1)$$

$$F(Y_i) = [f(NA_i) + f(NE_i) + f(PIC_i) + f(LB_i)] \div 4 \quad (4.2)$$

$$\delta_i = \left[f(NA_i) + f(LB_i) \right] \div 2 - \left[f\left(\frac{RP_i}{TP_i}\right) + f\left(\frac{AGDP_i}{GDP_i}\right) \right] \div 2 \quad (4.3)$$

$$K_i = F(X_i) + F(Y_i) + \delta_i \quad\quad\quad (4.4)$$

$$(i = 1,2,\cdots,31)$$

（3）模型结果。

本部分数据源自国家统计局网站和人民银行网站，其中，小额贷款公司各项指标和农业 GDP 指标采用 2013 年 9 月数据，农村人口指标采用 2011 年底数据。

利用式（4.1）、式（4.2）、式（4.3）和式（4.4）计算出 31 个省份小额贷款公司的相对指标值、相对得分、绝对得分、参数值和发展得分（见表 4-3 和表 4-4）。

表 4-3　　　　　　　　　　　相对指标值

省份	X_1	X_2	X_3	X_4	X_5
北京	4.4217	12.0794	0.9822	1.4524	1.4526
天津	2.8109	13.7234	1.0069	1.1848	1.1930
河北	9.4684	11.4159	1.0598	0.5877	0.6228
山西	6.5745	10.1018	1.0012	0.6500	0.6507
内蒙古	2.2760	9.8584	1.0251	0.7438	0.7671
辽宁	3.1017	9.0748	0.9337	0.5909	0.5518
吉林	3.8943	8.9970	0.7424	0.2828	0.2099
黑龙江	6.7522	8.9798	0.9136	0.4453	0.4069
上海	2.3696	10.0283	1.2120	1.3646	1.6540
江苏	5.4234	9.9459	1.2870	1.5786	2.0316
浙江	6.8424	11.4518	1.3811	2.0759	2.8669
安徽	7.0999	12.0603	1.0972	0.7035	0.7719
福建	16.9422	13.0543	1.1969	2.1835	2.6135
江西	11.6058	11.6429	1.1294	1.0528	1.1890
山东	16.3562	11.2872	1.1714	1.1117	1.3022
河南	18.7224	14.4933	1.0381	0.5873	0.6097
湖北	13.8081	12.7363	1.1301	1.0009	1.1311

省份	X_1	X_2	X_3	X_4	X_5
湖南	33.5276	12.1204	1.0813	0.7275	0.7867
广东	12.2192	21.9028	0.9994	1.2040	1.2033
广西	11.6025	13.5021	1.3321	0.7287	0.9707
海南	18.0951	11.2083	1.0458	1.0000	1.0458
重庆	6.6988	20.7092	1.2263	1.8591	2.2799
四川	16.9050	17.6859	1.1345	1.5298	1.7355
贵州	9.2461	10.5328	0.9310	0.2940	0.2737
云南	8.7363	9.3493	0.9990	0.4860	0.4855
西藏	58.6051	8.7500	0.9056	0.4500	0.4075
陕西	9.8650	8.4550	1.0120	0.7383	0.7471
甘肃	6.2930	8.8555	0.7862	0.3850	0.3027
青海	8.4722	11.9167	1.2636	0.7378	0.9322
宁夏	2.6964	12.4370	0.9612	0.5518	0.5303
新疆	7.9429	7.8790	1.1477	0.6506	0.7467

表 4 - 4   **31 个省份小额贷款公司发展得分和排名**

名次	省份	绝对得分（$F(Y_i)$）	相对得分（$F(X_i)$）	参数（δ_i）	发展得分（K_i）
1	江苏	22.75	23.8	24.5	71.05
2	浙江	19	25.6	22	66.60
3	内蒙古	20.25	17.2	19.5	56.95
4	广东	19	19.4	18	56.40
5	重庆	15.5	27.2	9	51.70
6	辽宁	19.5	11.6	18	49.10
7	山东	17.5	18.4	10	45.90
8	安徽	20.75	17	5	40.95
9	四川	19.25	22.2	-0.5	44.45
10	上海	6.75	23.6	10	40.35
11	天津	6.25	22.4	5.5	34.15
12	河北	19	13	1	33.00
13	福建	7.75	23.2	2	32.95

续表

名次	省份	绝对得分（$F(Y_i)$）	相对得分（$F(X_i)$）	参数（δ_i）	发展得分（K_i）
14	山西	13	13.4	4.5	30.90
15	北京	4.25	21	4.5	29.75
16	江西	12.25	18	-0.5	29.75
17	湖北	11.75	18.6	-2	28.35
18	广西	13.25	20	-10	23.25
19	吉林	12.25	7	2.5	21.75
20	河南	16	12.6	-7.5	21.10
21	陕西	9	11.4	-0.5	19.90
22	黑龙江	9.75	7.4	0	17.15
23	云南	14.75	8.8	-6.5	17.05
24	宁夏	5.75	14.6	-10.5	9.85
25	青海	2.25	19.2	-12	9.45
26	湖南	6.25	14.4	-14	6.65
27	新疆	7.25	13	-16	4.25
28	贵州	9.25	7.2	-15	1.45
29	甘肃	9.5	7	-16	0.50
30	海南	1.5	14.4	-21	-5.10
31	西藏	0.75	3.4	-24	-19.85

利用 SPSS 软件进行 K 均值聚类分析，小额贷款公司在地区间的发展可以分为四个阶梯（见表 4-5）。

表 4-5 聚类结果

第一阶梯	第二阶梯	第三阶梯	第四阶梯
江苏、重庆、浙江、辽宁、山东	安徽、内蒙古、四川、广东、河北、福建、山西、江西、湖北	上海、广西、吉林、河南、陕西、天津、黑龙江、云南、北京、宁夏、青海、湖南、新疆、贵州、甘肃	海南、西藏

注：31 个省份小额贷款公司的运行绩效根据 K 值聚类由第一阶梯向第四阶梯依次减弱。

（4）模型结论。

结论 1：小额贷款公司呈现显著的阶梯式分布

聚类结果显示，小额贷款公司的发育水平呈现从第一阶梯到第四阶梯依次弱化的态势。小额贷款公司在地区间呈现显著的阶梯式分布，东部地区小额贷款公司的区域优势明显，西部地区小额贷款公司整体发展水平滞后。东部省份在第一阶梯占比为 80.0%、第二阶梯占比为 33.3%、第三阶梯占比为 20%；中部省份在第一阶梯没有分布、第二阶梯占比为 44.4%、第三阶梯占比为 26.7%；西部省份在第一阶梯占比为 20%、第二阶梯占比为 22.2%、第三阶梯占比为 53.3%。可以看出，东部地区小额贷款公司显著分布在第一阶梯，中部地区小额贷款公司以第二阶梯为主要分布，西部地区小额贷款公司则多居第三阶梯。

结论 2：小额贷款公司内生发展与外部绩效非对称

从阶梯分布与集团分布的相关关系来看，仅江苏、江西、湖北、上海、新疆、海南和西藏 7 个省份的小额贷款公司实现了内生发展与外部绩效的统一，不足地区总数的 1/4（见表 4-6）。小额贷款公司内生非均衡发展日益凸显，支持地方经济发展的作用有限，服务"'三农'和小微企业"的政策目标在多数省份并未得到践行。

表 4-6　　　　小额贷款公司阶梯分布与集团分类

集团	第一阶梯	第二阶梯	第三阶梯	第四阶梯
第一集团	江苏		—	—
第二集团	山东	江西、湖北	—	—
第三集团	—		上海、新疆	—
第四集团	—		青海、北京	海南、西藏

结论 3：小额贷款公司在农业大省的机构覆盖率与支农绩效不对称

黑龙江、吉林、浙江、河南、安徽、山东、四川、湖南、江苏、江西、湖北和河北 12 个农业大省中，河北、安徽和江苏 3 个省份小额贷款公司机构数量在 400 家以上，位列第一集团，黑龙江等 8 个省份处于第二集团，湖南在第三集团；浙江、江苏等 8 个省份小额贷款公司实收资本和贷款余额均处于前两个集团；表明多数农业大省的小额贷款公司均能实现内生发展。问题是，小额贷款公司的机构覆盖率与支农绩效显著不对称，湖南、河南、湖北、江西、四川和黑龙江 6 个省份小额贷款公司的参数值 δ_i 均为负，表明小额贷款公司在实现内生发展的同时，未能有效地支持地区"三农"发展，这在湖南表现得尤为突出，反映小额贷款公司整体运行绩效的 K 值位列倒数第六。

结论 4：西部地区小额贷款公司整体运行绩效差，偏离政策预期

西部地区的小额贷款公司在机构数量、实收资本和贷款余额等方面大多处于第四集团，机构数量分布有 3 家，占比为 50%，实收资本和贷款余额的分布各有 6 家，占比为 67%，尤其是西藏、青海和海南 3 个省份的 4 家小额贷款公司指标均位列第四集团。不仅如此，西部地区小额贷款公司整体运行绩效差，参数得分排名在后 10 位的小额贷款公司中，西部地区占了 8 家（见表 4 - 4），不仅自身运行绩效差，也未能积极服务于西部地区发展，偏离了小额贷款公司组建初衷。

4.1.6　贷款利率高、额度大，偏离"支农支小"目标

根据部分省份金融办公布的数据，2009—2013 年小额贷款公司的贷款利率介于 13% ~ 21%，上海、浙江两地小额贷款公司贷款利率呈逐年上升趋势，广州、江苏、内蒙古等地的小额贷款公司利率相对平稳（见表 4 - 7）。何广文（2011）对 28 个省份 174 家小额贷款公司的调查发现，样本小额贷款公司的贷款利率在 5% ~ 36%，贷款利率超过 15% 的小额贷款公司占比为 75.33%。2012 年竞争力 100 强小额贷款公司的平均贷款利率为 17.32%。2013 年 8 月至 12 月，全国地区性小额贷款公司的平均贷款利率在 18.81% ~ 20.96%（见图 4 - 1）。可以看出，小额贷款公司的贷款利率水平明显高于银行业金融机构的贷款利率水平，是除了典当行、担保公司之外，利率水平最高的。不仅如此，在实际经营中，部分小额贷款公司为逃避监管，采用财务咨询费、手续费、管理费等形式变相收取利息，实际贷款利率可能会更高。2020 年 8 月 20 日，最高人民法院发布新修订的《关于审理民间借贷案件适用法律若干问题的规定》指出，若以 2020 年 7 月 20 日发布的一年期贷款市场报价利率（LPR）3.85% 的四倍计算，受司法保护的民间借贷利率的上限应为 15.4%，远远低于过去 24% 和 36% 的上限利率水平。因此，随着 LPR 的逐步推进与应用，小额贷款公司依然采取高利率能否获得法律支持与保护仍存在较大的不确定性。

表 4 – 7　　　　2009—2013 年部分省份小额贷款公司平均年贷款利率　　　单位:%

省份	2009 年	2010 年	2011 年	2012 年	2013 年
上海	13.83	15	16.92	17.57	17.45
广州	—	—	15	15.51	—
内蒙古	18	19.2	20	18.6	—
浙江	13.83	17.47	20.39	—	—
海南	—	14.15	18.75	20.37	18.5
江苏	—	—	17.6	16.06	—
吉林	—	—	—	14.7	—
河北	—	14.67	—	—	—

资料来源:根据网上资料整理而得。

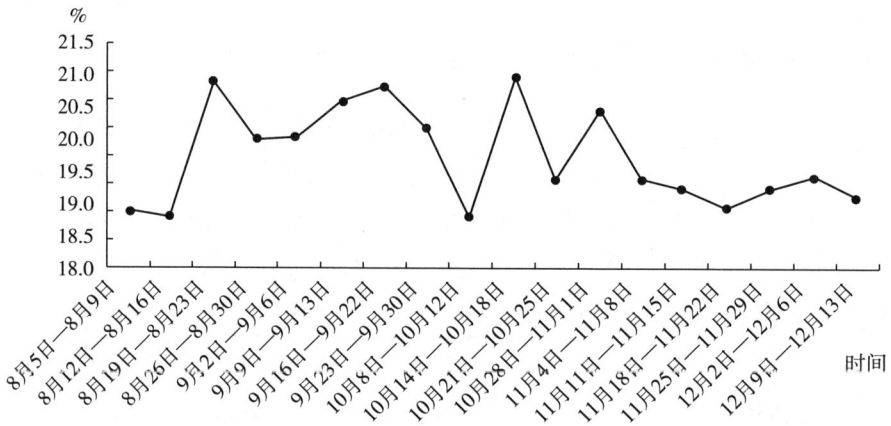

图 4 – 1　2013 年 8 月至 12 月小额贷款公司平均贷款利率

(资料来源:温州市金融办公室)

　　此外,人民银行在 2015 年对全国 4300 多家小额贷款公司的抽样调查结果显示,小额贷款公司贷款中,5 万元以下的贷款只占全部贷款的 1.86%,50 万元以上的贷款占到 86%。2010 年参加竞争力 100 强评选的 1425 家小额贷款公司,平均注册资本为 1.08 亿元,平均单笔贷款 42.3 万元;其中,单笔贷款小于 10 万元的只占 10.2%,单笔贷款在 10 万 ~ 50 万元的占 27.3%,在 50 万 ~ 100 万元的占 22.7%,100 万元以上贷款则占到 39.8%。可以看出,小额贷款公司在实际运作中,单笔贷款额度大,逐渐偏离了"支小支农"目标,脱离了"小额"运行轨道。

4.1.7　对贫困地区的信贷支持有限

小额贷款公司设立目的在于引导资金流向农村和欠发达地区，促进地区经济发展。2012 年，我国共有 592 个国家级贫困县，中部省份 217 个，西部省份 375 个；有贫困县的 21 个省（市）共成立 4177 家小额贷款公司，占全国的 68.7%，增加了贫困地区的金融服务供给量，改善了贫困县的金融服务环境。尽管如此，小额贷款公司在贫困地区的覆盖率依然较低。如内蒙古有 31 个国家级贫困县，仅在翁牛特旗、太仆寺旗、敖汉旗、喀喇沁旗、奈曼旗、宁城县 6 个县设立了小额贷款公司，覆盖率不足 20%，广西、湖南两省份小额贷款公司对贫困县的机构覆盖率也分别仅有 14.29% 和 10%（见表 4 - 8），小额贷款公司在贫困县的设立数量有限，对贫困地区的信贷支持不足。《关于加强小额贷款公司监督管理的通知》（银保监办发〔2020〕86 号）明确指出，"小额贷款公司应当依法合规开展业务，提高对小微企业、农民、城镇低收入人群等普惠金融重点服务对象的服务水平，践行普惠金融理念，支持实体经济发展"。可以看到，86 号文件更多强调的是目标对象的普惠性，未能在定位上瞄准贫困地区和贫困人口等，这正是金融普惠目标的"最后一公里"。

表 4 - 8　　2012 年末部分省份小额贷款公司在贫困县设立情况

省份	小额贷款公司数量（家）	贫困县数量（家）	设在贫困县的小额贷款公司数量（家）	小额贷款公司对贫困县的覆盖率（%）
内蒙古	131	31	6	19.35
黑龙江	287	14	7	50
安徽	326	19	22	63.16
湖北	153	25	22	60
湖南	91	20	2	10
广西	85	28	4	14.29
四川	128	36	9	22.22
云南	159	73	31	32.51
新疆	16	27	0	0

资料来源：根据各省份小额信贷协会网上资料整理。

4.1.8 金融监管缺位与行政多头管理并存

小额贷款公司虽"只贷不存",但开展的是金融业务,本应由银行业监管部门管理,但金融机构主体地位的缺失,且仅在工商部门注册,相应的监管和风险控制责任就转嫁给了地方政府,监管主体不明确造成监管缺位与监管过度并存。一方面,属于职能范围的监管部门不独立监管,地方金融办主要侧重于对小额贷款公司的审批,将对小额贷款公司的经常性、连续性监管变成不连续的监管,缺乏风险预警与识别的专业技能,未能实现贷款全过程监管,存在监管真空;另一方面,金融办、工商部门、财政部门、银监部门和人民银行分支机构组成小额贷款公司联席会议,实施多头监管,在监管中缺少协同与联动。工商部门对小额贷款公司注册登记进行规范监管;原银监会分支机构不能对小额贷款公司的违法违规行为进行实时跟踪监测和查处;人民银行难以强制性要求小额贷款公司接入央行的征信管理系统等。

4.1.9 控股权的丧失弱化了小额贷款公司转制意愿

2009 年 6 月 9 日,银监会印发《小额贷款公司改制设立村镇银行暂行规定》(银监发〔2009〕48 号),明确了小额贷款公司改制为村镇银行的准入条件、改制要求、监督管理等,为民间资本获得金融牌照,合规吸收存款,降低资金成本,扩大资金来源,提供了可能性。但是,小额贷款公司转制村镇银行仍面临诸多约束:一是由银行业金融机构作为主发起人,弱化了小额贷款公司转制意愿。小额贷款公司由民间资本出资并控股,在转制村镇银行过程中,既有民间资本面临控股权的丧失,大部分股东对于转制成村镇银行缺乏积极性,难以获得 2/3 以上表决权的股东同意。二是对小额贷款公司贷款投向的限制性要求较高。拟转制小额贷款公司的资产应以贷款为主,最近 4 个季度末贷款余额占总资产余额的比例不低于 75%,且全部投放县域,同时涉农贷款余额占比不得低于 60%。这些比例要求将大部分小额贷款公司排斥在外。三是对小额贷款公司经营稳健的高要求。规定要求小额贷款公司必须连续两年盈利、不良贷款率低于 2%、贷款损失准备充足率在 130% 以上。小额贷款公司股东追求的是投资收益最大化，面对控股权与金融牌照之间的两难选择，转制村镇银行对经营绩效好的小额贷款公司缺乏足够的吸引力。

4.2　村镇银行未达政策预期

4.2.1　村镇银行组建数量及增速地区失衡，偏离政策初衷

《村镇银行管理暂行规定》（银监发〔2007〕5 号）要求，村镇银行应主要设立于中西部、东北和海南省县（市）及县（市）以下地区，以及其他省（区、市）的国定贫困县和省定贫困县及县以下地区。银监会发布的《关于调整村镇银行组建核准有关事项的通知》（银监发〔2011〕81 号）提出，村镇银行"在次序上，按照先西部地区、后东部地区，先欠发达县域、后发达县域的原则组建。"截至 2012 年 6 月 30 日，在全国已组建的 731 家村镇银行中，辽宁和浙江两省分布最多，其次是四川和河南，青海分布最少，西藏仍是空白，远未达到银监会《新型农村金融机构 2009—2011 年总体工作安排》（银监发〔2009〕72 号）对村镇银行发展布局整体规划的要求。在全国 31 个省份中，13 个省份的村镇银行数量没有达到预期规划；其中，云南省实际组建村镇银行 25 家，与 125 家的规划目标相去甚远，河北、山东、贵州、河南等省份的数量缺口分别为 53 家、44 家、37 家和 23 家。与此相反，四川、浙江、辽宁、广西、内蒙古、吉林、广东等省份则在规划基础上多组建了 48 家、38 家、37 家、31 家、28 家、24 家和 20 家村镇银行（见图 4 - 2）。

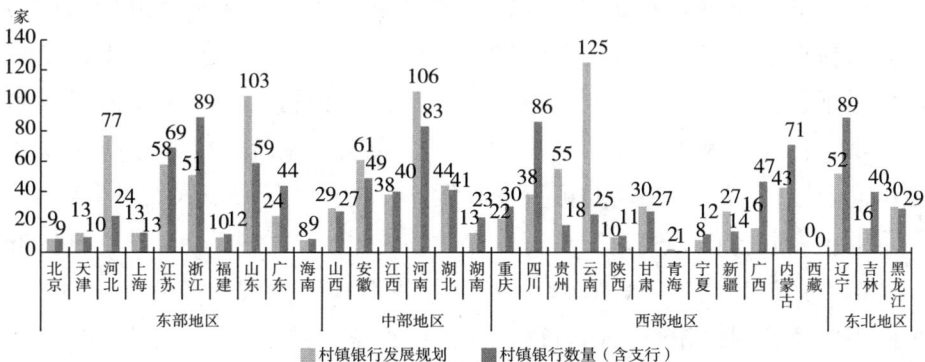

图 4 - 2　村镇银行发展规划与实际组建数量

村镇银行快速发展的直接结果是其在全国范围内布局的失衡。根据政策指引，村镇银行应主要设立在村或镇，以服务"三农"发展为主要目标。但在实际发展过程中，各发起行大都将网点设立在居民相对集中、经济比较发达的城区，较少真正扎根村镇尤其是贫困地区，背离了组建村镇银行解决贫困地区金融服务不充分的政策初衷。我国 375 个国定贫困县主要集中在西部地区，其中云南有 73 个，贵州和陕西各有 50 个。截至 2012 年 6 月底，村镇银行在西部地区的数量为 342 家，仅占 31%，在云南、贵州和陕西的机构数量分别为 25 家、18 家和 11 家。截至 2016 年 2 月，设立在国家级贫困县的村镇银行有 193 家，仅占 14.53%；2017 年 3 月，在全国 758 个（不含西藏）重点贫困县中，村镇银行覆盖了 401 个，约占 52.9%。以中西部地区的河南、青海、宁夏为例，2017 年，在河南省 30 个国家级贫困县中，仍有鲁山县、封丘县、确山县以及新蔡县 4 个县域没有设立村镇银行；在宁夏 8 个贫困县中，海原县、西吉县和泾源县 3 个县未设立村镇银行；在青海 15 个贫困县中，仅大通县、湟中县和乐都县 3 个县设立村镇银行，其余 12 个县仍是空白。村镇银行现行区域格局仍未能实现"贫困一县一网点"的目标，与组建机构的政策初衷相去甚远。这还只是县域层面，真正扎根乡镇的就更是凤毛麟角了，贫困地区金融供给不充分，依然是农村普惠金融发展过程中面临的突出问题，关系着普惠金融目标的实现。

4.2.2 支付结算受限成为村镇银行业务发展瓶颈

作为最小单位的地方性法人银行业金融机构，尽管村镇银行已成为服务乡村振兴战略、助力普惠金融发展的金融生力军，但其在支付系统建设运维、业务管理等方面仍有别于其他商业银行，存在诸多问题。主要表现在：一是无法直接接入全国大、小额支付系统。村镇银行主要由城市商业银行和股份制商业银行发起设立，在接入统一支付结算系统时，多是由主发起行作为代理清算行，在"发起设立村镇银行与分支机构准入挂钩"的制度约束下，发起行主观上并不真正重视村镇银行的发展，故而不愿意让村镇银行占用自己在人民银行支付系统中的清算账户余额。二是过于依赖主发起行或外包机构的技术支持。村镇银行在核心业务系统研发、数据信息管理、系统运营维护等方面建设能力不足，主要依靠主发起行提供技术支持，或将业务托管给外包机构。不仅容易造成客户信息泄露，存在数据安全隐患，也削弱了其应急管理能力。三是支付系统业务功能使用单一。村镇银行依托代理清算行开展支付清算系统场景应用，为防止清算资金不足而出现被动垫款，代理清算行对其业务种类及金额权限进行了诸多限制，造成村镇银行接入银联卡跨行清算、网上支付跨行清算系统严重不足，难以提升客户服务深度（见表 4－9）。四是分散方式增加了接入成本。村镇银行数量众多、交易额度偏低，缺乏统一的接入技术指导，新设村镇银行需自行寻找代理解决接入渠道。不仅加大了自身额外成本支出，也增加了人民银行支付系统管理成本。五是制约了业务的多元化发展。受限于支付结算系统不对接，村镇银行开展同业拆借业务、买卖金融债券、代销基金业务、代收代付业务等面临诸多困难，仍以传统存贷为主要业务，以柜面服务为主要渠道，中间业务开展不充分，线上业务发展缓慢。

表 4－9　　　　　　　　河南村镇银行接入支付系统统计

支付系统	已接入机构数（家）	未接入机构数（家）	合计（家）
大额支付系统	52	4	56
小额支付系统	52	4	56
全国支票影像交换系统	1	55	56
银联银行卡跨行清算系统	1	55	56
网上支付跨行清算系统	5	51	56
同城票据交换系统	12	44	56

资料来源：刘英 . 村镇银行支付结算业务发展的现状、问题及建议——以河南省为例 ［J］. 金融理论与实践，2014（2）。

4.2.3　东部地区村镇银行基于草根需求的创新不足

东部地区位于直辖市、一线城市的村镇银行大多由外资银行或区域性商业银行出资设立。这些机构设立村镇银行的目的在于进入农村金融这一蓝海市场，为提高市场占有率，它们更多开展的是基本存贷业务，因此，面向草根需求的金融产品创新动力不足。中西部地区村镇银行更具有本土化色彩，能够充分利用局部知识优势进行产品创新，或针对资源优势开发特色贷款产品；或借助农村合作组织、农民专业合作社等组织载体，利用产业链条进行产品创新；或探索和创新林权抵押、专业合作社社员互保等新兴担保贷款方式。

4.2.4　西部地区村镇银行供给量严重不足

从整体上看，第一产业较为发达的农业大省对组建村镇银行的需求强烈。具体到区域内部，东部地区村镇银行在选址上更倾向于距离一线城市较远的县域地区或者远郊区县。比如，北京的 9 家村镇银行都设立在顺义、昌平、密云等远郊区县，上海设立的 10 家村镇银行也全部位于远离市中心的郊区，福建设立的 8 家村镇银行均位于永安、漳平、福鼎等远离大城市的县城，江苏设立的 51 家村镇银行也大多位于灌云、灌南等远离市中心的县城。村镇银行在东部地区空间布局上的选址策略，既服务了县域经济发展，又有效减缓了与城市商业银行之间的竞争。中西部地区的村镇银行则多分布于农业大省，尤其是集聚在人口密集的产粮大省，如东北三省设立 158 家、河南设立 83 家、四川设立 86 家（见图 4－2），仅此五省的村镇银行就占到中西部地区村镇银行总数的一半。而像宁夏、青海、西藏这些西部地区经济欠发达省份，村镇银行则是寥寥无几，尤其是贵州、云南和新疆等地，村镇银行实际设立数量与预期规划之间的偏差较大，普惠金融供给严重不足。

4.2.5　村镇银行资金规模呈现"东大西小"态势

据估算，东部、中部、西部地区村镇银行的平均注册资本金分别在 1 亿元、7000 万元和 3000 万元左右。具体地，浙江、广东、天津、上海等东部地区省份村镇银行的注册资本金大多在亿元之上；云南、甘肃、宁夏、陕西、新疆、青海等西部地区的村镇银行的注册资本金大多在 5000 万元以下（见表 4－10）。东部地区村镇银行的资本金规模普遍高于中西部地区，这主要得益于东部地区较为发达的经济发育程度；但与此同时，又会造成村镇银行单笔贷款额度偏高，与地区内小额度资金需求不相匹配情况。

表4-10　　　　　　　　　　村镇银行注册资本金地区差异

阶梯	地区	注册资本金情况
第一阶梯	浙江、广东、天津、上海	多数村镇银行的注册资本金在1亿元以上
第二阶梯	北京、福建、贵州、江西、江苏、四川、重庆	多数村镇银行的注册资本金在5000万~10000万元
第三阶梯	云南、山东、河南、辽宁、河北、安徽、湖南、广西	多数村镇银行的注册资本金相对集中于3000万~5000万元
第四阶梯	湖北、吉林、黑龙江、内蒙古、甘肃、宁夏、海南、陕西、新疆、青海、山西	多数村镇银行的注册资本金在3000万元以下

资料来源：根据相关资料整理而得。

4.2.6　大型商业银行发起村镇银行的内生动力不足

2012年5月，银监会印发《关于鼓励和引导民间资本进入银行业的实施意见》，将村镇银行主发起行的最低持股比例由20%降到15%。2014年12月，《关于进一步促进村镇银行健康发展的指导意见》提出，除主发起行持股外，村镇银行的股份在原则上应由民间资本出资认购。2016年底，村镇银行实收资本达1135亿元，其中民间资本815亿元，占比达72%。尽管民间资本参与普惠金融的比重越来越大，但主发起行仍拥有绝对控股权，以自身利益导向影响着村镇银行经营与发展。

从主发起行性质来看，村镇银行大多由城市商业银行或农村金融机构发起设立。据笔者对637家村镇银行发起人的统计，由地方商业银行发起设立的村镇银行数量最多，达300家；农村金融机构发起设立214家；区域性商业银行发起设立65家；四大行发起设立39家；政策性银行发起设立13家；外资银行发起设立6家。在工行、农行、中行、建行发起设立的39家村镇银行中，有23家在东部地区，外资银行则倾向于选择中部地区，区域性商业银行的地区取向不太明显（见表4-11）。

从股权结构上看，东部地区村镇银行多以主发起银行独资为主；中西部地区村镇银行的股权结构呈现出资主体多元化特点，村镇银行由一家银行作为主发起人，联合民营企业、自然人等共同出资发起设立村镇银行。如西峰区农村信用合作社作为甘肃西峰瑞信村镇银行的主发起人，持股比例仅为25%，其余75%的股权由另外42个发起人共同持有。

表 4 - 11　　　　　　　村镇银行主发起行地区差异　　　　　单位：家

地区		工农中建	区域银行	地方银行	农村金融机构	政策银行	外资银行
东部地区	北京	0	2	6	1	0	0
	天津	0	0	3	2	1	0
	河北	1	1	18	3	0	0
	上海	1	3	3	2	0	0
	江苏	4	3	13	12	0	0
	浙江	8	9	13	13	1	0
	福建	1	3	2	5	0	0
	山东	8	4	7	26	1	0
	广东	0	1	10	7	1	0
	海南	0	0	6	0	0	0
小计		23	26	81	71	4	0
中部地区	山西	0	1	16	3	0	0
	安徽	3	2	7	18	0	0
	江西	0	0	11	12	0	0
	河南	0	2	17	16	0	5
	湖北	7	6	8	6	2	0
	湖南	2	4	5	14	1	0
小计		12	15	64	69	3	5
西部地区	四川	0	6	14	9	2	0
	贵州	0	0	11	6	0	0
	内蒙古	1	0	19	7	1	0
	广西	0	0	17	8	0	0
	甘肃	0	0	6	5	1	0
	宁夏	0	0	8	1	0	0
	陕西	1	3	3	1	0	0
	重庆	2	8	8	0	0	1
	云南	0	3	6	3	0	0
	新疆	0	0	3	6	0	0
	青海	0	0	0	0	1	0
小计		4	20	95	46	5	1

续表

地区		工农中建	区域银行	地方银行	农村 金融机构	政策银行	外资银行
东北 地区	辽宁	0	3	40	13	0	0
	吉林	0	1	11	6	1	0
	黑龙江	0	0	9	9	0	0
小计		0	4	60	28	1	0
合计		39	65	300	214	13	6

资料来源：根据相关资料整理而得。

4.3　网贷平台陷入发展困境

4.3.1　统一信息披露标准缺失，平台信息披露消极

信息披露要求平台将自身经营信息、财务信息、风险信息等进行公示，并接受部门监管和公众监督。但是，网贷平台在信息披露的过程中，平台大多持消极态度，主要表现在（见表4-12）：一是从披露内容看，对注册资本、网站备案、联系方式等基本信息披露全面，对高管信息、股东结构等披露消极，尤其是对平台运营数据披露明显不足。二是未能及时发布银行存管报告，公布资金流向。平台聚集的资金不透明，损害了投资者的知情权，对平台无法进行有效监督。三是对平台财务报表、财务审计等情况普遍披露不足，使投资者无法及时获悉平台运营情况及潜在风险等，缺乏对债权人利益保护。四是从信息披露主体看，民营系对平台的信息披露程度最低，上市公司系及风险投资系次之，银行系信息披露相对全面。五是平台信息披露缺乏统一的标准和监管要求。平台披露什么样的信息，披露到什么程度，多是平台自身意愿表示，平台自身取向结果，没有具体明确的统一标准和披露准则。

表4-12　　　　　　　　　**P2P平台信息披露情况**

平台名称	平台背景	平台类型	注册资本	股东结构	高管信息	网站备案	联系方式	运营数据
开鑫贷	银行系	正常	✓	✓	✓	✓	✓	✓
民生易贷	银行系	正常	✓	✓	✓	✓	✓	✓

89

平台名称	平台背景	平台类型	注册资本	股东结构	高管信息	网站备案	联系方式	运营数据
e融e贷	银行系	正常	✓	—	—	✓	✓	—
中融投	国资系	问题	✓	✓	✓	✓	✓	✓
理财去	国资系	问题	✓	✓	✓	✓	✓	—
小猪理财	国资系	问题	✓	✓	—	✓	✓	✓
知合金服	国资系	问题	✓	✓	✓	✓	✓	✓
慧融财富	国资系	问题	✓	✓	✓	✓	✓	—
晴天助	上市公司系	问题	✓	✓	✓	✓	✓	—
爱达财富	上市公司系	问题	✓	—	✓	✓	✓	✓
易港金融	上市公司系	问题	✓	✓	✓	✓	✓	✓
蜜蜂有钱	上市公司系	问题	✓	✓	✓	✓	✓	✓
蜜蜂聚财	上市公司系	问题	✓	✓	✓	✓	✓	✓
聚宝普惠	风投系	问题	✓	✓	✓	✓	✓	✓
车e融	风投系	问题	✓	✓	✓	✓	✓	✓
合盘金服	风投系	问题	✓	✓	✓	✓	✓	✓
图腾贷	风投系	问题	✓	✓	✓	✓	✓	✓
念钱安	风投系	问题	✓	✓	✓	✓	✓	✓
国湘资本	民营系	问题	✓	—	✓	✓	✓	✓
互融城	民营系	问题	✓	✓	✓	✓	✓	✓
富金利	民营系	问题	✓	✓	✓	✓	✓	—
云信贷	民营系	问题	✓	✓	—	✓	✓	—
明银贷	民营系	问题	✓	✓	✓	✓	✓	—

资料来源：根据相关资料整理而得。

4.3.2 民营系网贷平台综合利率过高

利率是网贷平台和投资者的关注焦点。平台为了吸引更多的投资者，快速撮合借款人与投资者，通常会提高利率。若借款人能够到期还本付息，则有利于投资者实现高收益，但高利率容易导致逆向选择与道德风险，加大借款人利息负担，吸引不合格借款人，引发违约风险，增加平台潜在运营风险，致使投资者遭受损失。

与正常运营的平台相比，问题平台的综合利率普遍较高，这在民营

系平台中表现得尤为突出。2018 年，民营系问题平台的综合利率高达
42.55%，远超正常平台 10.95% 的综合利率水平，两者相差 31.6 个百分
点；差距最小的上市系问题平台综合利率也较正常平台高出 2.42 个百分
点（见图 4-3）。这种利率差距表现与五大系问题平台数量分布相一致。
2019 年民营系问题平台数量最多，高达 183 家，上市系和风投系次之，
各有 15 家问题平台（见图 4-4）。其原因在于：一是民营系平台无股东

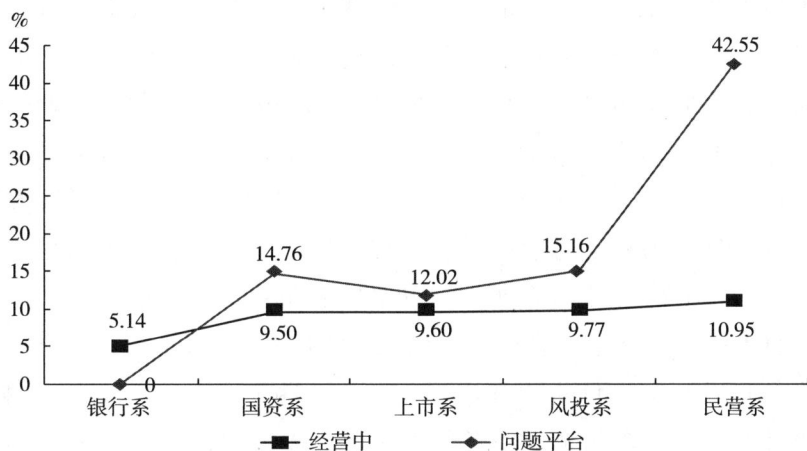

图 4-3 五大系 P2P 平台综合利率比较

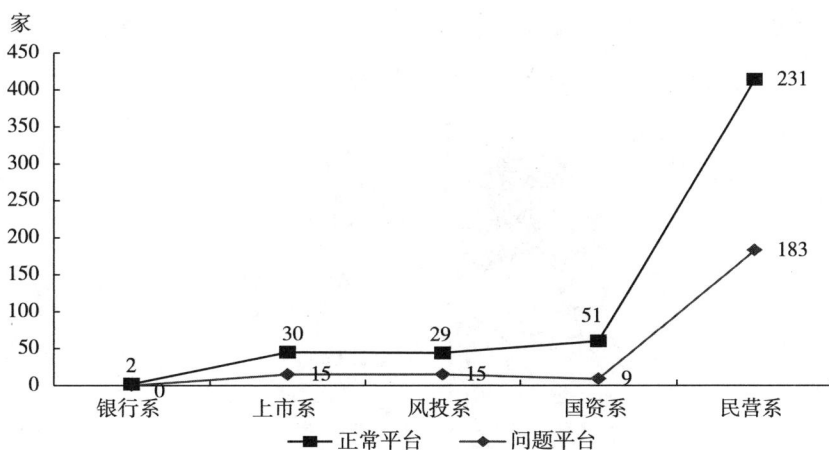

图 4-4 2019 年 P2P 正常平台与问题平台数量

资金和资源上的持续支持；二是平台数量基数较大；三是平台综合利率过高。相比较而言，银行系平台因背靠银行，有业务上的专营优势，更加重视风险控制，综合利率水平较低，平台运营较为稳定，整体处于一个相对安全区。

4.3.3 主营产品同质化，"同业"竞争加剧

网贷平台的业务主要集中于个人信贷、车抵贷、房抵贷及企业贷等几种类型。来自网贷之家的数据显示，截至 2019 年 12 月，80 家正常运营且贷款余额靠前的平台的贷款余额达 4121.79 亿元，在行业中占比超过 80%，其中个人信贷贷款余额达 3555.54 亿元，占比为 86.26%，是企业贷的 9.79 倍，车抵贷的 19.57 倍，房抵贷的 165.5 倍。若将占比最高的业务类型视为平台的主营业务，则有 37 家平台主营个人信贷，占比为 46.25%；有 32 家主营企业贷，占比为 40%；主营车抵贷和房抵贷的平台分别有 9 家和 2 家，合计占比为 13.75%（见图 4-5）。从贷款规模和平台数量看，个人信贷因业务模式简单，可复制性强，进入门槛低，用户群体基数大，借款金额小且期限短，已成为网贷行业的主流业务类型。但是，主营产品的过度集中，贷款对象的过于单一，不仅加剧了平台的同质化竞争，也会因贷款对象风险过度集聚，引发风险传染而波及整个网贷行业。

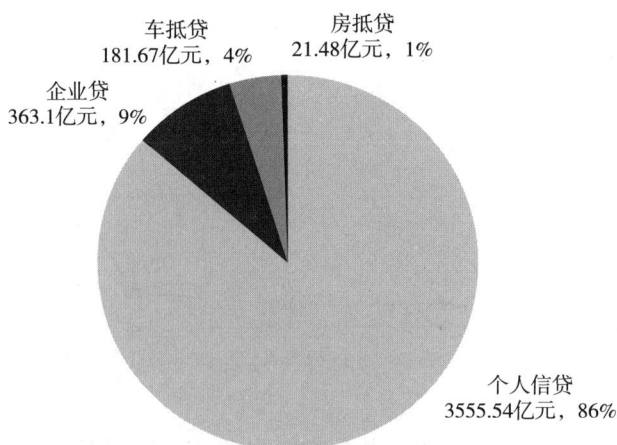

图 4-5 网贷平台业务类型及其占比

4.3.4 出借人权益保障不健全

网贷平台在资本的催化作用下，用了短短的几年时间就实现了爆发式增长，在利用市场"看不见的手"实现资源高效配置，促使平台数量激增的同时，又因市场"失灵"频发诈骗、跑路、关站失联、兑现困难等，使行业陷入发展瓶颈。通常情况下，平台抵御风险的能力主要来自参股或控股企业，抑或平台的担保或还款保障机构（见表4-13）。随着政府对网贷行业的监管趋紧，平台开始"大洗牌"，处于违法或灰色地带的平台频频暴雷。《关于做好P2P网络借贷风险专项整治整改验收工作的通知》（网贷整治办函〔2017〕57号）鼓励P2P平台引入第三方担保、契约保证保险等方式，但第三方担保条件较为严格，难以发挥有效保护出借人权益的作用。此外，引入第三方担保易产生"羊群效应"，出借人因有担保保障，往往更加关注项目利率、期限等因素，忽视项目实际投资人数量，使高利率高风险项目更容易获得资金，不仅加大了平台潜在风险，又通过担保方式转嫁给了担保公司，一旦出现风险累积与叠加，暴雷在所难免。最终结果是，出借人权益事实上仍未能得到有效保障。

表4-13　　　　　　　部分问题平台还款保障情况　　　　单位：家

平台	同意债权转让	第三方担保	资产抵押	平台垫付（风险保障金）	无保障
国资系	13	17	1	3	4
上市系	10	9	1	—	9
风投系	19	10	3	7	5
民营系	17	14	2	5	4

资料来源：网贷之家。

4.3.5 网贷平台转型困难重重

截至2019年12月，正常运营的网贷平台数量仅有343家，相比2018年减少了732家，其中停业及转型平台510家，问题平台222家，网贷平台遭遇行业危机已是不争的事实。2019年1月21日，互联网金融风险专项整治工作领导小组办公室、P2P网贷风险专项整治工作领导小组办公室联合发布《关于做好网贷机构分类处置和风险防范工作的意

93

见》（以下简称175号文），坚持以机构退出为主要工作方向，引导部分平台转型为网络小额贷款公司、助贷机构或为持牌资产管理机构导流等。

截至2019年12月底，有16家平台获取了网络小额贷款牌照，2家平台倾向于消费金融公司，8家平台选择了综合理财。尽管网贷平台转型渠道多元化，却仍面临诸多困难（见表4-14），主要表现：一是转型门槛普遍较高。平台转型全国性小额贷款公司注册资本不低于10亿元；转型为消费金融公司的主出资人最近1年营业收入不低于300亿元；转型为综合理财的平台则需获得开办相应业务的金融牌照。二是业务范围受限。转型为小额贷款公司的平台只能开展线上业务，不得办理线下业务；转型助贷机构则只能向持牌机构提供获客、授信审查、风控、贷后管理等环节的服务。三是贷款额度限制，大数据风控优势减弱。转型为小额贷款公司的，要求对单一自然人和法人的贷款额度分别限定在30万元和100万元以内；对爬虫行业整顿力度的加大，使平台转型助贷机构时，逐渐失去了利用大数据进行风险控制的优势，致使助贷业务收缩和成本上升。四是融资杠杆和贷款利率受限。转型为小额贷款公司的融资杠杆最高为5倍，助贷机构的综合利率不能超过内部收益率（IRR）的36%，致使转型平台的资金来源受限，利润空间被压缩。五是获批难度大。消费金融公司自2009年开始试点，到2019年底仅获批设立了24家，受限于"一地一家"原则，目前获批速度放缓，难度加大。助贷业务处于灰色地带，既没有统一的官方界定，也没有统一的助贷监管政策，浙江、北京、上海等地更是持续释放出对助贷业务的严监管信号。

表4-14　　　　　　　　　　网贷平台转型取向比较

转型方向	小额贷款公司	助贷机构	消费金融公司	综合理财
转型取向	16家	—	玖富数科和陆金服2家	陆金服、宜人贷等8家
准入门槛	区域：注册资本不低于5000万元 全国：注册资本不低于10亿元	接入机构资金门槛高	主出资人：最近1年营业收入不低于300亿元 一般出资人：最近1年年末净资产不低于资产总额的30%、最近2个会计年度连续盈利等	相关业务需要有牌照资质

续表

转型方向	小额贷款公司	助贷机构	消费金融公司	综合理财
业务限制	不得办理线下业务	向持牌机构提供获客、授信审查、风控、贷后管理等环节的服务	—	银行理财产品、基金代销、保险代销、银行智能存款等
贷款风控	对单一自然人的贷款余额不超过30万元，不得超过其最近三年年均收入的1/3，两项取较低者；对单一法人及其关联机构的贷款余额不得超过100万元	大数据风控和催收是助贷机构风控和贷后的重要组成部分	—	—
融资杠杆	将因转型新设的小额贷款公司融资杠杆放宽至5倍	—	—	—
利率限制	—	综合利率不得超过IRR的36%	—	—
文件规定	《关于网络借贷信息中介机构转型为小额贷款公司试点的指导意见》	北京互联网金融协会《关于助贷机构加强业务规范和风险防控的提示》	—	—

注：转型倾向的数据是2019年12月底。

资料来源：根据网贷之家《2019中国网络借贷行业年报》整理。

4.4 第三方支付运行风险频发

4.4.1 传统机构监管模式与支付业务创新不相适应

随着金融科技的发展，第三方支付平台不断进行产品创新，延展业务范围，如支付宝通过证券、保险、衍生品等业务完善自己的支付场景，使混业经营态势日益显现，业务之间边界被打破，界限模糊，加之跨区域支付使碎片化信息无法被充分获悉，必然会出现监管真空与重复监管并存，导致监管的低效和无效。

此外，第三方支付平台涉及互联网、大数据、人工智能、云计算等新兴领域。部分第三方支付平台开启刷脸支付，探索向金融科技公司转型，这就对资金支付安全和消费者信息保护提出了更高的要求，需要监管部门对第三方支付机构进行全方位实时监管，实施动态功能性监管。目前，人民银行作为第三方支付的监管主体，采用的依然是传统的机构监管模式，与第三方支付的创新发展不相适应。

4.4.2　消费者信息安全保护不到位

2010 年，人民银行颁布《非金融机构支付服务管理办法》，涉及消费者隐私保护、客户备付金管理等。随着金融科技的迅猛发展，部分支付平台利用人工智能、大数据的技术优势，避开法律的监管，靠出卖客户信息赚取利润，为犯罪分子开发利用消费者二次信息提供了可乘之机，威胁到消费者信息安全。此外，在互联网第三方支付中，存在大量的碎片化客户信息，现行法律法规大多位阶较低，难以全方位捕捉客户信息，为支付平台利用金融科技进行隐蔽的违规操作提供了可能，不利于有效防范风险。只有提高相关法规的位阶，才能全方位涉猎关于客户、资金等方面的信息，减少支付机构违规操作的可能性。

4.4.3　客户备付金挪用严重，管理趋紧

消费者个人隐私信息保护和客户备付金被挪用是第三方支付存在的两大突出问题。在 2017 年被吊销执照的 20 家第三方支付机构中，一半以上是由于挪用客户备付金违规操作造成的，这在东部地区尤为突出，仅上海一地就有 7 家支付机构被吊销了支付牌照（见表 4 – 15）。2018 年人民银行颁布新规，要求支付机构将客户备付金缴存于同一备付金银行专用存款账户，首次交存的平均比例为 20%，逐步上调至 50%，之后逐步实现客户备付金的全部集中存管。问题是，在全部的客户备付金集中存管后，业务单一、规模小、竞争力弱的第三方支付机构将会面临巨大

的生存压力，盈利空间被进一步压缩，甚至会使支付体系回归传统支付时代，不利于第三方支付产业的可持续发展。

表 4 – 15　　　　　2017 年被吊销支付牌照的第三方支付机构

区域	省份	第三方支付机构
东部地区	上海	上海富友金融网络技术有限公司
		上海华势信息科技有限公司
		上海付费通企业服务有限公司
		杉德电子商务服务有限公司
		通联商务服务有限公司
		上海通卡投资管理有限公司
		普天银通支付有限公司
	北京	资和信网络支付有限公司
		北京交广科技发展有限公司
		北京中诚信和支付有限公司
	浙江	浙江盛炬支付技术有限公司
		温州之民信息服务有限公司
	山东	易通支付有限公司
	海南	海南海岛一卡通支付网络有限公司
中部地区	湖南	长沙商联电子商务有限公司
	山西	山西兰花商务支付有限公司
	安徽	安徽瑞祥资讯服务有限公司
西部地区	陕西	西安银信商通电子支付有限公司
	云南	乐富支付有限公司
东北地区	黑龙江	哈尔滨金联信支付科技有限公司

资料来源：根据相关资料整理而得。

4.4.4 高准入门槛与支付创新错搭

在我国，支付牌照的市场准入门槛较高。首先，从许可牌照看，支付机构必须持有支付业务许可证，不得转让和出租；其次，从业务范围看，持有许可证的机构只能办理支付业务，不能办理现金存取、理财、融资、信贷等业务；最后，从注册资本看，申请全国范围内通用许可证的支付机构的注册资本不低于 1 亿元，申请省内通用许可证的支付机构的注册资本不低于 3000 万元。而对于违规的第三方支付机构，人民银行则可给予处罚、警告、停业、直至注销支付业务许可证。

高准入门槛和严退出惩戒，虽在一定程度上有助于提升第三方支付机构资质，降低第三方支付行业的风险，但却将具有发展潜力的中小支付机构排斥在市场之外，不利于支付机构之间展开充分竞争，最终损害的是市场效率，牺牲的是消费者利益。从长远看，也不利于我国支付行业的发展、支付产品的创新。

4.5 民营银行市场地位存在局限性

4.5.1 市场准入与业务范围的限制

2015 年 6 月，银监会发布《关于促进民营银行发展的指导意见》，允许民间资本依据《银行业监督管理法》《商业银行法》《中国银监会中资商业银行行政许可事项实施办法》等，按同等条件进入银行业；并对民间资本进入银行业的基本原则、准入条件、许可程序、监管要求作出了明确规定。就准入条件而言，明确民营企业必须以自有资金投资，满足"最近 3 个会计年度连续盈利，年终分配后净资产达到总资产 30% 以上，权益性投资余额不超过净资产 50%"。根据 2015 年修订的《商业银行法》，设立全国性商业银行、城市商业银行和农村商业银行的最低注册资本限额分别为 10 亿元人民币、1 亿元人民币和 5000 万元人民币，均应是实缴资本。受最低资本金限制，如益佰制药、朗玛信息于 2016 年宣布退出筹建"贵安科技银行"。

此外，民营银行在业务范围、网点布局等方面也受到了诸多限制。民营银行大多由互联网金融企业出资设立，如深圳前海微众银行作为我国首家互联网银行，由腾讯公司等知名民企发起设立，由于不设实体网点，若想吸储，只能"远程开户"。2015 年 12 月，人民银行发布《关于改进个人银行账户服务 加强账户管理的通知》，对个人银行账户实施分类管理，允许银行通过自助机具和电子渠道等非柜面渠道开立银行账户。其问题在于：一是不同账户类型对应着不同的权限，远程开户权限受到了限制（见表 4-16）。Ⅰ类户是全功能结算账户，但必须通过传统柜面办理，需现场核验身份等，无法远程开户。Ⅱ类户与Ⅲ类户可以通过电子渠道开户，但Ⅱ类户不能存取现金、不能向非绑定账户转账，Ⅲ类户则仅能办理小额消费及缴费支付等，业务范围有限。二是Ⅱ类户和Ⅲ类户均需要通过Ⅰ类户核验身份，在操作上带来了诸多不便。微众银行等互联网银行多是通过客户Ⅰ类户转入，获取部分存款，加之操作烦琐、安全性低，弱化了吸储能力。

表 4 - 16　　　　　　　　　　个人账户分类及功能

账户类别	功能	开设渠道	安全验证	额度
Ⅰ类户	存款、取现、理财、缴费、转账、支付等全功能结算账户	传统柜面	需现场核验身份	不限
Ⅱ类户	存款、购买投资理财产品等金融产品、办理限定金额的消费、缴费支付等	传统柜面、电子渠道	通过Ⅰ类户验证	单日最高 1 万元
Ⅲ类户	小额消费和缴费支付			最高 1000 元

资料来源：根据中国人民银行相关文件整理。

4.5.2　资金来源受限，负债成本较高

负债是银行最主要的资金来源，民营银行因起步时间晚，资金来源途径有限，网点覆盖率低，信誉度缺失，吸储能力较弱等，难以与股份制商业银行相抗衡。2016 年，首批 5 家民营银行整体负债规模偏低，民商银行负债仅有 34.22 亿元；微众银行的负债规模尽管达到 452.92 亿元，但存款仅有 32.97 亿元，占比仅为 7.3%；网商银行的存款占比也只有 40.5%，同业负债占比偏高（见表 4 - 17）。

表 4 - 17　　　　　　2016 年首批 5 家民营银行负债结构　　　　　单位：亿元

民营银行	总负债	各项存款	同业负债	同业存单
微众银行	452.92	32.97	385.35	20
华瑞银行	278.46	182.44	—	—
网商银行	573.00	232.00	180（同业存款）	—
金城银行	189.48	107.00	80（同业存款）	—
民商银行	34.22	25.89	5（同业存款）	—

资料来源：根据五家民营银行官网公布的 2016 年年报整理而得。

从负债成本看，一方面，利率市场化加速使低息揽储难度倍增；另一方面，民营银行还因和互联网金融企业业务范围与服务对象的相互交错，不得不通过价格竞争获取客户。2018 年，人民银行公布的一年期整存整取基准利率为 1.5%，同期，国有商业银行普遍上浮了 0.25 个百分点，股份制商业银行大多上浮了 0.45 个百分点；5 家民营银行中，民商银行和网商银行上浮幅度最大，为 0.6 个百分点，民营银行存款利率整体偏高（见表 4-18）。民营银行不仅资金来源受限，也无法受益于被动负债的低成本优势，这些都加重了民营银行的资金成本负担。

表 4-18　　　　　　　2018 年一年期整存整取利率

银行类型	银行名称	存款利率（%）
国有商业银行	工商银行	1.75
	农业银行	1.75
	建设银行	1.75
	中国银行	1.75
	交通银行	1.75
股份制商业银行	招商银行	1.75
	中信银行	1.95
	光大银行	1.95
	浦发银行	1.95
	广发银行	1.95
农村商业银行	成都农村商业银行	1.95
	东莞农村商业银行	2.07
城市商业银行	德州银行	1.88
	南京银行	1.90
	杭州银行	1.95
	华融湘江银行	2.10
	河北银行	2.25
民营银行	微众银行	1.80
	金城银行	1.95
	华瑞银行	2.00
	民商银行	2.10
	网商银行	2.10

资料来源：根据各银行官网数据以及银行信息港官网数据整理。

4.5.3　针对民营银行的专门立法缺失

民营银行以普通大众及小微企业为主要服务对象，这些客户自身的资金安全保障性低，还款能力存在诸多不确定性。2015 年 5 月 1 日开始实施的《存款保险条例》，要求在我国境内设立的商业银行、农村合作银行、农村信用合作社等吸收存款的银行业金融机构，按规定投保存款保险，费率标准根据经济金融发展状况、存款结构情况以及存款保险基金累计水平等综合确定。一方面，存款保险制度在保障存款人利益的同时，降低了存款人"以脚投票"对民营银行的外部监督，容易引发"道德风险"；另一方面，在制度设计中，存款保险费率涵盖了基准费率和风险差别费率。民营银行由民间资本出资设立，资金实力有限，风险自担，风险差别费率相对较高，反过来又加大了"逆向选择"风险。

此外，由于民营银行的资本来源、股权结构等有其特殊性，现行法律法规大多针对商业银行，关于民营银行的立法缺失。例如，民营银行退出市场破产清算时，只能参照《商业银行法》《企业破产法》《防范和处置金融机构支付风险暂行办法》等法律法规进行处置，容易导致民营银行破产适用法律条文不清，缺乏统一标准。民营银行既无国家信用兜底，又无专门立法护航，不利于树立公众信心，加剧了自身经营的不稳定性。

4.6　农业保险分担普惠金融风险作用有限

农业作为受自然风险和市场风险双重交织的产业，农业风险的存在是造成农村地区信息不对称的一个重要外因。农业风险的不确定性和不可预见性，致使农民收入不稳定，加大了农村普惠金融机构的信贷风险。农业保险的介入，对于分散和降低农业自然风险具有重要的作用，为从源头上防控和降低金融机构风险提供了可能。2013 年 3 月，我国实施《农业保险条例》，开始探索"政府与市场合作"的农业保险模式。

近年来，我国农业保险的发展速度与规模取得了较快增长。2007—2016年，我国农业保险提供的风险保障由1126亿元增加到2.16万亿元，年均增速为38.83%；农业保险保费收入由51.8亿元增长到417.12亿元，增长了8倍多；承保的农作物品种达211个，面积由0.15亿亩增加到1.15亿亩，增长了7倍多；农业保险已覆盖各省份，玉米、水稻、小麦三大粮食作物承保覆盖率超过了70%。

尽管农业保险取得了长足发展，但仍面临着以下问题：一是农业保险险种少、覆盖面有限。农业保险对部分关系国计民生的领域涉入不足，保险险种和覆盖面有限，这在偏远地区表现得尤为突出。因缺乏农业保险的基本保障，灾害损失发生后，部分农户因无法得到损失补偿致贫返贫时有发生。二是农业大县基层财政预算不足，支持力度有限。农业保险作为一种准公共产品，政府支持、财政补贴及税收补贴是政府参与农业保险的直接手段。农业保险的政策支持主要由地方政府自主安排，由于缺乏相应的法律保障，加之基层财政预算资金紧张，造成受补贴险种范围窄，财税补贴难以到位，减弱了农业保险的作用效应。三是目标价格保险开展不足，覆盖的农作物品种有限。为减少农产品价格波动给农业经济主体造成的损失，农业保险公司推出了目标价格保险，当农产品价格低于既定价格或价格指数时，保险公司给予一定的经济赔偿。尽管价格保险相对于传统农业保险在经营方式等方面具有一定的优势，但除生猪保险外，保险公司也仅在其他牲畜、家禽、粮食作物和蔬菜等农副产品方面进行了有限承保，纳入目标价格保险范围的作物品种十分有限，机构开展严重不足（见表4-19和表4-20）。四是新型农业经营主体难获承保，农业信用保险发展迟滞。新型农业经营主体业务范围广、资金需求额度大、产品市场前景不确定，农业贷款潜在风险无法预估，以追求利益最大化为目标的商业保险公司难以承受农业保险的巨大风险和高额赔付，大多不愿将新型农业经营主体纳入承保对象。不仅如此，农村普惠金融机构难以对农业经营主体信用风险开展科学评估，造成农业信用保险开展缓慢，制约了农村普惠金融机构对乡村振兴战略实施过程中长期、大额信贷需求的支持。

表 4 – 19　　　　　　　传统农业保险和价格保险的比较

比较内容	传统农业保险	价格保险
承保对象	由自然灾害、意外事故、疫病、疾病等造成的生产环节财产损失	市场价格波动而产生的损失
经营方式	道德风险、逆向选择问题严重，查勘定损困难，成本高	查勘定损、赔付较为简单，有利于防范道德风险和逆向选择，对保障价格的确定等有更高的技术和数据要求
全球流行度	发展中国家、多数发达国家	美国、加拿大等少数发达国家
政府支持度	很高	更高
具体实现形式	多种风险产品	与价格风险相关产品

资料来源：张承惠，郑醒尘，等．中国农村金融发展报告 2015［M］．北京：中国发展出版社，2016.

表 4 – 20　　　　　　　2014 年目标价格保险开展情况

保险公司	主要品种	经营情况
安华保险	内蒙古大豆目标价格保险；生猪价格指数综合保险（吉林、四川、辽宁、山东、内蒙古、大连、青岛、北京）	—
安信保险	上海地区保淡绿叶菜综合成本价格保险和生猪价格指数保险两个险种	保费收入 2757 万元
锦泰财险	四川地区蔬菜价格指数保险和生猪价格指数保险	签单保费 2272 万元
平安产险	湖北育肥猪价格指数保险	开办地区为武汉等 15 个地区，共计承保育肥猪 118 万头，保费收入约 2720 万元
阳光农险	黑龙江水稻目标价格保险	开办区域为黑龙江农垦哈尔滨管理局庆阳农场，保费收入 388.53 万元
中华联合保险	甘肃马铃薯产量保险、重庆蔬菜目标价格保险、四川生猪价格指数保险等	2014 年目标价格类保险累计实现签单保费 13976.23 万元
人保保险	12 家分公司开办目标价格类保险产品 17 款，保险标的主要涵盖生猪、蔬菜、粮食作物、特色产品等险种	目标价格保险保费收入共计 2857.6 万元，为 26092 户农户提供风险保障 6.53 亿元，全年累计赔款支出 4024.96 万元，受益农户达 25973 户
太保产险	生猪价格指数保险、蔬菜价格指数保险等	保费收入几十万元左右

资料来源：张承惠，郑醒尘，等．中国农村金融发展报告 2015［M］．北京：中国发展出版社，2016.

第5章 "互联网＋金融"：
农村普惠金融渠道创新

5.1 农村地区互联网普及率日益提高

5.1.1 "互联网＋"为农村金融供给创新提供了契机

2008—2018 年是中国互联网飞速发展的十年，中国网民数量由 29800 万人增加至 82851 万人，增加了 1.78 倍，翻了近两番，互联网普及率也从 22.6% 提高至 59.6%，增长了 1.64 倍（见图 5-1）。经过 10 多年的发展，互联网在国内广泛覆盖与普及，中国的互联网网民数量呈现爆发式增长。这些都为金融供给进行渠道和路径创新提供了机会，创造了机遇。在金融领域内，传统的线下金融服务模式已经无法满足依托互联网交易衍生的金融服务需求，互联网不仅引发了实体经济的变革，也催生着金融供给的创新。

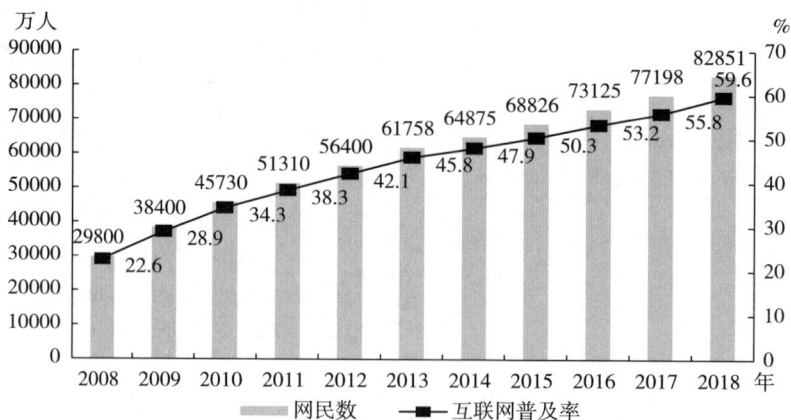

图 5-1 2008—2018 年中国网民数及互联网普及率

5.1.2　农村地区互联网普及率增速较快

2013—2018 年，我国互联网普及率由 45.8% 提高到 59.6%，年均增速约为 6%；城镇地区互联网普及率由 60.3% 增加至 74.6%，年均增速约为 4.7%；农村地区互联网普及率则由 28.1% 增加至 38.4%，年均增速为 7.3%，增速比城镇地区高出了 2.6 个百分点（见图 5－2）。中国互联网状况调查第 43 次统计显示，截至 2018 年底，我国有 8.3 亿网民，其中农村网民有 2.2 亿，占比仅为 27%，城镇地区互联网普及率比农村地区高出 36.2 个百分点。可以看出，农村地区的网民数占比偏低，但其互联网普及率的增速较快。互联网在农村地区的广泛应用，为传统农村普惠金融机构业务转型与升级创造了良好的外部渠道条件。

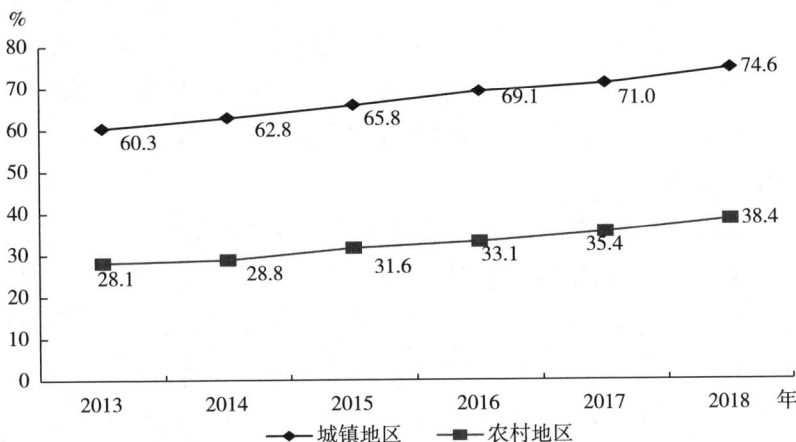

图 5－2　2013—2018 年城乡地区互联网普及率

5.2　传统普惠金融业务借力互联网加速创新

5.2.1　传统金融机构业务网络化、数字化发展不断加速

传统金融机构开展的数字普惠金融服务主要包括金融服务电子化、移动金融服务、与金融科技企业合作开展业务等。近年来，我国传统商业银行的网点密度、人均银行账户数量等基础金融服务指标已达到国际

中上游水平。根据《中国银行业服务改进情况报告》，截至 2015 年底，中国银行业金融机构网点数量达到 22.4 万个，智能化网点达到 7270 个，设立社区网点 4955 个，小微网点 1198 个。2017 年，银行业金融机构离柜交易笔数和金额分别达到 2600.44 亿笔和 2010.67 万亿元，较同期分别增长了 46.33% 和 32.06%；行业平均离柜率达到 87.58%。2019 年，中国银行业围绕智慧化、体验化、轻型化、线上线下一体化等转型方向，不断加快智能化网点建设进程，促进业务由传统人工柜台向智能设备迁移，持续提高金融服务网络化发展。截至 2019 年末，中国银行业金融机构网点数量达到 22.8 万个，较 2015 年增加了 4000 个网点；设立社区网点 7228 个，较 2015 年增加了 2273 个；小微网点达 3272 个，较 2015 年增加了 2074 个；在全国布放自助设备 109.35 万台，其中创新自助设备 4805 台；利用自助设备交易笔数达 353.85 亿笔，交易金额 61.85 万亿元；网上银行交易笔数达 1637.84 亿笔，同比增长了 7.42%，交易金额达 1657.75 万亿元；手机银行交易笔数达 1214.51 亿笔，交易金额达 335.63 万亿元，同比增长了 38.88%；全行业离柜率上升至 89.77%，较 2015 年增加了 2.19 个百分点。

在互联网金融模式下，客户可以借助传统农村金融机构搭建的网络金融平台，利用相关技术软件完成基本金融业务操作，实现客户在线申请、办卡、开户等传统存贷款及结算业务，弱化线下实体网点服务功能，节省不必要的人力、物力、财力资源。截至 2018 年底，农村地区的网上银行开通数量累计达到 6.12 亿户，网银支付业务为 102.08 亿笔，业务金额达到 147.46 万亿元；手机银行开户客户数累计达到 6.70 亿人，手机银行支付 93.87 亿笔，涉及金额 52.21 万亿元。在传统金融业务网络化、移动化取得快速发展的同时，传统金融机构的服务成本也得以有效降低，手机银行的业务成本是柜台的 1/5，是网点和代理点成本的 1/35。

5.2.2 传统金融机构利用互联网交易信息开展征信

蚂蚁花呗、京东白条等互联网金融平台推出的各种信用消费，均要求客户能够定期按时还款。客户的消费及还款信息，会形成相应的信用记录，反映在征信系统中。传统农村金融机构可以利用农户等经济主体的互联网消费信息、交易数据、信贷情况、征信查询记录等，对农户、小微企业等的信用信息作出精准判断，进而识别客户风险，提高放贷效率，有效防控信贷风险。比如，2016 年在成都农村地区推出的"互联网＋农村金融"模式，通过搭建"农信贷"平台，依托农村电商平台采集农户的信用信息，建立了农村信用信息数据库，实现了信用信息共享与农户贷款的高度对接。不仅完善了农户信用征信体系，也提高了农户利用互联网申请贷款的成功率。截至 2017 年底，成都累计处理农村贷款申请 14 亿元，成功发放贷款 12 亿元，较好地满足了农村地区融资需求。

5.2.3　传统金融机构与互联网平台合作开展网上业务

传统农村金融机构不断加强与互联网平台之间的合作，创新金融服务模式，实现双方互利发展。如天津滨海农商银行在"京津冀一体化"发展背景的驱动下，以天津自由贸易试验区建设为契机，利用自贸区相关支持政策，扶持进口汽车行业；通过"互联网＋供应链"模式，实现银行与电商平台之间的对接，打造银行电子化放款审批流程，提升电商平台放贷效率，缓解企业融资难题。此外，天津滨海农商银行还依托互联网金融平台，推出了理财、信用卡、个人消费信贷等创新型金融产品，更好地服务于零散客户。

5.2.4　传统小额贷款公司趋向于网络化发展

网络小额贷款公司打破了传统小额贷款公司在地域上的限制，近年来取得了快速发展。2016 年，网络小额贷款公司牌照数急剧增加，2017 年更是呈现爆发式发展，网络小额贷款公司数量达到 123 家。2017 年 11 月，互联网金融风险专项整治工作领导小组办公室下发《关于立即暂停批设网络小额贷款公司的通知》，要求各级监管部门不得新批设网络小额贷款公司，并禁止其跨区域开展业务。受政策约束，2018 年网络小额贷款公司呈断崖式下降，仅新增 3 家，之后基本进入停滞状态。据网贷之家研究中心不完全统计，截至 2019 年 12 月底，全国共批准设立网络小额贷款公司 262 家（见图 5－3）。

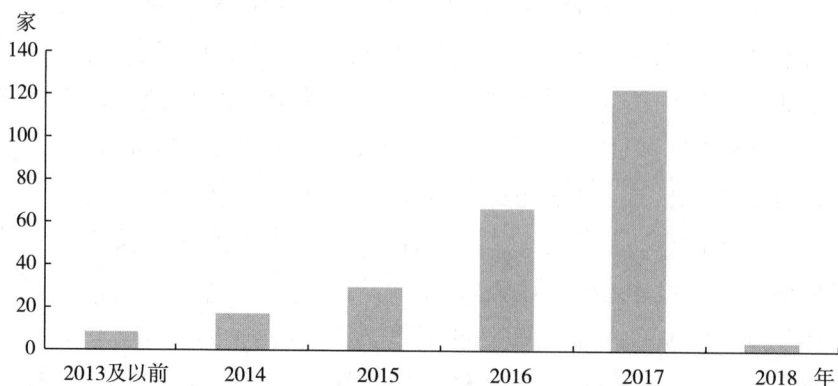

图 5 - 3　不同年份网络小额贷款公司新增情况

从地区分布看，262 家网络小额贷款公司遍布全国 21 个省份，其中，广东以 60 家网络小额贷款公司居于首位，重庆以 45 家次之，江苏、江西、浙江紧随其后，分别有 26 家、23 家和 22 家机构。这 5 个省市批设的网络小额贷款公司占到总数的 67.18% （见图 5 - 4）。从注册资本看，151 家网络小额贷款公司的注册资本在 1 亿 ~ 5 亿元，占样本总数的 61.63%；65 家公司的注册资本在 5 亿 ~ 10 亿元，占比为 26.5%；25 家公司的注册资本在 10 亿元及以上，占比为 10.2% （见图 5 - 5）。总的来看，98.33% 的网络小额贷款公司注册资本在 1 亿元及以上，其中 36% 的网络小额贷款公司注册资本在 5 亿元及以上，网络小额贷款公司注册资本普遍偏高。

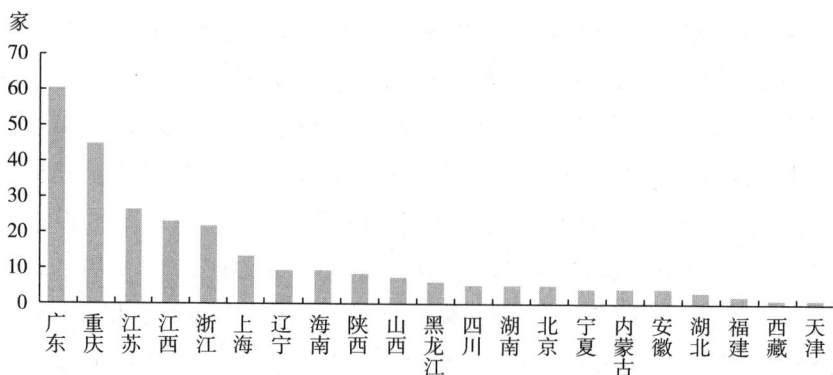

图 5 - 4　2019 年网络小额贷款公司地区分布情况

家

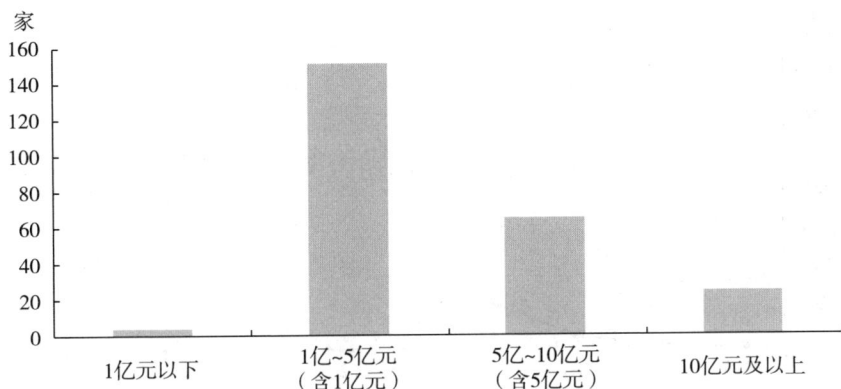

图 5－5　2019 年网络小额贷款公司注册资本情况

5.3　P2P 网贷平台涉农支农发展

全球第一家 P2P 网贷平台 Zopa 于 2005 年 3 月在英国伦敦正式上线运营，成为 P2P 网贷平台的开端，之后 P2P 兴起于美国，并逐渐在全世界推广。我国首个 P2P 网贷平台"拍拍贷"于 2007 年 6 月在上海成立。P2P 是网络贷款的简称，是指个体和个体之间通过互联网平台实现的直接借贷。在互联网的推动下，我国 P2P 网贷行业进入爆发式发展时代。

5.3.1　平台数量先井喷式增长后断崖式下降

在我国，网贷平台经历了 2010—2012 年的缓慢增长期，2012—2015 年的井喷式增长阶段，2015 年之后呈现断崖式下降。2010 年，我国网贷平台仅有 10 家，2012 年达到 150 家，之后快速增至 2015 年的 3433 家，达到峰值（见图 5－6）。网贷平台在爆发式增长的背后，风险集聚，问题凸显。2018 年 8 月全国 P2P 网络借贷风险专项整治工作领导小组办公室（网贷整治办）下发《关于开展 P2P 网络借贷机构合规检查工作的通知》，对网贷平台的综合治理力度不断加大。2018 年出现问题的平台有946 家，其中"网站关闭"的平台有 190 家，占比 20.1%；清盘的平台有 147 家，占比 15.5%；有 141 家平台出现提现困难的问题，更有 109家平台失联或跑路。经此种种，到 2018 年底，正常运行的网贷平台仅剩1021 家，平台数量在短短三年内就减少了 2412 家。

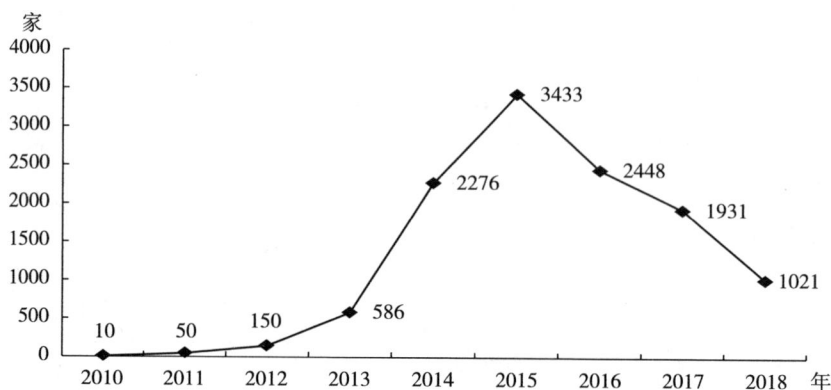

图 5 - 6   2010—2018 年网贷平台数量

截至 2019 年 12 月，正常运营的平台数量为 343 家，其中银行系平台 2 家、风投系平台 29 家、上市系平台 30 家、国资系平台 51 家、民营系平台 231 家；民营系平台占比高达 67.3%。

5.3.2   网贷平台贷款余额起落幅度较大

2010—2018 年，网贷平台贷款余额最初由 2010 年的 0.6 亿元快速增加至 2017 年的 12246 亿元，之后缩减至 2018 年的 7890 亿元，降幅高达 35.6%（见图 5 -7）。在贷款余额先增后降的同时，平台平均贷款余额则逐年递增，由 2010 年的 0.06 亿元增加至 2017 年的 6.34 亿元，尽管 2018 年平台数量急剧下降，但平台平均贷款余额却依然维持增长状态，

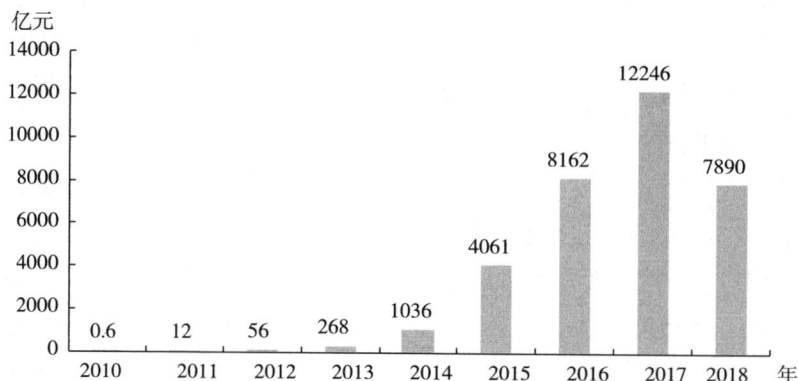

图 5 - 7   2010—2018 年网贷平台贷款余额

达到 7.73 亿元。

5.3.3 "三农"领域日益成为网贷平台聚焦点

近年来，我国不断加大对普惠金融的支持力度，鼓励金融服务惠及"三农"，在政策指引下，P2P 网贷平台也陆续加入支持"三农"的行列中。涉农网贷平台主要面向农户和农业企业发放贷款，支持其扩大种植规模、购买种子化肥、购置农业机械设备、扩建养殖场地等。网贷之家的数据显示，2017 年，共有 13 家涉农网贷平台因其"三农"业务成交量等综合因素排名居于前列，进入龙头榜。北京的"翼龙贷"平台更是以 186.19 亿元的"三农"业务成交量高居榜首，广东的"理财农场"平台紧随其后，"三农"业务成交量也达到 54.2 亿元（见表 5 - 1）。分地区看，东部地区有 7 家平台进入龙头榜，西部地区有 4 家，中部地区和东北地区各有 1 家；从业务量看，东部地区 7 家平台"三农"业务成交量达到 295.26 亿元，占比高达 96.2%，优势地位不言而喻。

表 5 - 1   2017 年各地区涉农平台龙头榜

区域	省份	平台	"三农"业务成交量（亿元）	综合收益率（%）	平均借款期限（月）
东部地区	北京	翼龙贷	186.19	8.78	8.78
	天津	希望金融	14.51	7.09	4.32
	上海	贸金所	4.26	9.20	2.85
	江苏	苏中贷	3.25	14.53	3.94
	浙江	可溯金融	31.95	9.32	3.39
	山东	中融宝	0.90	7.71	4.30
	广东	理财农场	54.20	10.56	4.96
中部地区	湖北	城铁在融	1.56	13.65	1.32
西部地区	重庆	农哈哈	3.23	6.99	6.72
	云南	爱贷金服	0.84	14.11	10.49
	甘肃	今金贷	2.14	11.97	4.48
	新疆	丰汇金融	0.88	11.51	5.96
东北地区	辽宁	每利网	2.99	9.23	8.70

资料来源：根据网贷之家等数据整理。

在网贷平台发展降速的大趋势下，截至 2019 年 3 月底，我国 P2P 网贷行业"三农"业务累计成交量达 1443.31 亿元，其中第一季度成交量为 63.06 亿元，占网贷行业第一季度总成交量的 2.1%。尽管北京的"翼龙贷"平台业务也急剧下滑，"三农"业务成交量仅有 54.11 亿元，占平台成交量的比例却高达 92.5%；广东的"布谷农场"平台"三农"业务成交量比例几近百分之百；北京的"天壕惠普"这一比例也在 60% 以上（见表 5-2）。可见，"三农"业务或将成为网贷行业的一大亮点、一个新的增长点、各方竞相追逐的蓝海。

表 5-2 　　　　　　　　2019 年第一季度网贷行业
"三农"业务成交量前 9 平台运营数据

序号	平台名	运营地址	"三农"业务成交量（亿元）	平台成交量（亿元）	"三农"业务成交量占比（%）	"三农"业务综合收益率（%）
1	翼龙贷	北京	54.11	58.5	92.5	8.81
2	洋钱罐	北京	3.67	67.27	5.46	9.48
3	布谷农场	广东	2.97	2.99	99.33	7.01
4	杉易贷	广东	0.61	1.33	45.86	10.32
5	前海惠农	广东	0.26	1.71	15.20	11.71
6	城铁在融	湖北	0.13	4.7	2.77	13.46
7	天壕惠普	北京	0.1	0.16	62.50	9.00
8	丰汇金融	新疆	0.09	1.43	6.29	10.89
9	互融宝	江苏	0.08	5.01	1.60	11.00

资料来源：网贷之家。

5.3.4 涉农网贷平台综合收益率普遍相对较低

网贷平台的迅猛扩张正是高收益率正向激励的结果。2013 年之前，网贷平台综合收益率一路走高，2013 年更是高达 21.25%，之后逐渐下降，近几年维持在 10% 左右，2017 年仅为 9.45%（见图 5-8）。2017 年，涉农龙头平台的平均综合收益率为 10.36%，这就意味着服务"三农"并未拉低网贷平台收益率。此外，在 13 家涉农龙头平台中，7 家平台的综合收益率低于 9.45%，西部地区重庆的"农哈哈"平台综合收益率仅有 6.99%，践行了普惠金融的发展理念（见表 5-1）。

%

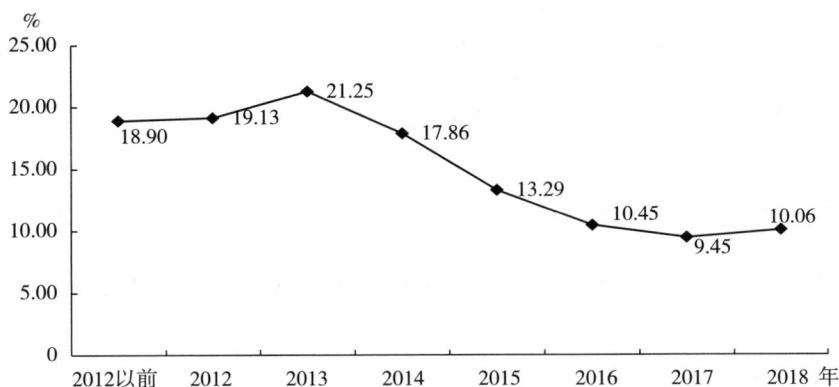

图 5－8 网贷平台综合收益率

5.3.5 涉农网贷平台平均借款期限普遍较短

2012—2018 年，网贷平台平均借款期限的波动态势与综合收益率的走势正好相反。2013 年之前，网贷平台不断缩短借款期限，以取得较高的综合收益率，2013 年之后，尽管综合收益率不断下降，但网贷平台的放贷期限却在逐步拉长，表明单一追求"短期高利"的时代渐趋结束，网贷平台正将目光转向支持实体产业的长效发展。2017 年，网贷平台平均借款期限为 9.16 个月（见图 5－9）。在 13 家涉农龙头平台中，仅云南的"爱贷金服"平台借款期限在平均期限之上，达 10.49 个月；湖北

月

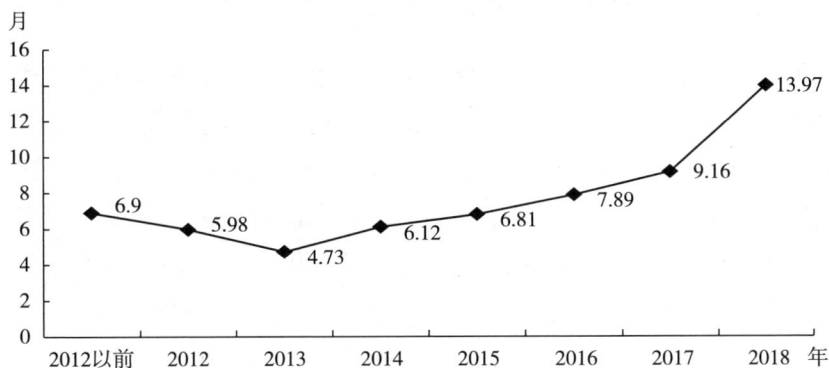

图 5－9 网贷行业平均借款期限

113

的"城铁在融"平台借款期限则仅有 1.32 个月（见表 5 - 1）。涉农平台借款期限普遍较短，不能适应农业较长的生产周期需要。

5.4 民营银行线上服务小微起步发展

5.4.1 民营银行的内涵

关于民营银行的定义，国内学界尚未形成统一认知，目前代表性的主要有产权结构理论、资产结构理论和公司治理论三种理论。

第一种产权结构理论认为，民营银行应主要由民间资本出资组建，在产权结构上由民间资本控股，更加强调民间资本在银行中的控股权。第二种资产结构理论认为，民营银行的目标市场定位主要应是民营企业，在贷款发放上应以民营企业为主要支持对象，更加强调信贷资金服务对象的民营化。第三种公司治理结构理论认为，民营银行应按照现代企业制度规范运作，较少受到外部因素干扰，实现自主经营、自负盈亏、自我约束与自我管理等。在笔者看来，民营银行应兼具产权结构论和资产结构论两个理论特点，注重出资主体与服务对象的"民间化与民营化"，主要强调"民间资本出资，服务民营企业"。随着民营银行的不断发展壮大，按照公司治理理论的内在要求运作也是必然趋势。

5.4.2 民营银行数量少，组建速度缓慢

2013 年 7 月 5 日，国务院发布《关于金融支持经济结构调整和转型升级的指导意见》，明确提出"尝试由民间资本发起设立自担风险的民营银行"。2014 年 3 月，银监会启动首批 5 家民营银行试点，深圳前海微众银行、温州民商银行、天津金城银行、浙江网商银行和上海华瑞银行相继获批筹建，成为我国第一批试点民营银行。2014 年 12 月，前海微众银行开业，标志着民营银行开始正式步入历史舞台。2015 年有 4 家，2016 年有 3 家，2017 年又有 9 家民营银行陆续开业。自试点以来，民营银行组建步伐缓慢，近年来更是处于停滞期。截至 2018 年末，我国共组建民营银行 17 家（见表 5 - 3）。

表 5 - 3   17 家已开业民营银行基本情况

区域	名称	开业时间	省 （直辖市）	注册资本 （亿元）	第一大股东	服务定位
东部地区	深圳 前海微众银行	2014 - 12	广东	42	腾讯	个人消费者和小微企业
	梅州客商银行	2017 - 06	广东	20	宝新能源	"三农"两小、创新创业、长尾客户、全球客商
	上海华瑞银行	2015 - 01	上海	30	均瑶集团	自贸改革、科技创新、小微大众
	温州民商银行	2015 - 03	浙江	20	正泰集团	小微企业、个体工商户和小区居民、县域"三农"
	浙江网商银行	2015 - 05	浙江	40	蚂蚁金服	小微网商、个人创业者、消费者
	天津金城银行	2015 - 03	天津	30	华北集团	天津地区的对公服务
	福建华通银行	2017 - 01	福建	24	永辉超市	科技金融企业
	北京中关村银行	2017 - 06	北京	40	用友网络	创客、创投、创新型企业
	江苏苏宁银行	2017 - 06	江苏	40	苏宁易购	实业、中小微企业
	威海蓝海银行	2017 - 05	山东	20	威高集团	实体经济、优势特色产业、优质中小微企业
中部地区	湖南三湘银行	2016 - 12	湖南	30	三一集团	产业链金融、中小微企业客户
	安徽新安银行	2017 - 11	安徽	20	南翔	中小企业、科技创新
	武汉众邦银行	2017 - 05	湖北	20	卓尔控股	互联网化的物流与科技为主营业务的银行
西部地区	重庆富民银行	2016 - 08	重庆	30	瀚华金控	小微企业
	四川新网银行	2016 - 12	四川	30	新希望集团	小微群体
东北地区	辽宁振兴银行	2017 - 11	辽宁	20	荣盛中天	个人、中小微企业
	吉林亿联银行	2017 - 05	吉林	20	中发金控	个人、中小微企业

资料来源：根据 17 家民营银行官网数据整理。

5.4.3 民营银行覆盖面有限，主要服务小微企业

17 家民营银行主要分布在全国的 15 个省份，地区覆盖面不足一半，其中东部地区 10 家，中部地区 3 家，西部地区和东北地区各 2 家，经济

发达的东部地区仍是民营银行首选（见表 5 - 3）。互联网巨头组建民营银行的意愿强烈，腾讯、蚂蚁金服、苏宁易购等纷纷出资，成为民营银行的第一大股东。从定位看，"三农"、小微企业、科技企业是民营银行的主要服务对象，体现出民营银行的资金来自民企，用于小微的服务宗旨。

5.4.4　发展不均衡，整体盈利能力较弱

2018 年，17 家民营银行总资产、总负债、贷款余额和存款余额分别为 6373.51 亿元、5800.07 亿元、3064.67 亿元和 3756.93 亿元；深圳前海微众银行总资产和总负债分别高达 2200.37 亿元和 2080.96 亿元，分别占 17 家民营银行总资产和总负债的 34.5% 和 35.9%；安徽新安银行总资产和总负债分别仅有 40.26 亿元和 20.10 亿元；深圳前海微众银行的总资产和总负债分别是安徽新安银行总资产和总负债的 54.7 倍和 103.5 倍（见表 5 - 4）。民营银行的各项指标差距较大，发展不均衡。同年，民营银行净利润总额仅为 44.52 亿元，其中 7 家银行的净利润不足亿元，福建华通银行和吉林亿联银行则处于亏损状态，民营银行的整体盈利水平较低。

表 5 - 4　　　　　　　　2018 年底民营银行主要财务指标

区域	机构	总资产（亿元）	总负债（亿元）	贷款（亿元）	存款（亿元）	净利润（亿元）	贷款/总资产（%）	存款/总负债（%）	存贷比（%）
东部地区	深圳前海微众银行	2200.37	2080.96	1198.17	1547.86	24.74	54.45	74.38	77.41
	梅州客商银行	126.77	105.82	20.19	74.05	—	15.93	69.98	27.27
	上海华瑞银行	362.61	325.42	180.29	215.93	3.27	49.72	66.35	83.49
	温州民商银行	135.17	123.21	58.49	81.24	1.55	43.27	65.94	72.00
	浙江网商银行	958.64	904.99	476.89	429.79	6.71	49.75	47.49	110.96
	天津金城银行	213.68	179.71	102.5	122.73	1.52	47.97	68.29	83.52
	福建华通银行	42.36	20.53	15.85	14.36	-0.50	37.42	69.95	110.38
	北京中关村银行	131.55	90.59	56.75	61.67	0.90	43.14	68.08	92.02
	江苏苏宁银行	324.14	283.70	108.55	195.79	0.04	33.49	69.01	55.44
	威海蓝海银行	188.31	168.00	92.38	108.85	0.96	49.06	64.79	84.87

续表

区域	机构	总资产 （亿元）	总负债 （亿元）	贷款 （亿元）	存款 （亿元）	净利润 （亿元）	贷款/ 总资产 （%）	存款/ 总负债 （%）	存贷比 （%）
中部 地区	湖南三湘银行	315.38	283.75	132.13	149.83	1.53	41.90	52.80	88.19
	安徽新安银行	40.26	20.10	20.97	13.82	0.20	52.09	68.76	151.74
	武汉众邦银行	293.05	272.13	84.92	191.50	0.75	28.98	70.37	44.34
西部 地区	重庆富民银行	370.20	339.47	140.53	204.43	0.53	37.96	60.22	68.74
	四川新网银行	361.57	329.86	257.16	136.38	3.68	71.12	41.34	188.56
东北 地区	辽宁振兴银行	175.09	155.41	67.00	122.14	0.14	38.27	78.59	54.86
	吉林亿联银行	134.36	116.42	51.90	86.56	-1.50	38.63	74.35	59.96
合计		6373.51	5800.07	3064.67	3756.93	44.52	—	—	—

资料来源：博瞻智库。

从资产结构看，3 家民营银行的贷款在总资产中的份额超过了 50%，2 家民营银行的存款在总负债中的份额低于 50%。表明存款仍是民营银行的主要资金来源，但发放贷款却并非其主要资金投向，民营银行在资金运用上并未体现出真正的"取之于民，用之于民"服务宗旨。就存贷比而言，7 家银行的存贷比不足 75%，4 家银行的存贷比突破了 100%，最低的梅州客商银行仅有 27.27%，最高的四川新网银行则达到 188.56%。如此显著的差距，体现出民营银行在发展过程中存在着"有钱无贷"与"有贷无钱"并存的矛盾。

5.5　移动支付在农村金融领域逐步兴起

5.5.1　移动支付的含义

根据人民银行发布的《非金融机构支付管理办法》指出，第三方支付是指非金融机构作为收、付款人的支付中介所提供的网络支付、预付卡、银行卡收单以及中国人民银行确定的其他支付业务。也就是说，第三方支付是指独立于银行和移动运营商的第三方机构提供的通过移动终端来实现支付的服务。除了提供日常支付外，还为用户提供信息查询、日常理财、生活水电气缴费等综合服务。支付宝（Alipay）是我国首个第三方支付平台。

117

随着互联网的逐渐普及，移动终端设备的广泛使用，作为第三方支付衍生品的移动支付开始备受关注。移动支付是指客户利用智能手机等移动终端设备完成线上支付或者在线确认支付，取代了用现金、银行卡或者支票进行交易的传统支付方式。移动支付实现了互联网、移动终端设备、支付机构与金融中介之间的有机结合，形成了一个新型的支付体系，开启了新的支付方式，为普及电子货币、试行数字货币奠定了基础。

随着移动支付的快速发展，人民银行不断加大监管力度。2017 年 1月 13 日，中国人民银行办公厅发布《关于实施支付机构客户备付金集中存管有关事项的通知》，明确了第三方支付机构在交易过程中产生的客户备付金，将统一交存至指定账户，由央行监管，支付机构不得挪用、占用客户备付金。2017 年 8 月，网联清算有限公司获批成立，主要处理非银行支付机构发起的涉及银行账户的网络支付业务，实现非银行支付机构及商业银行一点接入。随着网联清算有限公司（以下简称网联）的成立，第三方支付开始指向具备一定实力和信誉保障的独立机构，通过与其对接而促成交易双方进行交易的网络支付模式。2018 年人民银行将客户备付金集中交存比例由 20% 增加到 50%，2019 年 1 月 14 日又将备付金交存比例提高到 100%。

5.5.2 移动支付平台类型

移动支付平台数量较多，分类标准和方法不尽相同。既有依托电商平台提供支付场景的非独立支付机构，如支付宝、财付通等；也有不直接参与商品服务交易的独立支付机构，如易宝支付等。有些支付平台仅开展支付服务单一业务，有些则提供包括支付在内的多样化综合服务（见表 5 – 5）。

表 5 – 5　　　　　　　　　移动支付的类型

分类依据	运作形式	业务特点	代表形式
《非金融机构支付服务管理办法》	网络支付	通过公共网络、专用网络进行资金交易	移动电话支付、互联网支付、数字电视支付
	预付卡发行与受理	采取先付费后消费的方式	储值卡
	银行卡收单	收单机构通过银行卡受理终端为银行卡特约商户代收货币资金	—

续表

分类依据	运作形式	业务特点	代表形式
支付机构独立性	独立	不直接参与商品服务交易，维护各方的利益	银联电子支付、易宝支付等
	非独立	依托于自己的门户网站之下，作为一种附属品，不以盈利为目的	支付宝、财付通等
业务范围	单一业务	只从事单一类别支付业务	杉德
	综合业务	从事多样化的支付业务	快钱、通联支付

资料来源：根据相关资料整理而得。

5.5.3　支付宝和腾讯金融处于高寡占地位

近年来，我国移动支付市场规模不断扩大，2017 年的支付规模超过了 100 万亿元。在支付规模迅速增加的同时，支付市场集中度也在不断提高，呈现互联网支付和移动支付双寡头垄断局面。2017 年第四季度，支付宝和腾讯金融在综合支付市场交易份额分别达到 44.51% 和 30.36%，两者占据了 75% 以上的市场份额（见图 5－10）。

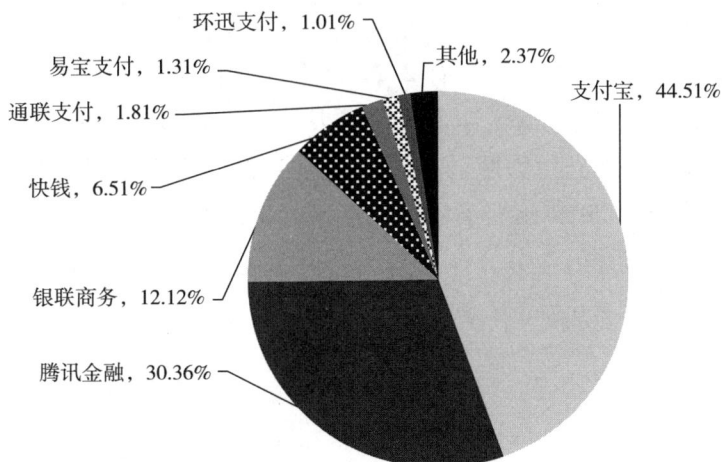

图 5－10　2017 年第四季度综合支付市场交易份额

5.5.4　移动支付成为农村地区网络支付的主导方式

根据人民银行发布的《2018 年农村地区支付业务发展总体情况》，

截至 2018 年底，农村地区个人银行结算账户有 43.05 亿户，网上银行支付业务为 102.08 亿笔，金额为 147.46 万亿元；手机银行累计开通 6.70 亿户，当年业务有 93.87 亿笔，交易金额为 52.21 万亿元。农村地区手机银行和网上银行的开通，为第三方支付尤其是移动支付创造了便利与可能。

在移动支付市场规模快速增加的同时，移动支付的经营范围也在不断扩大，其利用自身天生的客户和信息优势逐步涉及更加多元的金融服务领域，由传统的支付结算功能，逐步拓宽到生活缴费、移动充值、在线查询等各个方面。从发展趋势看，移动支付日益成为网络支付的主导方式，并且大有代替现金交易的可能性。2018 年，非银行支付机构为农村地区提供的网络支付业务共计 2898.02 亿笔，涉及金额 76.99 万亿元；其中，互联网支付 149.18 亿笔、金额为 2.57 万亿元；移动支付 2748.83 亿笔、金额为 74.42 万亿元，互联网支付和移动支付在网络支付中的份额分别达到 94.85% 和 96.66%。

5.5.5 移动支付平台与农村金融机构合作共赢

截至 2018 年底，农村地区接入人民银行大小额支付系统的银行网点有 9.58 万个，代理银行网点有 2.71 万个，合计 12.29 万个，覆盖比率高达 97.05%。同期，网联作为全球最大的支付清算体之一，将 424 家银行和 115 家持网络支付牌照的支付机构接入该平台，单日处理的交易笔数突破 10 亿笔。2019 年上半年，网联平台新促成 46 家支付机构与农村地区的商业银行开展业务合作；腾讯财付通更是携手网联接入 49 家村镇银行，服务了近 400 万的农村人口。

第6章 "大数据＋金融"：
农村普惠金融技术创新

6.1 金融科技是农村数字普惠金融发展的基石

6.1.1 数字金融为金字塔底层客户获得平等融资权创造了机会

"人人享有平等的融资权"是普惠金融倡导的基本理念，这一点对于农村居民来说尤为重要，平等融资权是农村居民获取有利于自身发展机会的不可或缺的助力。金融依托于互联网、大数据、云计算等数字技术，打破了金融服务的时间和空间限制，突破了地理区域、物理网点、人力资本的制约，将金融服务的触角通过"互联网＋"延伸至农村地域的最后一公里，服务于金字塔底层群体，实现了金融服务的广覆盖。金融科技催生和推动了数字金融的创新发展，增强了农村经济主体融资的可得性和易得性，践行了金融普惠融资权平等的理念。

6.1.2 数字金融为农村金融机构降本增效提供了可能

机构可持续发展是农村金融机构践行"人人享有平等的融资权"这一普惠金融理念的前提条件和现实基础。金融科技创新不断改变着传统金融服务形态，自助银行实现了24小时无间断金融服务；自助终端实现了金融交易从人人对话向人机对话的转变；"互联网＋"实现了金融服务对物理网点和自助设备无法企及的偏远农村地区的广覆盖。数字化金融服务有利于对称金融交易、简化交易流程、缩短交易时间、节约交易成本，有助于农村金融机构降低运营成本，增强自身的可持续发展能力。

6.2 农村数字普惠金融呈多样化发展态势

6.2.1 大数据的含义

大数据（Big Data）作为 IT 行业术语，不同研究机构有着不同的界定。研究机构 Gartner 公司认为，大数据是指无法在一定时间范围内用常规软件工具进行捕捉、管理和处理的数据集合，是需要新处理模式才能具有更强的决策力、洞察发现力和流程优化能力来适应海量、高增长率和多样化的信息资产。麦肯锡全球研究所认为，大数据是一种规模大到在获取、存储、管理、分析方面大大超出了传统数据库软件工具能力范围的数据集合，具有数据规模大、流转速度快、数据类型多和价值密度低等特征。

6.2.2 大数据技术的应用范围广

近年来，大数据技术不断发展，开始广泛应用于各行各业（见图 6 - 1）。大数据在互联网、电信、金融领域的应用比例分别达到 28.9%、19.9% 和 17.5%，金融成为大数据应用的第三大领域，为大数据金融的快速发展奠定了基础。

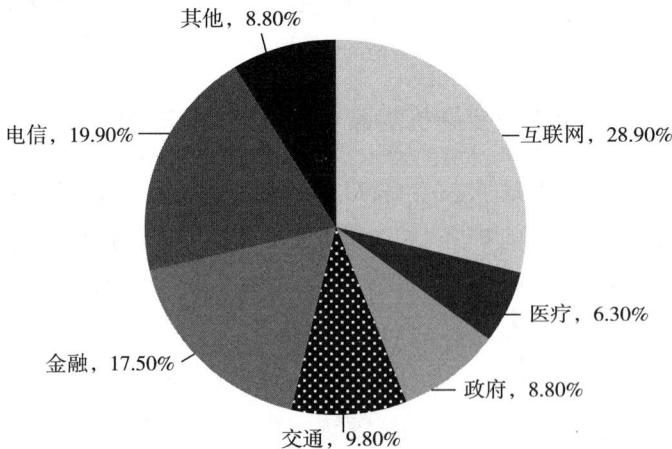

图 6 - 1 中国大数据 IT 应用行业投资结构

（资料来源：《2018—2024 年中国大数据软件行业市场分析研究报告》）

6.2.3 大数据交易市场发展迅猛，地区差距较大

2014年以来，我国大数据交易市场规模一路走高，由20.76亿元增加至2018年的206.75亿元，翻了近9倍。相关机构预测，2019年我国大数据交易市场规模将达到374.96亿元，2020年有可能会增加到545亿元。2014—2018年，大数据交易市场规模年均增长率约为80%，2018年更是达到95.95%。这种爆发式的增长得益于客户对基于大数据的数据分析结果，产生的多元化数据交易服务的需求，两者的交互作用推动着我国大数据交易市场规模的不断发展壮大（见图6-2）。

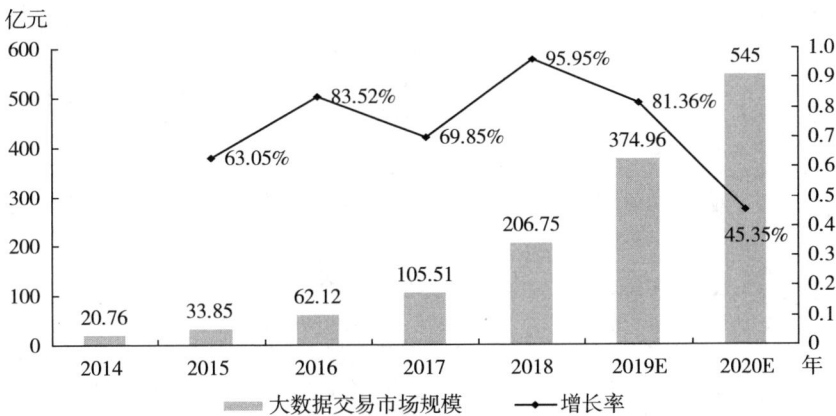

图6-2 我国大数据交易市场规模及其增长率

（数据来源：https://m. chyxx. com/view/702405. html/#m/

http://www. chyxx. com/industry/201812/702405. html）

6.2.4 大数据金融相较于传统金融的独特优势

与传统金融相比，大数据金融在放贷条件、交易成本、服务定位、决策、监管和风控等方面均具有一定的优势（见表6-1）。客户在社会日常生活中，通过在线预订住宿、餐饮、交通、购物等系列活动，会形成一定的交易轨迹，满足了资金供给者对客户个人数据中高频且核心的那部分数据的需求。大数据的作用就在于通过对用户偏好特征的精准画像，实现对目标市场的准确定位，针对客户需求提供个性化金融服务解决方案。更重要的是，大数据技术对金融部门在进行贷款管理和风险控

123

制方面也具有积极作用。具体而言，大数据金融可以利用操作流程标准化的有利条件，大幅度提高业务处理速度；还可以帮助金融机构将与用户挂钩的信息数据进行全面系统的分析，识别出可疑操作，提升对可识别风险的预判能力并采取相关防护措施，以较少的人员投入，实现高效风控。

表6-1   大数据金融与传统金融特点对比

内容	大数据金融	传统金融
服务主体	电商平台等	银行等传统金融机构
放贷条件	无须传统抵质押品，依据线上交易已有的信用行为记录就可以获得融资	需要提供抵质押物品或者其他担保等，依据金融机构评估结果获得不同程度的融资
交易成本	基于数据分析结果的自动审批为主，成本较低	人工审批为主，成本较高
服务定位	放贷不受时空限制，能较好地实现贷款期限和额度的匹配；利用精细化数据，更好识别客户需求，营造良好的客户体验	无法精确瞄准客户资金需求，难以根据客户需求制订有针对性的个性化服务方案
决策情况	基于对大数据的分析和处理，有利于作出精准、高效的科学决策	基于现场勘验和资料审核的传统决策方法和手段，决策水平和效率较低
监管情况	缺乏统一监管体系和标准，不存在全国范围内的信息共享机制	有统一标准，监管体系比较完善，信息共享机制较为完善
风控情况	利用大数据进行风险预判和防控能力较强，具备高效可靠的风险管理能力	基于传统方法的风险预判、分析、防控等

资料来源：根据相关资料整理而得。

6.2.5   数字普惠金融机构主体日益多元化

城镇低收入人群和农村地区农户应是农村数字普惠金融的主要瞄准对象，其基本金融服务需求尤其是信贷需求满足率，是衡量普惠金融绩效的根本要义。农村数字普惠金融业务主要呈现以下特征（见表6-2）：一是相较于城镇低收入人群，面向农户的传统普惠金融服务单位成本较高，客户数字化程度低；二是农村地区数字普惠金融基础设施薄弱，缺乏海量的征信数据。尤其是通过社交网络、交易平台等抓取数据的渠道不畅，数字征信体系处于发展初期；三是大数据征信、大数据风控与大数据精准市场分析相结合的新型综合性金融服务模式尚未形成；四是传

124

统金融机构、新型农村金融机构、金融科技公司等均可提供数字化金融服务，数字普惠金融机构主体日益多元化。

表 6 – 2　　　　　　　中国数字普惠金融的业务及特征

项目	面向城镇低收入人群的传统普惠金融服务	面向农户的传统普惠金融服务	面向所有人群和企业的新型综合性金融服务
客户特征	单个客户服务成本相对较低、客户数字化程度高	单个客户服务成本较高、客户数字化程度低	客户接受新鲜事物速度快，有综合理财需求，但是单笔金额小
数字普惠金融环境	城镇地区数字普惠金融基础设施良好，数字征信体系相对完善	农村地区数字普惠金融基础设施薄弱，数字征信体系处于发展初期	缺乏大量的征信数据，但通过社交网络、交易平台等积累大量数据
业务模式	技术与数字驱动"纯线上 + 数字征信 + 大数据风控"模式已初步形成	依托网点与人工，"互联网金融 + 基层党组织 + 精准扶贫"模式正处于探索期	"大数据征信 + 大数据风控 + 大数据精准市场分析"的综合性金融服务
代表性金融机构	传统金融机构，城市信用社，科技金融公司，蚂蚁金服、腾讯金融、百度金融、京东金融等	传统金融机构，中国邮政储蓄银行、农村信用社，新型农村金融机构，小额贷款公司，科技金融公司，蚂蚁金服、腾讯金融、百度金融、京东金融	科技金融公司，蚂蚁金服、腾讯金融、百度金融、京东金融等

资料来源：尹应凯，侯蕤. 数字普惠金融的发展逻辑、国际经验与中国贡献［J］. 学术探索，2017（3）.

6.3　数字技术推动了农村普惠金融模式创新

2015—2017 年，网上银行、手机银行、微信银行和电商平台等数字金融服务形式得以迅猛发展。从绝对量上看，网上银行独占鳌头，交易量由 2015 年的 429.25 亿笔增加至 2017 年的 1171.72 亿笔，年均增速为 65.22%；手机银行业务发展紧随其后，交易量由 70.7 亿笔增加至 969.29 亿笔，年均增长率高达 270.27%，增速最快；微信银行和电商平台尽管增速也比较快，但绝对交易量仍与前两者存在较大差距（见表 6 – 3）。

表6-3　　　　2015—2017年我国金融机构数字金融服务情况　　　单位：亿笔

年份	网上银行	手机银行	微信银行	电商平台
2015	429.25	70.7	0.73	1.11
2016	849.92	140.57	2.18	3.28
2017	1171.72	969.29	6.71	7.71
年均增长率（%）	65.22	270.27	203.18	63.55

资料来源：郑美华. 农村数字普惠金融：发展模式与典型案例［J］. 农村经济，2019（3）.

6.3.1　基于传统金融机构的农村数字普惠金融模式

随着金融科技的不断创新以及互联网的迅猛发展，传统金融机构提供金融服务的方式也逐渐由线下转向线上线下相结合的发展模式，主要包括传统金融业务网络化、金融业务移动终端化、与金融科技企业合作等途径提供数字化金融服务。传统金融机构通过网上银行、手机银行、自助终端和电商平台等方式，实现了金融服务向农村地区弱势群体的整体下沉，延伸了服务半径，降低了服务成本，提高了服务效率；农村地区用户也可利用手机等移动终端，不受时间、地域、网点等的限制，及时随地获取相应金融服务。

为了更快更好地推进数字普惠金融发展，商业银行普遍设立了普惠金融事业部，专门针对小微企业、"三农"等重点服务对象，开展数字普惠金融服务（见表6-4）。如：建设银行打造的"裕农通"数字普惠金融平台，依托手机端APP、"裕农通"微信公众号、智能服务终端POS机等，将金融服务下沉至村镇。截至2018年2月，建设银行设立了9.2万个"裕农通"服务点，其中"裕农通"手机端APP形式的服务点达到2.9万个，活动率比传统POS模式服务点大约高出5%，服务了600万县域用户，覆盖到15.6%的县域行政村；齐商银行推出"e齐惠农贷"，针对农业供应链条中形成的真实订单，运用大数据、云计算开展线上审批，实现自主签约放款；农业银行的"惠农e通"，以农业企业和批发商为主要服务对象，提供在线销售、支付、融资等一揽子金融服务。

表 6 – 4 商业银行的农村数字普惠金融产品

银行类型	银行名称	平台或产品	平台或产品特点
国有大型银行	建设银行	"裕农通"	以互联网和轻资产形式建立平台，深入县域乡村提供金融服务，集"存贷汇缴投"于一体
	工商银行	e – ICBC	以电商平台"融e购"、社交通信工具"融e联"、直销银行"融e行"打造集商城、通讯和理财于一体的生态体系
	农业银行	"惠农e通"	服务对象为农业企业和批发商，主要解决其在线销售、支付、融资等问题
	邮储银行	"E捷贷"	服务对象为在本行授信用户，可在线上以自助方式进行贷款、支付和还款
股份制银行	齐商银行	"e齐惠农贷"	针对农业行业供应链形成的真实订单，以大数据和云计算来实现线上审批，自主签约放款
	兴业银行	"银银平台"	结合互联网金融和线下金融，以科技输出方式连接农商行、农信社等，提供综合业务系统
	江苏银行	"新农贷"	通过建立农业融资风险补偿基金来提供担保，向专业大户、家庭农场、农民专业合作社及涉农小微企业等提供综合金融服务
城商行	郑州银行	"农家乐"	因地制宜，整合核心企业的供应链信息来提供定制服务
	吉林银行	"众享贷"	门槛低、额度自由、无担保、可分期还款
	宁夏银行	"如意金扶贷"	针对贫困户设计的助脱贫的贷款
		"如意养殖贷"	服务对象为从事养殖业及其关联产业的经营主体，用于其在日常生产经营周转方面的贷款业务
农商行	西峡农商银行	"扶贫贷 + 产业贷"	提供给有劳动能力和发展意愿的贫困户和能带动贫困户就业的小微企业的低息贷款
	广州农商银行	"村民e贷"	针对的是农村个体工商户和微小企业主，贷款期限长，以信用贷款的方式发放

资料来源：根据相关资料整理而得。

运用数字化手段对传统金融机构业务进行流程再造，实现潜在客户与金融产品在信息流、资金流上的精准对接，提升农村经济主体对正规金融服务的可得感，有助于传统金融机构拓宽农村普惠金融业务覆盖面。

6.3.2 基于农业供应链的农村数字普惠金融模式

龙头企业作为农业供应链的核心企业，是引导供应链有序运作与升级发展的组织者。农业龙头企业依托互联网、借助大数据等信息技术对供应链全链条资源进行数字化整合，收集、整理、分析物流、信息流及资金流等相关数据信息，使上下游小微企业或农户在供应链中的历史交易信息有据可循，便于掌握小微企业或农户的信用状况，有利于在信息对称、风险可控的基础上为其提供专业化配套金融服务。基于农业供应链的农村数字普惠金融模式日益成为新的发展取向，在农村地区迅速发展并衍生出多种应用形态。例如，大北农集团通过创建"农业智慧服务平台"，运用移动互联网、物联网等技术，将人员、信息与商务集于一"网"，改变了传统管理运营商业模式，打造出农村PIB模式。在此基础上，农业供应链金融服务商不断创新数字普惠金融产品，比如，大北农的"农富贷"、新希望的"村村融"、村村乐的"应收贷"等。这些金融服务商在发挥自身行业优势基础上，以产业供应链为基础，为上下游关联交易主体提供融资、支付等互联网金融产品。不仅帮助农户解决了生产资金筹措与融通问题，而且提高了农民闲散资金的利用效率，已成为数字普惠金融在农村发展的重要模式（见表 6 – 5）。

表 6 – 5　　　　　部分农业供应链金融服务商的数字普惠金融产品

农业供应链金融服务商	农村数字普惠金融产品	产品特点	功能
大北农	"农富贷" "农农贷" "扶持金"	基于自身行业优势，以产业供应链为基础，向其产业上下游提供包括融资、支付、保险等在内的互联网金融产品	作为理财产品，门槛低，提高农民闲散资金的利用效率；作为支付工具，减少农产品购销时的现金支付；作为融资渠道，提供农户生产资金筹措与融通
新希望	"村村贷" "村村融"		
村村乐	"惠农贷" "希望宝" "应收贷"		

资料来源：郑美华. 农村数字普惠金融：发展模式与典型案例 [J]. 农村经济，2019 (3).

6.3.3　基于金融科技企业的农村数字普惠金融模式

根据《国家信息化发展评价报告（2016）》，2016 年中国信息化发展指数位居全球第 25 位，在 20 国集团中排名第 10，位于 20 国集团平均水平之上。《中国互联网络发展状况统计报告》显示，截至 2016 年

12月，我国网民规模达7.31亿，相当于欧洲的人口总量，互联网普及率达53.2%；手机网民规模达6.95亿人，增速连续三年在10%以上，其中农村网民2.01亿人，占比约为29%。与此同时，信息化水平的快速发展，以及BAT（百度、阿里巴巴、腾讯）等金融科技企业的迅速崛起，推动了我国数字普惠金融的快速发展。2015年第四季度，阿里巴巴中国零售平台的活跃移动用户数量达到3.94亿人，占整个中国手机网民的64%。

随着互联网、大数据、云计算及人工智能技术不断应用于农村电商行业中，阿里巴巴、京东、腾讯等大型综合电商平台和金融科技公司利用各自在用户覆盖广度和深度上的独特优势，整合线上线下资源渠道，加速开拓农村金融市场；利用金融科技企业的现金流、信息流和物流大数据优势，针对小微企业和农户在农业生产生活中的支付、融资、理财、保险、生活缴费等方面的金融需求，提供更加贴近农业、农村和农民的直接金融服务支持。2014年，阿里集团通过"千县万村"计划，开始在农村架构电子商务服务系统；蚂蚁金服借助电商系统开始进军农村金融这一蓝海市场，建立农户、小微企业等征信数据库，提供余额宝、蚂蚁花呗等金融服务，攫取了大量农村客户。诸如，蚂蚁金服推出的"旺农贷""旺农保""旺农付"等产品，京东金融推出的"乡村白条""京农贷"等产品。这些金融科技企业利用自身平台、物流、信息、大数据等优势，向"三农"提供包括信贷、支付、保险、理财等在内的综合金融服务。一亩田的"农易贷"、云农场的"云农宝"，依托电商平台海量的网络交易信息和数据，利用大数据技术对农户进行信用评估，提供金融服务（见表6-6和表6-7）。截至2016年6月底，蚂蚁金服拥有4.5亿实名用户，在支付、保险和信贷方面服务的"三农"用户数量分别达到1.5亿、1.2亿和2200万人。2018年3月31日，作为全球最大的移动支付服务商，阿里旗下的支付宝在全球拥有大约8.7亿用户。阿里等金融科技企业利用数字技术构建农户征信系统，实现了农村金融需求与城市富余资金通过平台的线上有效对接。不仅满足了农村用户生活和农业生产发展的金融需求，部分还兼具公益惠农性，践行了数字普惠金融发展理念。

表6-6 金融科技企业的农村数字普惠金融产品

企业	产品	产品特点	功能
蚂蚁金服	"旺农贷""旺农保""旺农付"	利用自身金融科技公司和电商、物流优势,向"三农"提供包括信贷、支付、保险、理财等在内的综合金融服务	应用数字技术构建农户征信系统,将农村金融需求与城市富余资金通过线上平台进行有效撮合;涵盖了理财、信贷、租赁、保险、消费金融等多个领域;具有小额分散、低门槛的特点,部分还具有公益惠农的性质
京东金融	"乡村白条""京农贷"		
燕谷坊	"味来智选平台"	基于"农业+大健康+互联网+金融资本",发展"小微订单农业",以社交电商消费扶贫	
一亩田	"农易贷"	依托电商平台海量的网络交易规模和交易数据,结合农村线下实体服务点,利用大数据技术评估农户信用,提供金融服务	
云农场	"云农宝"		
宜信	"谷雨战略"	扶持对象是农民专业合作社,通过提供云服务管理系统,帮助它们加强社员管理	
	"宜农贷"	针对农村妇女发放的贷款,收取少量的费用,将公益性和商业性相结合,实现了"可持续"的公益模式	
万惠众筹	"益粒米"农业众筹项目	采用"农业企业+生产农户"的模式,基于自身电商平台,以众筹方式带动农产品输出,让消费者以投资人方式参与农业,平台以补贴形式吸引用户	
翼龙贷	"翼龙众筹"		

资料来源:根据相关资料整理而得。

除核心企业、电商平台外,越来越多的 P2P 平台开始面向农村地区,专注于"三农"领域。比如,翼龙贷自 2007 年成立以来,就以服务"三农"、助力脱贫、振兴农村金融为目标。截至 2018 年 6 月,翼龙贷已向贫困地区投资 100 亿元资金,解决了近 40 万人的就业问题,增加了农民收入。

表 6 - 7   京农贷基本情况介绍

项目	基本内容
贷款用途	为农户提供用于购买农业生产资料的贷款服务
试点地区	在山东和四川仁寿两个地区试点京农贷。其中，山东地区为先锋京农贷，只对山东地区先锋种子种植户开放；四川仁寿地区为仁寿京农贷，只对四川仁寿地区枇杷种植户开放；其他地区则是京东根据申请数量选择开通该地区的京农贷业务
贷款金额	最高可贷 30 万元
贷款期限	目前贷款期限最高为 9 个月，贷款申请人可在最长期限内灵活选择
贷款利率	月利率在 0.7% ~ 1%
贷款流程	贷款申请人（农户）注册京东金融账户→登录京东金融农村金融频道在线填写个人信息→合作企业（分销商、京东客户）帮助填写申请人信息，上传申请资料→京东金融审批融资申请→审批通过后农户登录京东在线签订电子合同→京东金融告知分销商并代贷款客户支付货款给合作企业→分销商收款并通知农户提取购买的农业生产资料→农户按月在京东金融平台还款

资料来源：张承惠，郑醒尘，等．中国农村金融发展报告 2015 ［M］．北京：中国发展出版社，2016．

6.4   大数据技术广泛应用于征信领域

6.4.1   大数据征信的含义

大数据征信是指通过对信息主体的网络行为、社交行为、传感器监测记录等海量数据的分析，发现信息主体交易行为与信用之间的相关性。在大数据征信中，一切数据皆可转化为信用，数据规模大、数据积累快。传统征信基于银行体系与财务数据，主要应用于传统授信与风控；大数据征信则是基于互联网与大数据，应用于社会与经济活动的各种场景。

6.4.2   国家层面对大数据征信的制度规范与指引

为规范征信活动，保护当事人合法权益，引导、促进征信业健康发展，推进社会信用体系建设，国务院于 2013 年 1 月 21 日发布《征信业管理条例》，标志着我国征信业进入有法可依的时代。其中的"征信业务"是指对企业、事业单位等组织的信用信息和个人的信用信息进行采集、整理、保存、加工，并向信息使用者提供的活动。

2013 年 12 月，中国人民银行出台《征信机构管理办法》，确立了征信机构开展征信活动应遵循的制度规范和监管依据。2015 年 1 月，中国人民银行印发《关于做好个人征信业务准备工作的通知》，批准腾讯征信、芝麻信用、前海征信、中诚信征信、鹏元征信、中智诚征信、拉卡拉信用和华道征信 8 家机构做好开展个人征信业务的相关准备工作。2018 年 2 月，百行征信有限公司的个人征信业务获批，获得人民银行颁发的首张个人征信牌照。至此，我国逐步形成了以央行征信为中心、以市场征信为补充的征信行业新格局，对于提升征信服务水平、规范征信市场发展、服务实体经济具有重要意义。

6.4.3　大数据征信与传统征信的区别

大数据征信与传统征信在数据信息、信用评价思路、建模技术、覆盖人群和应用场景等方面均存在明显差异（见表 6－8）。大数据征信的数据来源途径多样，涉及交易、社交、上网行为、公共事业等线上线下数据，可以实现碎片化、生活化数据的动态化管理与利用。通过实时行为数据预判履约可能性或进行风险预警等，实现对互联网上留有痕迹的群体的全面覆盖，应用于生活中的各种履约场景。传统征信的数据则主要来自既往履约信息，更多地依赖于金融数据等静态信息，依靠信贷数据、缴费罚款等线下数据，基于历史信用记录对当前及未来行为的预期，适用于有信用记录的人群，更多地应用于金融领域。

表 6－8　　　　　　　　大数据征信与传统征信的区别

比较项目	大数据征信	传统征信
数据来源	线上线下多种数据来源	线下借贷和履约行为数据
数据类型	交易、社交、上网行为，以及传统的信贷、公共事业等数据	信贷数据、公共事业缴费、罚款等数据
数据内涵	碎片化、生活化，反映人的性格和心理，动态信息	金融属性强，静态信息
数据格式	大量非结构化数据和结构化数据	结构化数据
建模技术	相对动态	相对静态

续表

比较项目	大数据征信	传统征信
信用评价思路	用实时行为反映人相对稳定的性格，可前瞻性地判断履约可能性	用历史信用记录判断当前信用，推断履约可能性，存在滞后性
覆盖人群	在互联网上留下足够痕迹的人	有信用记录的人（银行借贷、信用卡、公用事业缴费等）
应用场景	生活中各种履约场景	金融

资料来源：贝多广，李焰. 普惠金融——中国金融发展的新阶段［M］. 北京：人民出版社，2016.

6.4.4　大数据技术在个人征信领域的应用

早期的征信服务主要是线下尽职调查和反欺诈，2014 年以费埃哲和益佰利为代表的美国征信服务商开始提供风控模型服务。与此同时，国内商业征信服务商也与互联网金融公司进行合作，以合作制或会员制的方式实现数据共享。例如，北京安融惠众征信有限公司创建的"小额信用信息共享平台（MSP）"，最早引入同业共享服务模式，成为该模式在国内的开创者与推动者。截至 2019 年 10 月，用户机构数量达 2800 家以上，平均信息查得率达 45% 以上。

2015 年，中国人民银行开始向社会开放个人征信市场，腾讯征信、芝麻信用、前海征信、中诚信征信、鹏元征信、中智诚征信、拉卡拉信用和华道征信 8 家企业成为第一批获准开展个人征信业务准备工作的机构（见表 6 - 9）。其中，芝麻信用和腾讯征信成为依托互联网巨头成立的征信机构代表；前海征信依托金融巨头成立；中诚信征信和鹏元征信则是传统的第三方征信机构；中智诚征信、拉卡拉信用和北京华道征信则是民营第三方征信机构的领跑者。

2018 年 3 月 19 日，百行征信有限公司（以下简称信联）成立，是人民银行批准的唯一持牌市场化个人征信机构，由中国互联网金融协会牵头，与芝麻信用、腾讯征信、前海征信、考拉征信、鹏元征信、中诚信征信、中智诚征信、华道征信 8 家市场机构共同组建。其中，互联网金融协会持股 36%，8 家机构分别持股 8%。百行征信主要针对网络借贷等领域开展个人征信活动，属于民间征信机构，是央行征信系统的重要补充。截至 2019 年 9 月，有 46 家 P2P 平台接入百行征信系统。

表 6 - 9　　　　　　　　　首批 8 家个人征信业务机构比较

征信机构	主要数据来源	数据特点	业务范围	应用场景
芝麻信用	阿里巴巴的电商交易数据和蚂蚁金服的互联网金融数据，并与公安网等公共机构以及合作伙伴建立数据合作	涵盖了信用卡还款、网购、转账、理财、水电煤缴费、租房信息、住址搬迁历史、社交关系等	芝麻信用分是芝麻信用对海量信息数据的综合处理和评估，主要包含用户信用历史、行为偏好、履约能力、身份特质、人脉关系五个维度	应用于金融借贷、生活服务等场景
腾讯征信	利用社交工具和微信支付记录等信息	电商、支付、视频、旅游、地图、餐饮、浏览器、ID	通过采集不同维度的历史行为信息，运用大数据、机器学习以及传统统计方法相结合的技术手段来客观地反映用户的信用水平，从而得出用户的守信指数，用信用分来反映用户的信用水平	应用于金融特权和生活特权。前者包括现金借贷、银行办卡和消费分期等服务；后者包括信用出行等服务
前海征信	依托平安集团数以亿计的企业和个人客户，以及其在平安银行、平安保险的记录等	覆盖近 1500 家银行、P2P、小额贷款等信贷机构的借贷行为信息，覆盖人群广	反欺诈产品、信用风险产品、数据开放平台、综合报告四大产品类型，覆盖贷前、贷中、贷后全流程	应用于银行、保险、证券、信托、P2P 等综合金融
中诚信征信	民间征信数据库和先进的电子商务平台	首倡"信用科技"理念，首创信用景区理念，打造大数据运营管理系统	企业征信调查、服务市场调查及研究咨询服务；信用风险管理培训服务；信用风险管理软件系统开发服务等	传统金融机构、政府机构、互联网金融公司、互联网保险公司、行业协会、学术单位、事务所等
鹏元征信	广泛接入全国性和深圳的各类公共政务数据	打造"数据+科技"智能信用生态圈	个人及企业信用报告类产品、防身份欺诈类产品、评分类产品、信息核查类产品、统计指数类产品、自动征信类产品、互联网服务类产品等	场景主要包括小额贷款、P2P、第三方支付、担保、投融资公司、管理顾问等公司

征信机构	主要数据来源	数据特点	业务范围	应用场景
中智诚征信	公民基本信息，合法关联电话、地址、消费评级、银行信用评级、公安信息等全方位数据信息	欺诈数据库、多维数据关联、用户画像	申请反欺诈、全国公民身份信息认证、个人征信评分、征信监控四项服务	P2P 互联网金融，消费金融，以及小微贷市场
拉卡拉信用	合作银行与合作商户	集"支付、生活、网购、金融"为一体的社区金融及电子商务平台	企业征信服务、企业管理咨询	在此基础上，以终端为载体，为餐饮、零售、保险、教育、旅游等各行业提供增值服务
华道征信	CISP 消费信贷信息共享平台	面向从事个人小额信贷业务的各类机构，采取会员制，实现会员机构范围内的信贷交易信息共享	为商业机构提供精确可靠的风险控制解决方案和用户关系解决方案；为个人用户提供专业的信用服务	专注于个人征信；主要应用于消费信贷、租赁等

资料来源：根据相关资料整理而得。

第7章　农村数字普惠金融发展制度约束

7.1　农村数字普惠金融发展的准入政策约束

7.1.1　出资人主体资格受限

为激活民间资本，提高小微经济体金融服务的可获得性，2006 年银监会适度放宽了农村地区金融机构的准入政策，允许设立村镇银行、农村资金互助社、贷款公司等新型农村金融机构。2008 年，由人民银行试点的小额贷款公司开始在全国范围内推广，进一步拓宽了民间资本进入金融领域的通道。尽管如此，农村普惠金融机构仍面临着出资主体、股东要求、注册资本等若干准入限制。就小额贷款公司而言，自然人、企业法人、社会组织均可投资，对出资人身份几乎无要求，但对注册资本的要求却是这些金融机构中最高的；从业务范围上看，村镇银行堪称"全能银行"，却要求最大股东或唯一股东必须是银行业金融机构；对于仅能发放贷款的"贷款公司"，却将出资人严格地限定在境内商业银行或农村合作银行（见表 7-1）。

表 7-1　　　　　　　　　　　农村普惠金融机构的准入政策

机构	出资主体	注册资本	股东要求	银监会相关文件
村镇银行	由境内外金融机构、境内非金融机构企业法人、境内自然人出资	县（市）设立的，不低于 300 万元；乡（镇）设立的，不低于 100 万元	最大股东或唯一股东必须是银行业金融机构，且持股比例不得低于股本总额的 20%[①]；单个自然人股东及关联方持股比例不得超过股本总额的 10%；单一非银行金融机构或单一非金融机构企业法人及其关联方持股比例不得超过股本总额的 10%	《村镇银行管理暂行规定》《关于鼓励和引导民间资本进入银行业的实施意见》《关于进一步促进村镇银行健康发展的指导意见》

续表

机构	出资主体	注册资本	股东要求	银监会相关文件
农村资金互助社	由乡（镇）、行政村农民和农村小企业自愿入股	在乡（镇）设立的，不低于30万元；在行政村设立的，不低于10万元	有10名以上符合社员条件要求的发起人	《关于切实弥补监管短板提升监管效能的通知》
贷款公司	由境内商业银行或农村合作银行全额出资	不低于50万元人民币	境内商业银行或农村合作银行的资产规模不低于50亿元	《贷款公司管理暂行规定》
小额贷款公司②	由自然人、企业法人与其他社会组织投资设立	有限责任公司不低于500万元；股份有限公司不低于1000万元	有限责任公司由50个以下股东设立；股份有限公司应有2~200名发起人；单一自然人、企业法人、其他社会组织及其关联方持有的股份，不得超过注册资本总额的10%	《关于小额贷款公司试点的指导意见》《关于鼓励和引导民间资本进入银行业的实施意见》

注：①2012年5月26日，银监会发布《关于鼓励和引导民间资本进入银行业的实施意见》，明确民间资本进入银行业与其他资本遵守同等条件，支持民间资本参与村镇银行发起设立或增资扩股，并将村镇银行主发起行的最低持股比例由20%降低到15%。

②根据银监会发布《关于鼓励和引导民间资本进入银行业的实施意见》，允许小额贷款公司按规定改制设立为村镇银行。

资料来源：根据相关文件整理而得。

可以看出，由于市场准入限制，尤其是受出资人主体资格的约束，我国农村金融市场仍存在着机构数量少、竞争不充分等问题，农户和小微经济体的信贷需求无法得以充分满足。

7.1.2　注册资本门槛要求不断抬高

《关于小额贷款公司试点的指导意见》（银监发〔2008〕23号）规定的有限责任公司和股份有限公司最低注册资本分别为500万元和1000万元。在此基础上，各地区结合经济发展水平、资金盈余情况、信贷需求额度等对小额贷款公司的注册资本进行了限制性规定（见表7-2）。除河北、广西、贵州外，各地区纷纷提高了小额贷款公司的注册资本额度要求，广东达到2亿元，四川国家级和省级贫困县也要达5000万元。

总的来看，东部地区对小额贷款公司注册资本要求相对较高，西部较低；但各地区均大幅提高了小额贷款公司资本要求，人为抬高了民间资本进入金融领域的壁垒。

表7-2　　　　　各地区小额贷款公司最低注册资本要求

区域	省（直辖市、自治区）	有限责任公司（万元）	股份有限公司（万元）
东部地区	河北	500	1000
	海南	3000	5000
	上海	2000（崇明县1000）	5000（崇明县2000）
	江苏	3000［山区县（市、区）1500］	5000［山区县（市、区）2000］
	浙江	5000（欠发达县域2000）	8000（欠发达县域3000）
	山东	5000（欠发达县域2000）	7000（欠发达县域3000）
	北京	5000	10000
	天津	5000	10000
	福建	5000	10000
	广东	10000	20000
中部地区	湖南	2000	3000
	河南	2000（国家、省级扶贫工作重点县1000）	4000（国家、省级扶贫工作重点县1500）
	安徽	2000	4000
	湖北	3000	5000
	陕西	3000	6000
	山西	5000	10000
西部地区	广西	500	1000
	贵州	500	1000
	新疆	县及县以下500，地州政府（行署）所在地城市（包括克拉玛依市、石河子市、五家渠市）2000，乌鲁木齐5000	县及县以下1000，地州政府（行署）所在地城市（包括克拉玛依市、石河子市、五家渠市）4000，乌鲁木齐10000
	云南	1000（国家、省级贫困县500）	2000（国家、省级贫困县1000）
	甘肃	1000	2000
	青海	1000	2000

续表

区域	省（直辖市、自治区）	有限责任公司（万元）	股份有限公司（万元）
西部地区	宁夏	1000	2000
	重庆	2000	3000
	江西	3000（国家、省级贫困县 2000）	5000（国家、省级贫困县 3000）
	内蒙古	2000	5000
		跨旗县设立分支机构的总公司 10000，跨盟市设立分支机构的总公司 50000	
	四川	一般县（市、区）10000，国家、省级贫困县和地区级重灾县 5000	
东北地区	辽宁	2000	3000
	吉林	1000	2000
	黑龙江	县（市）6000；市（地）城区 8000，哈尔滨市、大庆市城区 10000；港澳台资、国有独资（或绝对控股）15000；省直管 2000	

资料来源：根据各省份出台的《小额贷款公司试点管理暂行办法》整理而得。

7.2　农村数字普惠金融发展的利率政策约束

7.2.1　未因贷款对象的普惠性享有宽松的利率环境

金融自由化也称"金融深化"，主张改革发展中国家政府对金融的过度干预，放松对金融机构和金融市场的诸多限制，放松利率管制和汇率管制，推进市场化进程，使利率能够反映资金供求关系，动员储蓄，发挥金融中介作用，增强国内筹资功能，改变对外资的过度依赖，最终达到抑制通货膨胀，刺激经济增长的目的。

20 世纪 70 年代到 80 年代初期，罗纳德·麦金农（1973）、爱德华·肖（1973）、约翰·格利（1960）、雷蒙德·戈德史密斯（1969）等针对发展中国家普遍存在的金融市场不完全、资本市场扭曲严重、政府对金融干预过度等现象，主张发展中国家应该进行金融深化。考虑到利率自由化、资本自由流动、金融机构准入自由等可能会引发金融脆弱性，进入 20 世纪 90 年代，罗纳德·麦金农（1993）、马克威尔·弗莱（1988）等经济学家提出金融自由化次序理论，认为按照一定的先后次序进行金融自由化，就能保证发展中国家经济发展的稳健过渡。

受金融自由化浪潮影响，1993 年，我国《关于建立社会主义市场经济体制若干问题的决定》和《国务院关于金融体制改革的决定》提出利率市场化改革的基本设想，明确提出利率改革的目标及总体思路，开始渐进地放松利率管制，稳步推行利率市场化。总的来看，利率市场化就是要实现资金使用权价格制定主体的转换，即由政府或中央银行单向确定各种利率，转变为由金融交易主体根据市场供求关系自主协商确定利率。

2001 年 12 月，人民银行开始在浙江瑞安、苍南，黑龙江甘南，吉林白城地区的通榆、洮南，福建连江、泉州，内蒙古扎兰屯等地区的非城关、非城镇的营业网点实行利率市场化试点；允许贷款利率浮动幅度由 50% 扩大到 100%，存款利率最高可上浮 50%，开始了以利率市场化为核心的中国农村金融市场深化的进程。2003 年开始，全国所有省（市）都选定了 1~2 个县（市）参与利率市场化试点，成为中国农村金融深化的标志性开端。2013 年 7 月，人民银行放开金融机构贷款利率管制。2015 年 10 月，不再对商业银行和农村合作金融机构等设置存款利率浮动上限，标志着我国已经基本实现利率的市场化。

金融自由化聚焦于创造一个竞争性的金融市场，可以为普惠金融发展创造有利的利率政策环境。但是，市场化是一个逐步放松约束的过程，在推进过程中，人民银行针对不同金融机构、不同贷款对象以及不同交易品种等实行了差别化利率浮动政策（见表 7-3），并未因农村金融机构信贷支持对象的普惠性，而给予其应有的利率政策支持，对农村地区及其农村金融机构的利率政策约束更是强于城镇地区。

表 7-3　　　　　　　　中国利率市场化进程

阶段	时间	措施
萌芽阶段	1986 年 1 月	国务院颁布《中华人民共和国银行管理暂行条例》，规定专业银行资金可相互拆借，资金拆借期限和利率由信贷双方协商议定
	1987 年 1 月	中国人民银行发布《关于下放贷款利率浮动权的通知》，首次进行贷款利率市场化的尝试
	1990 年 3 月	《同业拆借管理试行办法》确定拆借利率实行上限管理的原则

续表

阶段	时间		措施
发展阶段	1996	6月1日	放开了银行间同业拆借利率，实现由拆借双方根据市场资金供求自主确定拆借利率，标志着中国利率市场化的开始
	1997	6月	银行间债券市场正式启动，放开债券市场债券回购和现券交易利率
	1998	3月	改革再贴现利率及贴利率生成机制，放开贴现和转贴现利率
		9月	放开政策性银行金融债券市场化发行利率
		—	允许金融机构对小微企业的贷款利率浮动幅度由10%扩大到20%
		—	允许农村信用社贷款利率最高上浮幅度由40%扩大到50%
	1999	9月	成功实现国债在银行间债券市场利率招标发行
		10月	对保险公司大额定期存款实行协议利率，对3000万元以上、5年以上大额定期存款，实行保险公司与商业银行双方协商利率的办法
		—	允许县以下金融机构贷款利率最高可上浮30%，将对小企业贷款利率的最高可上浮30%的规定扩大到所有中型企业
	2000	9月21日	实行外汇利率管理体制改革，放开了外币贷款利率，允许300万美元以上的大额外币存款利率由金融机构与客户协商确定
	2001	12月	人民银行开始在浙江瑞安、苍南，黑龙江甘南，吉林白城地区的通榆、洮南，福建连江、泉州，内蒙古扎兰屯等地区的非城关、非城镇的营业网点实行利率市场化试点；允许贷款利率浮动幅度由50%扩大到100%，存款利率最高可上浮50%
	2002	3月	将境内外资金融机构对中国居民的小额外币存款纳入人民银行现行小额外币存款利率管理范围，实现中外资金融机构在外币利率政策上的公平待遇
		9月	农村信用社利率浮动试点范围进一步扩大
	2003	—	全国所有省（市）都选定了1~2个县（市）参与利率市场化试点
提速阶段	2004	1月1日	进一步扩大金融机构贷款利率浮动区间。其中，商业银行、城市信用社贷款利率的浮动区间上限扩大到贷款基准利率的1.7倍，下限为0.9倍；农村信用社贷款利率的浮动区间上限扩大到贷款基准利率的2倍，下限为0.9倍
		3月25日	实行再贷款浮息制度，完善中央银行利率形成机制，理顺中央银行和借款人之间的资金利率关系，逐步提高中央银行引导市场利率的能力

阶段	时间		措施
提速阶段	2004	4月25日	实行差别存款准备金制度，抑制资本充足率低且资产质量差的金融机构盲目扩张贷款，防止金融宏观调控中出现"一刀切"，为完善货币政策传导机制、提高货币政策有效性奠定基础
		10月29日	进一步放宽金融机构贷款利率浮动区间，同时允许存款利率下浮；金融机构（不含城乡信用社）的贷款利率原则上不再设定上限，贷款利率下限仍为基准利率的0.9倍；对金融竞争环境尚不完善的城乡信用社贷款利率仍实行上限管理，最高上浮系数为贷款基准利率的2.3倍；所有存款类金融机构对其吸收的人民币存款利率，可在不超过各档次存款基准利率的范围内浮动；存款利率不能上浮
	2007年1月		上海银行间同业拆借利率（Shibor）正式运行
	2008年10月		人民银行允许个人住房按揭贷款利率下浮区间由基准利率的15%扩大至30%
完成阶段	2012年6~7月		存款利率浮动区间调整为基准利率的1.1倍，贷款利率调整为基准利率的0.8倍，7月5日，将贷款利率浮动下限调整为基准利率的0.7倍
	2013年7月		人民银行放开金融机构贷款利率管制
	2014	3月	放开中国（上海）自贸试验区小额外币存款利率上限
		11月	下调基准利率，人民币存款利率浮动区间改为基准利率的1.2倍；2015年4月10日扩大到1.3倍，5月11日扩大到1.5倍
	2015年5月		开始实施《存款保险条例》，银行破产时，储蓄额小于50万元的储户由保险公司赔偿
	2015年10月		中国人民银行对商业银行和农村合作金融机构等不再设置存款利率浮动上限
	2018年5月		中国人民银行发布《2018年第一季度中国货币政策执行报告》，推动利率"双轨"逐步合"一轨"

资料来源：根据相关资料整理而得。

7.2.2 农村普惠金融机构难以获得 LPR 报价行资质

贷款市场报价利率（Loan Prime Rate，LPR）是指金融机构对其最优质的客户执行的贷款利率。通常由具有代表性的符合条件的报价行，依据对本行最优质客户的贷款利率，以公开市场操作利率加点形成的方式进行报价。在实际操作中，由人民银行授权全国银行间同业拆借中心计算并公布 LPR，各金融机构参考 LPR 进行贷款定价。

伴随着利率市场化的推进，人民银行于 2013 年 10 月 25 日宣布建立 LPR 集中报价和发布机制。2020 年 8 月 25 日，工商银行、农业银行、中国银行、建设银行和邮政储蓄银行五家国有大型商业银行开始将批量转换范围内的个人住房贷款统一调整为 LPR 定价方式（见表 7 - 4）。

表 7 - 4　　　　　　　　　　　　LPR 报价机制发展历程

时间	事件
2013 年 10 月 25 日	人民银行宣布建立 LPR 集中报价和发布机制
2019 年 8 月 17 日	人民银行在报价原则、形成方式、期限品种、报价行、报价频率、运用要求等方面对 LPR 进行改革，进一步完善贷款市场报价利率形成机制
2019 年 10 月 8 日	明确新发放的商业性个人住房贷款利率以最近一个月相应期限的贷款市场报价利率为定价基准加点形成
2020 年 1 月 1 日	明确各金融机构不得签订参考贷款基准利率定价的浮动利率贷款合同
2020 年 3 月 1 日	金融机构在与存量客户协商的基础上，将原合同约定的利率定价方式转换为以 LPR 为定价基准加点形成，允许加点为负值，加点数值在合同剩余期限内固定不变
2020 年 8 月 21 日	交通银行率先对尚未转换为贷款市场报价利率（LPR）或固定利率的存量浮动利率房贷，统一调整为 LPR 浮动利率加减点方式
2020 年 8 月 25 日	工行、农行、中行、建行和邮储五家国有大行对批量转换范围内的个人住房贷款，按照相关规则统一调整为 LPR（贷款市场报价利率）定价方式

资料来源：根据相关资料整理而得。

尽管 LPR 报价可以充分反映信贷市场的资金供求情况，有助于提高贷款利率的市场化程度，但农村普惠金融机构要想在 LPR 报价机制中拥有更多话语权，仍面临着以下约束：一是参与 LPR 报价的农村普惠金融机构数量有限。为提高 LPR 的代表性，贷款市场报价利率报价行类型在既有工商银行、农业银行、中国银行、建设银行、交通银行、中信银行、招商银行、兴业银行、浦东发展银行、民生银行 10 家全国性商业银行的基础上，增加了西安银行、台州银行 2 家城市商业银行，上海农村商业银行、广东顺德农村商业银行 2 家农村商业银行，渣打银行（中国）、花旗银行（中国）2 家外资银行，微众银行、网商银行 2 家民营银行。

在现有 18 家报价行中，农村商业银行仅有 2 家，占比约为 11.1%，而且均是地处经济发达地区的农商银行。农村普惠金融机构尤其是中西部地区的中小型金融机构要么参与不到 LPR 报价体系中，享受不到政策红利；要么在 LPR 报价中无话语权。二是 LPR 报价体系涉及的贷款期限类型偏少，与农村普惠金融机构贷款周期不匹配，参考定价的作用有限。目前，LPR 仅包括 1 年期和 5 年期以上两个品种，而农村普惠金融机构发放的贷款大多是 1 年期以内的短期贷款。期限不匹配造成 LPR 对农村普惠金融机构进行贷款定价的参考价值较弱。三是农村普惠金融机构难以达到 LPR 报价行资质要求。LPR 要求报价银行符合宏观审慎政策框架要求，应具有内部转移定价机制，具备较强的自主定价能力。这些资质条件事实上已将多数农村普惠金融机构排斥在 LPR 报价体系之外。四是 LPR 涉及的贷款业务品种有限。目前的 LPR 多用于个人住房抵押贷款品种，与"三农"及小微企业资金需求用途不对称。

7.3 农村数字普惠金融发展的财税政策约束

党和政府历来重视"三农"发展，通过税收政策和补贴政策，不断引导金融机构增加涉农贷款，发放农户小额贷款，服务小微经济体（见表 7-5）。但是，财税政策在支持农村普惠金融发展过程中也出现了一些问题：一是政策稳定性和预期性较弱。如针对新型农村金融机构的定向费用补贴，财政部相继出台了《中央财政新型农村金融机构定向费用补贴资金管理暂行办法》《中央财政农村金融机构定向费用补贴资金管理暂行办法》《农村金融机构定向费用补贴资金管理办法》等文件，对符合要求的新型农村金融机构按上年贷款平均余额的 2% 给予补贴，这些政策时而中断且适用时间较短，不能给金融机构以稳定预期。二是补贴政策容易造成市场价格扭曲，不利于培育公平竞争的市场环境。村镇银行等新型金融机构，其设立初衷就是为了弥补传统金融机构在农村金融领域的服务空白，发放涉农贷款和农户小额信贷本应是其职责所在，贷款余额同比增长是其实现财务可持续发展的必要条件。补贴政策不仅会加重财政负担，还会扭曲市场价格，不利于新型农村金融机构更快更好地适应市场竞争环境，找准市场定位，反而会加剧新型农村金融机构对补贴政策的依赖，助长依赖预期。三是对农户小额贷款采取政策一刀切，未考虑地区差距。根据财政部发布的《关于农村金融有关税收政策的通知》，对金融机构农户小额贷款的利息收入实行免征营业税的政策，却将小额贷款限定在"单笔且该户贷款余额总额在 5 万元以下（含）的贷款"。

表 7 - 5　　　　　　　　　　　农村普惠金融的财税政策

发布时间	文件	主要内容
2009 年 4 月 20 日	《中央财政新型农村金融机构定向费用补贴资金管理暂行办法》（财金〔2009〕31 号）	财政部对上年贷款平均余额同比增长且达到银监会监管指标要求的贷款公司和农村资金互助社，上年贷款平均余额同比增长、上年末存贷比高于50% 且达到银监会监管指标要求的村镇银行，按其上年贷款平均余额的 2% 给予补贴
2009 年 9 月 4 日	《关于金融企业涉农贷款和中小企业贷款损失准备金税前扣除政策的通知》（财税〔2009〕99 号）	2008 年 1 月 1 日至 2010 年 12 月 31 日，对金融机构涉农贷款和中小企业贷款准予在计算应纳税所得时扣除：关注类贷款，计提比例为 2%；次级类贷款，计提比例为 25%；可疑类贷款，计提比例为 50%；损失类贷款，计提比例为 100%
2010 年 5 月 13 日	《关于农村金融有关税收政策的通知》（财税〔2010〕4 号）	2009 年 1 月 1 日至 2013 年 12 月 31 日，对金融机构农户小额贷款[①]的利息收入，免征营业税；对保险公司为种植业、养殖业提供保险业务取得的保费收入，在计算应纳税所得额时，按 90% 比例减计收入；对金融机构农户小额贷款的利息收入在计算应纳税所得额时，按 90% 计入收入总额[②] 2009 年 1 月 1 日至 2011 年 12 月 31 日，对农村信用社、村镇银行、农村资金互助社、贷款公司、县及县以下地区的农村合作银行和农村商业银行的金融保险业收入减按 3% 的税率征收营业税[③]
2010 年 5 月 13 日	《财政部　国家税务总局关于中国扶贫基金会小额信贷试点项目税收政策的通知》（财税〔2010〕35 号）	中和农信项目管理有限公司和中国扶贫基金会举办的农户自立服务社（中心）从事农户小额贷款取得的利息收入，按照《关于农村金融有关税收政策的通知》执行营业税和企业所得税优惠政策[④]

发布时间	文件	主要内容
2010 年 5 月 18 日	《中央财政农村金融机构定向费用补贴资金管理暂行办法》（财金〔2010〕42 号）	中央财政对当年贷款平均余额同比增长的且达到银监会监管指标要求的贷款公司和农村资金互助社，当年贷款平均余额同比增长、年末存贷比高于 50% 且达到银监会监管指标要求的村镇银行，按其当年贷款平均余额的 2% 给予补贴。对基础金融服务薄弱地区的银行业金融机构（网点），按其当年贷款平均余额的 2% 给予补贴。新型农村金融机构不重复享受补贴
2012 年 1 月 20 日	《关于进一步加大支持力度做好农业保险保费补贴工作的通知》（财金〔2012〕2 号）	将 15⑤ 个农业保险品种纳入中央财政保费补贴范围，并将补贴区域扩大至全国
2012 年 7 月 3 日	《关于开展小额贷款公司涉农贷款增量奖励试点的通知》（财金〔2012〕56 号）	在天津、辽宁、山东、贵州等 4 省份开展涉农贷款增量奖励试点，对小额贷款公司当年涉农贷款平均余额同比增长超过 15% 的部分，按 2% 的比例给予奖励
2014 年 1 月 21 日	《关于进一步扩大财政县域金融机构涉农贷款增量奖励试点范围的通知》（财金〔2014〕4 号）	从 2014 年起，将福建、山西、海南、重庆、贵州、青海和西藏 7 省份纳入县域金融机构涉农贷款增量奖励政策试点范围
2014 年 3 月 11 日	《农村金融机构定向费用补贴资金管理办法》（财金〔2014〕12 号）	对符合条件的新型农村金融机构，财政部门按其当年贷款平均余额的 2% 给予补贴：（1）当年贷款平均余额同比增长；（2）村镇银行的年均存贷比高于 50%（含）；（3）当年涉农贷款和小微企业贷款平均余额占全部贷款平均余额的比例高于 70%（含）。对西部基础金融服务薄弱地区的银行业金融机构（网点），财政部门按其当年贷款平均余额的 2% 给予补贴
2014 年 10 月 24 日	《财政部 国家税务总局关于金融机构与小型微型企业签订借款合同免征印花税的通知》（财税〔2014〕78 号）	2014 年 11 月 1 日至 2017 年 12 月 31 日，对金融机构与小型微型企业签订的借款合同免征印花税

发布时间	文件	主要内容
2015 年 1 月 15 日	《关于金融企业涉农贷款和中小企业贷款损失准备金税前扣除有关问题的通知》（财税〔2015〕3 号）	2014 年 1 月 1 日至 2018 年 12 月 31 日，按照以下比例计提的贷款损失准备金，准予在计算应纳税所得额时扣除：关注类贷款，计提比例为 2%；次级类贷款，计提比例为 25%；可疑类贷款，计提比例为 50%；损失类贷款，计提比例为 100%
2015 年 6 月 11 日	《关于中国农业银行三农金融事业部涉农贷款营业税优惠政策的通知》（财税〔2015〕67 号）	提供农户贷款、农村企业和农村各类组织贷款取得的利息收入减按 3% 的税率征收营业税
2016 年 10 月 11 日	财政部关于印发《普惠金融发展专项资金管理办法》的通知（财金〔2016〕85 号）	对符合条件的县域金融机构当年涉农贷款平均余额同比增长超过 13% 的部分，财政部门可按照不超过 2% 的比例给予奖励；对年末不良贷款率高于 3% 且同比上升的县域金融机构，不予奖励
2016 年 12 月 19 日	《中央财政农业保险保费补贴管理办法》（财金〔2016〕123 号）	种植业。在省级财政至少补贴 25% 的基础上，中央财政对中西部地区补贴 40%、对东部地区补贴 35%；对纳入补贴范围的中央单位，中央财政补贴 65% 养殖业。在地方财政至少补贴 30% 的基础上，中央财政对中西部地区补贴 50%、对东部地区补贴 40%；对中央单位，中央财政补贴 80%
2017 年 6 月 9 日	《关于小额贷款公司有关税收政策的通知》（财税〔2017〕48 号）	2017 年 1 月 1 日至 2019 年 12 月 31 日，对经省级金融管理部门（金融办、金融局等）批准成立的小额贷款公司取得的农户小额贷款利息收入，免征增值税；在计算应纳税所得额时，按 90% 计入收入总额；按小额贷款公司年末贷款余额的 1% 计提的贷款损失准备金准予在企业所得税税前扣除
2017 年 10 月 26 日	《财政部　税务总局关于支持小微企业融资有关税收政策的通知》（财税〔2017〕77 号）	2017 年 12 月 1 日至 2019 年 12 月 31 日，对金融机构向农户、小型企业、微型企业及个体工商户发放小额贷款取得的利息收入，免征增值税 2018 年 1 月 1 日至 2020 年 12 月 31 日，对金融机构与小型企业、微型企业签订的借款合同免征印花税

147

发布时间	文件	主要内容
2019 年 9 月 28 日	《关于修订发布《普惠金融发展专项资金管理办法》（财金〔2019〕96号）	中央财政用于支持普惠金融发展的专项转移支付资金，包括创业担保贷款贴息及奖补、财政支持深化民营和小微企业金融服务综合改革试点城市奖励、农村金融机构定向费用补贴

注：①此处小额贷款，是指单笔且该户贷款余额总额在 5 万元以下（含）的贷款。

②根据《关于延续并完善支持农村金融发展有关税收政策的通知》（财税〔2014〕102 号），这一政策自 2014 年 1 月 1 日延续至 2016 年 12 月 31 日；根据《关于延续支持农村金融发展有关税收政策的通知》（财税〔2017〕44 号），这一政策自 2017 年 1 月 1 日延续至 2019 年 12 月 31 日。

③该政策的执行期限延长至 2016 年 4 月 30 日。

④中和农信项目管理有限公司独资成立的小额贷款公司按照《财政部　国家税务总局关于中国扶贫基金会小额信贷试点项目税收政策的通知》的规定，享受有关税收优惠政策。根据《关于中国扶贫基金会小额信贷试点项目继续参照执行农村金融有关税收政策的通知》，中国扶贫基金会小额信贷试点项目自 2014 年 1 月 1 日至 2016 年 12 月 31 日继续参照执行农村金融有关税收政策。

⑤15 个品种分别是水稻、玉米、小麦、油料作物、棉花、马铃薯、青稞、天然橡胶、森林、能繁母猪、奶牛、育肥猪、牦牛、藏系羊及糖料作物。

资料来源：根据相关资料整理而得。

7.4 农村数字普惠金融发展的货币政策约束

货币政策也就是金融政策，是我国宏观调控的两大类政策之一，主要是人民银行通过控制基础货币的数量调控经济，实现特定的经济目标。法定存款准备金率、公开市场业务和再贴现是央行常用的一般性货币政策工具。商业银行作为货币供给的主要参与者，通过存贷款业务，实现了所谓的"货币乘数"。

为鼓励商业银行服务小微经济体，人民银行自 2008 年开始实施差别化法定存款准备金率政策，以期增加对小微经济体的信贷支持力度。问题在于，一是对中小型存款类金融机构法定存款准备金率的调整幅度较小。比如，人民银行于 2008 年 12 月 5 日将大型存款类金融机构法定存款准备金率由 17% 下调至 16%，中小型存款类金融机构的这一比率由 14% 下调至 13.5%。尽管中小型金融机构适用较低的法定存款准备金率，但其下调幅度却较小，释放的流动性较弱。二是针对农村金融机构采取差异化政策。比如，人民银行自 2014 年

4 月 25 日起下调县域农村商业银行人民币存款准备金率 2 个百分点至 16%，下调县域农村合作银行人民币存款准备金率 0.5 个百分点至 14%。同样地处县域，同是农村信用社转制产物，却实行了差别化法定存款准备金率政策。然而，农村商业银行的网点覆盖率、业务规模量要远远超过农村合作银行，极大地弱化了宽松货币政策的作用效应。三是未能结合贷款对象实施差异化政策。2010 年 1 月 18 日，人民银行将法定存款准备金率由 15.5% 上调至 16%；与此同时，为增强支农资金实力，支持春耕备耕，对农村信用社等金融机构暂不上调。差别存款准备金率多是针对金融机构，未能考虑涉农贷款、农户小额信贷等资金用途。

此外，为规范和引导农村普惠金融机构发展，鼓励和支持其更好地服务小微经济体等，人民银行和银保监会还出台了一系列文件（见表 7-6）。但政策多偏向于宏观层面，又多着力于对金融机构的监管、防范金融风险等，对农村数字普惠金融的支持力度不够。

表 7-6　　　　　　　　　　　农村普惠金融的金融政策

发布时间	文件	主要内容
2006 年 12 月 20 日	《关于调整放宽农村地区银行业金融机构准入政策更好支持社会主义新农村建设的若干意见》（银监发〔2006〕90 号）	放开准入资本范围，调低注册资本，取消营运资金限制；调整投资人资格，放宽境内投资人持股比例；放宽业务准入条件与范围；调整董（理）事、高级管理人员准入资格，调整新设法人机构或分支机构的审批权限
2007 年 1 月 22 日	《农村资金互助社管理暂行规定》的通知（银监发〔2007〕7 号）	农村资金互助社的机构设立、社员和股权管理、组织机构、经营管理、监督管理及其合并、分立、解散和清算
2008 年 4 月 24 日	《关于村镇银行、贷款公司、农村资金互助社、小额贷款公司有关政策的通知》（银发〔2008〕137 号）	规范有关存款准备金管理、存贷款利率管理、支付清算管理、会计管理、金融统计和监管报表、征信管理、现金管理和风险监管
2009 年 4 月 21 日	《关于推进农村信用体系建设工作的指导意见》（银发〔2009〕129 号）	依托农村地区金融机构为农户、农民专业合作社、农村企业等农村经济主体建立电子信用档案

发布时间	文件	主要内容
2010 年 4 月 12 日	《关于加强涉农信贷与涉农保险合作的意见》（银监发〔2010〕25 号）	银行业金融机构要将涉农保险投保情况作为授信要素；保险公司要不断提升保险在涉农借款人中的渗透度；鼓励借款人对贷款抵押物进行投保；扩展涉农保险保单质押的范围和品种；积极探索开展涉农贷款保证保险；探索银行和保险公司参与的多种形式或组合方式的农村信用共同体
2010 年 5 月 19 日	《关于全面推进农村金融产品和服务方式创新的指导意见》（银发〔2010〕198 号）	突出创新重点，着力满足符合"三农"实际特点的金融服务需求；拓宽金融服务范围，合理运用多样化的金融工具管理和分散农业行业风险；加强政策协调配合，营造有利于农村金融创新的配套政策环境；把握创新工作原则，确保农村金融产品和服务方式创新取得实效
2010 年 8 月 10 日	《关于高风险农村信用社并购重组的指导意见》的通知（银监发〔2010〕71 号）	通过并购重组，加快高风险农村信用社风险化解，改善经营状况，增强支农能力
2010 年 11 月 9 日	《关于加快推进农村合作金融机构股权改造的指导意见》（银监发〔2010〕92 号）	全面取消资格股，加快推进股份制改造；稳步提升法人股比例，优化股权结构；有效规范股权管理，健全流转机制，用三年至五年时间将农村合作金融机构总体改制为产权关系明晰、股权结构合理、公司治理完善的股份制金融企业
2014 年 2 月 13 日	《关于做好家庭农场等新型农业经营主体金融服务的指导意见》（银发〔2014〕42 号）	切实加大对家庭农场等新型农业经营主体的信贷支持力度，合理确定贷款利率水平，适当延长贷款期限，合理确定贷款额度
2014 年 4 月 20 日	《关于加强农村中小金融机构非标准化债权资产投资业务监管有关事项的通知》（银监发〔2014〕11 号）	强化服务"三农"的战略，非标资产投资总余额不得高于上一年度审计报告披露总资产的4%，严格控制资金投向，防止监管套利，加大监管力度，有效防范风险
2014 年 7 月 15 日	《关于加强农村合作金融机构资金业务监管的通知》（银监会〔2014〕215 号）	严格法人机构资金业务开办品种与条件；强化省联社资金业务的服务性；完善资金业务风险管控；加强资金业务持续性监管

发布时间	文件	主要内容
2014 年 7 月 31 日	《关于金融支持农业规模化生产和集约化经营的指导意见》（银监发〔2014〕38 号）	发挥各类农村金融机构的支持合力；加大对农业规模化生产和集约化经营的信贷投入；强化对农业规模化生产和集约化经营重点领域的支持；加强农业规模经营主体培育和农村信用体系建设；全面落实和用足用好农村金融扶持政策
2014 年 8 月 11 日	《关于推进基础金融服务"村村通"的指导意见》（银监办发〔2014〕222 号）	灵活采取多样化手段延伸村级基础金融服务如拓展服务渠道、丰富服务功能、强化技术运用、加强社区融合等；加强村级基础金融服务环境建设如推进村级信用文化建设、开辟市场准入绿色通道等
2014 年 11 月 24 日	《关于鼓励和引导民间资本参与农村信用社产权改革工作的通知》（银监发〔2014〕45 号）	鼓励民间资本参与农村商业银行增资扩股；引导民间资本对农村信用社实施并购重组；保障民营股东有效行使权利和发挥治理作用；加强对民间资本投资农村信用社的规范与监管；健全促进民间资本投资的实施与保障机制
2014 年 12 月 9 日	《关于推进农村商业银行组建工作的通知》（银监办发〔2014〕286 号）	加大引资力度，提升资本质量，健全公司治理，推进现代农村金融企业制度建设，强化分类指导，有序推进组建工作，完善工作机制，提升农商银行组建质量
2014 年 12 月 9 日	《加强农村商业银行三农金融服务机制建设监管指引》（银监办发〔2014〕287 号）	农村商业银行应建立包括股权结构、公司治理、发展战略、组织架构、业务发展、风险管理、人才队伍、绩效考核和监督评价在内的保障农村商业银行支持"三农"发展的系列制度安排，并加强相应能力建设
2014 年 12 月 12 日	《关于进一步促进村镇银行健康发展的指导意见》（银监发〔2014〕46 号）	加大民间资本引进力度，支持村镇银行调整主要股东，督促村镇银行专注支农支小市场定位，积极推进村镇银行本地化战略，强化村镇银行有限持牌经营，规范村镇银行主发起行的大股东职责，强化村镇银行属地监管责任
2014 年 12 月 29 日	《关于完善信贷政策支持再贷款管理支持扩大"三农"、小微企业信贷投放的通知》（银发〔2014〕90 号）	调整信贷政策支持再贷款发放条件，下调支农、支小再贷款利率，明确量化标准，对信贷政策支持再贷款业务管理进行全面规范完善

发布时间	文件	主要内容
2015 年 1 月 4 日	《中国保监会关于在瑞安市开展农村保险互助社试点的通知》（保监发改〔2015〕2 号）	互助社的业务范围限定为农产品保险、农产品货运保险和农户小额贷款保证保险三个险种；资金运用业务限于银行存款和国债
2015 年 2 月 16 日	《关于做好 2015 年农村金融服务工作的通知》（银监办发〔2015〕30 号）	努力实现涉农贷款增速高于全部贷款平均水平，深入推进涉农银行业金融机构体制机制改革，丰富农村金融服务主体，提升农村金融竞争充分性，大力发展农村普惠金融，全面提升农村金融服务质效
2015 年 6 月 5 日	《中国银监会农村中小金融机构行政许可事项实施办法》（银监会令〔2015〕3 号）	积极推动具备条件的民间资本依法发起设立中小型银行等金融机构，增强对中小微企业、"三农"和社区等经济发展薄弱环节和领域的金融支持力度，更好服务实体经济
2015 年 9 月 25 日	《关于全面推进中小企业和农村信用体系建设的意见》（银发〔2015〕280 号）	搭建"数据库＋网络"为核心的信用信息服务平台
2016 年 3 月 15 日	《农村承包土地的经营权抵押贷款试点暂行办法》（银发〔2016〕79 号）	通过家庭承包方式依法取得土地承包经营权和通过合法流转方式获得承包土地的经营权的农户及农业经营主体，均可按程序向银行业金融机构申请农村承包土地的经营权抵押贷款
2018 年 1 月 9 日	《中国银监会关于开展投资管理型村镇银行和"多县一行"制村镇银行试点工作的通知》（银监发〔2018〕3 号）	支持全国性银行主要在中西部和老少边穷地区发起设立村镇银行。"多县一行"制村镇银行应坚持立足当地、支农支小市场定位，建立县域信贷投放承诺制度
2018 年 2 月 14 日	《中国银监会办公厅关于做好 2018 年银行业"三农"和扶贫金融服务工作的通知》（银监办发〔2018〕46 号）	涉农贷款要优先支持发展农业生产，创新抵质押贷款产品，开发针对不同主体的小额贷款产品，充分发挥农业信贷担保作用
2018 年 10 月 25 日	《中国人民银行关于发布〈农村普惠金融支付服务点技术规范〉行业标准的通知》（银发〔2018〕237 号）	规定了农村普惠金融支付服务点的标识、环境、软硬件要求、安全要求、终端用户界面、交易凭证、报文格式等事项；给出了标识牌、业务公告、业务流程的样式；提供了终端用户界面、交易凭证、报文格式的规范指南

续表

发布时间	文件	主要内容
2020 年 9 月 7 日	《中国银保监会办公厅关于加强小额贷款公司监督管理的通知》银保监办发〔2020〕86 号	改善金融服务；坚守放贷主业；适度对外融资；坚持小额分散；监控贷款用途；注重服务当地；合理确定利率；严守行为底线

资料来源：根据相关资料整理而得。

7.5　农村数字普惠金融发展的监管政策约束

政府在推动普惠金融发展方面出台了若干规定，力度虽大，但在落实上仍存在诸多限制与约束，具体表现在：一是对农村普惠金融机构及其业务范围的监管事权分散。"谁审批、谁监管、谁负责"的管理方式，虽然灵活，但容易出现标准不一、协调复杂、统计困难、数据失真等问题，陷入监管真空、监管过度与监管低效并存的困境。二是监管多局限于政策、文件、通知等形式，未能上升到法律层面。比如，关于金融消费者权益保护的法律规则、关于互联网金融的相关管理法规、关于社会征信体系建设中的个人隐私保护法规等存在缺失。三是政府层面的监管规则制定与细则执行远远滞后于新型金融业态的创新速度。自 2007 年我国第一家 P2P 网贷平台成立，直至 2015 年《关于促进互联网金融健康发展的指导意见》出台，整整 8 年时间，互联网金融都处于法规缺失和监管真空。相比之下，美国从 2006 年第一家 P2P 网贷平台 Prosper 成立到监管法规出台，只用了不到两年的时间。P2P 网贷平台和第三方支付虽未涉及传统的存贷业务，但前者在匹配资金供求，后者在快捷支付等方面发挥了重要作用。P2P 网贷平台和第三方支付在迅猛发展过程中，也出现和集聚了较多问题，相关部门也不断出台监管措施，规范其发展。尽管如此，政策仍存在诸多约束。

7.5.1　对 P2P 网贷平台的监管政策约束

根据《网络借贷信息中介机构业务活动管理暂行办法》（以下简称《暂行办法》），网络借贷是指个体（自然人、法人及其他组织）间通过互联网平台实现的直接借贷；网络借贷信息中介机构是指专门从事网络借贷信息中介业务的金融信息中介公司，依托互联网，提供借贷撮合、信息交互、资信评估等服务。P2P 平台作为信息中介，不能进行资金归集并提供担保业务等。在实际业务中，多数平台会先向借款人发放钱款，再将债权打包，做成不同期限、收益率的理财产品，再通过线下团队将产品卖给出借人（鲁钊阳，2017）。

为规范 P2P 网贷平台发展，一系列文件相继出台（见表 7 - 7）。但在实施过程中，仍存在以下问题：（1）现行监管政策未能实现平台自有资金与借贷资金的严格分离。在实际业务中，平台资金介入借贷双方资金流，为平台卷款跑路提供了可能。（2）网络借贷"小额"的额度高于对实体金融机构的监管要求。根据《暂行办法》，同一自然人在同一信息中介机构的借款余额上限为 20 万元，在不同机构的合计借款余额上限为 100 万元；对同一法人与其他组织的在同一机构、不同机构规定的借款限额分别为 100 万元与 500 万元。这些规定旨在消除风险集聚的可能性，但信息共享机制的缺失，加之平台追求利益的驱动，使监管乏力。（3）监管政策未能明确网贷资金存管模式。根据《网络借贷资金存管业务指引》，P2P 网贷平台必须对接唯一一家符合规定的网贷资金存管机构，同时将存管机构的身份限定为具有企业法人资格的商业银行。在实际运作中，银行直连、直接存管和联合存管是银行和网贷平台进行资金存管合作的三种主要方式。银行直连因系统搭建成本高而鲜有采用；直接存管因能有效隔离平台与投资人的资金而被较少采用；联合存管资金不受银行真正监督，尽管不符合监管要求却用之广泛，频频引发暴雷。（4）监管未能涉及对项目的审查。现行监管政策无法识别会明显提高借贷风险的项目和行为，诸如虚构项目、夸大项目预期收益、低估项目风险等，以及为股票、期货等高风险融资提供信息中介业务。（5）信息披露制度中，无法识别信息真伪及披露程度等。根据《网络借贷信息中介机构信息披露指引》，P2P 网贷平台需要向公众和出借人分别披露信息，向出借人披露的信息包括借款人信息、项目信息、风险信息和未到期项目信息。但披露信息的可靠性无从验证，重大事项变更时，是否应及时披露以及披露程度，现行监管政策未曾涉及。（6）监管政策对消费者权益保护不到位。许多平台要求消费者允许平台多途径获取其信息,部分信息超出了服务本身需要,信息透明度过高增加了消费者负担。不仅如此,消费者信息还被允许提供给第三方机构,但并未对共享信息清单和第三方机构范围作出具体规定。监管细则的缺位造成消费者信息泄露、被篡改的风险加大,也助长了平台贩卖个人信息获利的可能性。(7)监管政策之间存在冲突。就风险补偿而言,在《暂行办法》不允许 P2P 平台用自有资金为出借人提供担保的情况下,平台普遍选择提取风险备付金来提供保障。《关于做好 P2P 网络借贷风险专项整治整改验收工作的通知》则明确指出,提取风险备付金的做法,有悖于平台的信息中介定位,不允许继续计提。两项政策出台时间相差不到两年,对风险备付金的态度截然不同。

表 7-7　　　　　　　　　　P2P 行业相关文件汇总

发布时间	文件	主要内容
2016 年 8 月 24 日	《网络借贷信息中介机构业务活动管理暂行办法》(银监会令〔2016〕1 号)	对网络借贷的备案管理、业务规则与风险管理、出借人与借款人保护、信息披露、监督管理等做出总体规定。并以"负面清单"方式对平台不得从事事项进行了详细规定
2017 年 2 月 23 日	《网络借贷资金存管业务指引》(银监办发〔2017〕21 号)	对资金存管的委托人和存管人的身份、权利与义务进行了详细规定;重点说明了对受托人即存管银行的资质要求;提出了相应的业务规范要求
2017 年 8 月 24 日	《网络借贷信息中介机构业务活动信息披露指引》(银监办发〔2017〕113 号)	规范网络借贷信息中介机构业务活动信息披露行为;规定了网贷平台需要披露的信息内容及对披露信息的管理办法
2017 年 12 月 8 日	《关于做好 P2P 网络借贷风险专项整治整改验收工作的通知》(网贷整治办函〔2017〕57 号)	要求各地在 2018 年 6 月底前完成辖内主要 P2P 机构的整治整改验收工作,并对债权转让、风险备付金、资金存管等关键性问题进行了详细规定
2019 年 1 月	《关于进一步做实 P2P 网络借贷合规检查及后续工作的通知》(1 号文)	启动全国 P2P 平台的实时数据接入工作,落实两个"三降":确保辖区内 P2P 平台总数、业务总规模、投资人数实现"三降";确保每家 P2P 平台投资者数量、业务规模以及借款人数实现"三降"

续表

发布时间	文件	主要内容
2019 年 3 月	《关于启动网络借贷信息中介机构运营数据实时接入工作的通知》	要求在线运营的网贷机构于 5 月底前全部完成网贷机构所有存量（在投、在借）和增量（每日新增）项目及每笔实时交易流水信息等实时数据接入
2019 年 3 月 6 日	《关于网络借贷不实广告宣传涉嫌欺诈和侵害消费者权益的风险提示》	相关机构应恪守行业自律要求，坚持合规审慎经营，不违规宣传和发布不实广告；消费者应提高警惕，谨慎判断，防止上当受骗造成经济损失
2019 年 4 月 9 日	《网络借贷信息中介机构有条件备案试点工作方案》	于 2020 年在全国范围内完成存量网贷机构的备案登记工作；并提出了试点网贷机构备案条件
2019 年 7 月 26 日	《关于开展现金贷等网贷平台意外伤害保险业务自查清理的通知》	银保监会叫停保险公司通过现金贷等网贷平台销售意外伤害保险业务
2019 年 9 月 5 日	《关于加强 P2P 网贷领域征信体系建设的通知》	支持在营 P2P 网贷机构接入征信系统；持续开展对已退出经营的 P2P 网贷机构相关恶意逃废债行为的打击；加大对网贷领域失信人的惩戒力度；加强宣传和舆论引导
2019 年 10 月 27 日	《信息安全技术 移动互联网应用程序（APP）收集个人信息基本规范》（草案）	明确了移动互联网应用收集个人信息时应满足的基本要求；规范移动互联网应用运营者收集个人信息的行为；用于移动互联网应用的技术评估、监督检查等
2019 年 10 月 22 日	《关于办理非法放贷刑事案件适用法律若干问题的意见》	从司法层面明确了非法放贷入刑标准，依法惩治非法放贷犯罪活动，切实维护国家金融市场秩序与社会和谐稳定
2019 年 11 月 6 日	《关于增强个人信息保护意识依法开展业务的通知》（互金发〔2019〕42 号）	引导会员机构增强个人信息保护意识，坚持合规、审慎经营，防范纠正违反个人信息保护规定的行为；强调未经消费者授权同意，各会员机构不收集、处理、使用和对外提供消费者个人信息
2019 年 11 月 26 日	《关于进一步加强网络借贷资金存管工作的通知》（网贷整治办函〔2019〕41 号）	组织开展网贷资金存管测评工作，促进网贷机构合规发展。测评有效期为两年，通过测评的商业银行应向互联网金融协会报送网贷资金存管数据等；未通过测评的商业银行不得再继续开展网贷资金存管业务

续表

发布时间	文件	主要内容
2019 年 11 月 27 日	《关于网络借贷信息中介机构转型为小额贷款公司试点的指导意见》（整治办函〔2019〕83 号）	引导部分符合条件的网贷机构转型为小额贷款公司，主动处置和化解网贷机构存量业务风险，最大限度减少出借人损失，维护社会稳定，促进普惠金融规范有序发展

资料来源：根据相关资料整理而得。

7.5.2　对第三方支付的监管政策约束

为了规范和引导第三方支付健康发展，人民银行相继出台了一系列文件对其进行监管。2010 年，人民银行颁布了《非金融机构支付服务管理办法》，就市场准入、经营范围、备付金管理等作出规定；《非金融机构支付管理办法实施细则》旨在加强对高级管理者资质、支付技术安全性检测等的监管；《支付机构客户备付金存管办法》意在严格监管客户备付金的走向（见表 7-8）。尽管对第三方支付的监管日益规范，但是我国目前所颁布的规章大多是对业务范围、客户备付金、组织架构、支付限额、技术安全等的考虑，缺少对消费者权益保护、对第三方支付机构退出市场等的监管。不仅如此，现行规章大多都是由人民银行颁布的管理办法，未能上升到严格意义上的法律条文。

表 7-8　　　　　　　第三方支付相关文件汇总

发布时间	文件	主要内容
2010 年 6 月 14 日	《非金融机构支付服务管理办法》（中国人民银行令〔2010〕2 号）	对非金融机构支付服务的形式、申请与许可、监督与管理、处罚等进行了规定
2010 年 12 月 1 日	《非金融机构支付服务管理办法实施细则》（中国人民银行公告〔2010〕17 号）	对高级管理者资质、反洗钱措施、出资人、技术安全检测认证等作出了详尽规定
2013 年 6 月 7 日	《支付机构客户备付金存管办法》（中国人民银行公告〔2013〕6 号）	规定对备付金银行账户管理、客户备付金的使用与划转、对支付机构和备付金银行的客户备付金存管业务活动的监督管理等

发布时间	文件	主要内容
2015 年 12 月 28 日	《非银行支付机构网络支付业务管理办法》（中国人民银行公告〔2015〕43 号）	银行应当事先或在首笔交易时自主识别客户身份，并与客户直接签订授权协议，明确约定扣款适用范围和交易验证方式，设立与客户风险承受能力相匹配的单笔和单日累计交易限额等
2017 年 4 月 17 日	《关于实施支付机构客户备付金集中存管有关事项的通知》（银办发〔2017〕10 号）	支付机构应将客户备付金按照一定比例交存至指定机构专用存款账户且暂不计付利息；对于网络支付业务、银行卡收单业务和预付卡发行与受理，按照 ABCDE 类别设置了不同的交存比例

资料来源：根据相关资料整理而得。

第8章 农村数字普惠金融发展机制约束

发展不同于增长,不仅体现为数量扩张,更加强调内涵提升,前者需要扩大积累,后者关注创新驱动。发展机制是指农村普惠金融机构自身提高和可持续发展的功能,主要体现在普惠金融机构的自我调节、自我积累功能上,要求普惠金融机构主动适应外部环境变化,不断增强可持续发展能力。

8.1 农村数字普惠金融面临的竞争机制约束

8.1.1 中国农村信贷市场金融深化程度较低

自麦金农和肖提出金融深化理论后,经济学界对金融深化的探讨不仅停留在理论层面,也对我国的金融深化程度进行了相应的度量,常用的衡量指标主要有金融相关比率(FIR)及 M_2/GDP 两个指标。也有学者运用金融资产与社会总资产的比值来考量资产货币化,即金融深化程度。结合农村信贷市场的实际,考虑到数据的可得性,笔者拟用农业贷款与农业GDP的比值,作为农村信贷市场金融深化程度的衡量指标。

2010—2017 年,中国农村信贷市场的金融深化程度由 17.04% 提高到 19.64%,增加了 2.6 个百分点,以 M_2/GDP 衡量的金融深化程度由 1.76 提高到 2.03,增加了 27 个百分点。考虑到广义货币 M_2 涵盖范围广,为了与农业贷款保持一致性,拟以金融机构贷款/GDP 指标来衡量我国整体金融深化程度。尽管这一数值远低于 M_2/GDP,但该比值仍由 1.16 提高到 1.44,增加了 28 个百分点(见表 8-1)。从纵向来看,农村信贷市场金融深化程度仍在不断加深与加快;经过横向比较,农村金融深化程度远低于中国整体金融深化程度,后者是前者的 10 多倍,并且这种差距还在不断扩大。

表 8 - 1 农村信贷市场金融深化程度

年份	农业贷款/农业 GDP（%）	金融机构贷款/GDP	M_2/GDP
2010	17.04	1.16	1.76
2011	15.78	1.12	1.75
2012	15.82	1.17	1.81
2013	17.50	1.21	1.87
2014	19.24	1.27	1.91
2015	19.42	1.36	2.02
2016	19.04	1.42	2.08
2017	19.64	1.44	2.03
2018	—	1.48	1.99
2019	—	—	2.00

资料来源：根据相关数据计算而得。

8.1.2 农村普惠金融面临的高寡占市场结构

农村普惠金融的市场结构可以分为内部组织结构与外部市场结构。从内部组织结构看，一是农村普惠金融机构中，股份制、合作制、股份合作制等多种产权形式并存；二是农村普惠金融机构形式多样，农村信用社、农村商业银行、农村合作银行、中国农业银行、农业发展银行、村镇银行、贷款公司、农村资金互助社等多种组织形式并存。从外部市场结构看，市场集中度（CR_n）是衡量产业组织市场结构的常用指标，反映了市场垄断程度的高低。

2003 年，伴随着农村信用社改制，农村商业银行和农村合作银行相继成立，2006 年我国更是加快了农村金融机构多元化进程，村镇银行、贷款公司和农村资金互助社陆续进入农村金融市场，多元化竞争性的农村金融体系基本形成。比较农村金融机构的 CR_1 值发现，2009—2018 年，农村信用社的机构数量由 3056 家减少到 812 家，在涉农金融机构中占比由 88.1% 下降到 20.8%；营业网点数由 6 万个减少到 2 万个左右，占比由 79% 下降到 23%；从业人员数量由 57 万人缩减到 21 万人，占比由 80% 下降到 22%。与之形成鲜明对比的是，农村商业银行和村镇银行的快速发展。农村商业银行机构数量由 43 家增加到 1397 家，占比由 1.2% 上升至 35.7%；村镇银行数量由 148 家增加至 1616 家，占比由 4.3% 上升至 41.3% 。仅从机构数量上看，村镇银行取代农村信用社成为农村金融市场上的高寨占者；但从营业网点数看，2018 年农村商业银行的营业网点数量达到 58246 个，占比高达 69%，村镇银行的营业网点仅有 5764 个，占比仅为 7%，与农村商业银行相去甚远（见表 8 - 2、表 8 - 3 和表 8 - 4）。

表 8 - 2　　　　　　　农村金融机构数量及其占比情况

年份	农村金融机构 合计 (个)	农村信用社 数量 (个)	占比 (%)	农村商业银行 数量 (个)	占比 (%)	农村合作银行 数量 (个)	占比 (%)	村镇银行 数量 (个)	占比 (%)	贷款公司 数量 (个)	占比 (%)	农村资金互助社 数量 (个)	占比 (%)
2009	3467	3056	88.1	43	1.2	196	5.7	148	4.3	8	0.2	16	0.5
2012	3274	1927	58.9	337	10.3	147	4.5	800	24.4	14	0.4	49	1.5
2014	3566	1596	44.8	665	18.6	89	2.5	1153	32.3	14	0.4	49	1.4
2016	3783	1125	29.7	1114	29.4	40	1.1	1443	38.1	13	0.3	48	1.3
2018	3913	812	20.8	1397	35.7	30	0.8	1616	41.3	13	0.3	45	1.2

资料来源：根据 Wind 数据整理计算。

表 8 - 3　　　　　　　农村金融机构营业网点数及其占比情况

年份	农村金融机构 合计 (个)	农村信用社 数量 (个)	占比 (%)	农村商业银行 数量 (个)	占比 (%)	农村合作银行 数量 (个)	占比 (%)	村镇银行 数量 (个)	占比 (%)	贷款公司 数量 (个)	占比 (%)	农村资金互助社 数量 (个)	占比 (%)
2009	75935	60325	79	7259	10	8134	11	193	0	8	0	—	—
2012	75896	49034	65	19910	26	5463	7	1426	2	14	0	49	0
2014	81397	42201	52	32776	40	3269	4	3088	4	14	0	49	0
2016	83750	28285	34	49307	59	1381	2	4716	6	13	0	48	0
2018	84454	19468	23	58246	69	918	1	5764	7	13	0	45	0

资料来源：根据 Wind 数据整理计算。

表 8 - 4　　　　　　　农村金融机构从业人员数及其占比情况

年份	涉农金融机构 合计 (个)	农村信用社 数量 (个)	占比 (%)	农村商业银行 数量 (个)	占比 (%)	农村合作银行 数量 (个)	占比 (%)	村镇银行 数量 (个)	占比 (%)	贷款公司 数量 (个)	占比 (%)	农村资金互助社 数量 (个)	占比 (%)
2009	715216	570366	80	66317	9	74776	10	3586	1	75	0	16	0
2012	809733	502829	62	220042	27	55822	7	30508	4	111	0	421	0
2014	889845	423992	48	373635	42	32614	4	58935	7	148	0	521	0
2016	951030	297083	31	558172	59	13561	1	81521	9	104	0	589	0
2018	959158	210383	22	645492	67	9369	1	93465	10	104	0	345	0

资料来源：根据 Wind 数据整理计算。

根据贝恩对市场结构的分类，$CR_4 \geq 85\%$ 属于寡占 I 型即极高寡占型，$75 \leq CR_4 < 85$ 属于寡占 II 型即高集中寡占型。仅从市场集中度 CR_1 值看，2009 年农村信用社在机构数、营业网点数和从业人员数方面都处于高寡占地位；到 2018 年，村镇银行、农村商业银行和农村信用社在机构数方面的市场集中度相差无几，但农村商业银行在营业网点数和从业人员数方面却是一枝独秀，其市场占有率远远走在了前列。值得注意的是，高集中度并不必然表现为垄断或寡占的市场结构，它必须与进入和退出壁垒、规模经济、产品差异化等条件相结合才能构成这种对应关系。

8.1.3 农村信贷产品差异化不明显

为了与商业银行开展"错位竞争"，农村普惠金融机构主要从事"小额贷款"业务，在贷款产品、贷款手续、贷款方式、贷款利率等方面，均有别于传统商业银行。此外，为支持小微企业发展，城市商业银行和农村商业银行立足地方特色，不断进行信贷产品设计优化。比如，威海市商业银行根据市场特点和小微企业客户需求，推出了"创业通达"系列小微融资产品。其中，针对科技型中小企业"短、少、频、快"的现金流特点，研发了"智领通"系列产品，允许科技型小微企业依托自身的专利或技术，以知识产权或股权等进行质押贷款；面向从事海水养殖、远洋近海捕捞、水产品加工与冷藏、运输物流等蓝色经济产业的小微企业，推出了"蓝宝通"系列融资产品，允许其以船舶或海域使用权等进行抵押贷款；面向工业园区、商品集散地、集贸批发市场、商圈、协会、商会等集群小微企业，推出了"聚赢通"系列产品，允许其在租金存在缺口时，申请租金贷。菏泽农商银行则针对农户、个体工商户和农民专业合作社等，在抵质押物品、担保方式等方面进行了不断创新，如面向农户试点开展承包用地和宅基地抵押贷款、产业链贷款等（见表 8-5）。

在支持小微企业和"三农"贷款方面，尽管农村普惠金融机构推出了各具特色的信贷产品，但多是针对特定贷款对象的贷款方式创新，农村信贷产品的实质性差异并不明显。

表 8 – 5　　　　　　　　　　　部分普惠金融机构信贷产品

金融机构	产品名称	贷款对象	贷款类型	产品特点
威海市商业银行	智领通	科技型小微企业	知识产权质押贷款、股权质押贷款等	以科技型小微企业的专利、技术、成长性和市场潜力为出发点，成本较低、还款灵活
	聚赢通	工业园区、商品集散地、集贸批发市场、商圈、协会、商会等集群小微企业	租金贷等	采取集群营销模式，以商圈为单位拓展，提高营销效率，缓释融资风险
	蓝宝通	从事海水养殖、远洋近海捕捞、水产品加工与冷藏、运输物流等蓝色经济产业的小微企业客户	船舶抵押贷款、海域使用权抵押贷款、养殖贷款	侧重考察小微企业的现金流量、资产结构、负债状况以及关键管理人员的资信状况、从业经验和管理能力等
菏泽农商银行	农户生产经营贷款	农户	试点承包用地和宅基地抵押贷款、产业链贷款	集中授信，一次三年，循环使用
	个体工商户贷款	个体工商户	商圈、应收账款、动产质押贷款以及产业链担保贷款等	授信三年，循环使用，借力自助设备，24 小时不间断用信
	车位贷	自然人	—	有项目合作关系的购买车位的自然人，实行链式服务
	农民专业合作社贷款	农业生产主体	"农户联保＋互助金担保"、"农户联保＋农民专业合作社担保"等	集中评级授信模式，一般授信三年，授信期内循环使用

资料来源：根据调研资料整理而得。

8.1.4　农村正规金融供给严重不足

从横向比较来看，1995—2009 年，东部地区户均借贷额度均高于中部地区和西部地区，中部地区和西部地区初始几年的差异并不十分显著，2000 年之后西部地区户均借贷额度略高于中部地区；但西部地区农户从正规金融机构获得贷款的比重却显著高于东部地区和中部地区。从纵向比较来看，1995—2009 年，东部地区户均借款额度由 1485.83 元增加到 2791.07 元，增长了 87.8%；中部地区户均借款额度由 881.31 元增加到 1806.44 元，增长了 1.05 倍；西部地区户均借款额度由 718.79 元增加到 2619.10 元，增长了 2.64 倍，西部地区户均借款额度增长远快于东中部地区。从正规金融比重看，呈现东部地区上升、中西部地区下降的态势，东部地区正规金融借贷比重由 22.76% 上升至 41.85%，中部地区由 31.70% 下降至 26.38%，西部地区则由 51.34% 下降到了 40.29%（见表 8-6）。

表 8-6　　　　　不同地区农户借贷额及正规金融借贷比重

年份	东部地区（元/户）	正规金融借贷比重（%）	中部地区（元/户）	正规金融借贷比重（%）	西部地区（元/户）	正规金融借贷比重（%）
1995	1485.83	22.76	881.31	31.70	718.79	51.34
1996	1697.11	25.51	1036.44	27.64	997.68	41.44
1997	1479.65	16.42	1156.93	29.67	894.14	50.95
1998	1725.91	16.54	1084.03	22.46	1074.14	46.53
1999	1973.60	25.20	1121.69	21.91	1101.13	46.33
2000	2013.54	27.20	1070.83	21.52	1248.06	45.64
2001	2187.32	28.32	961.89	17.96	1326.13	45.58
2002	1781.66	19.31	1179.57	23.93	1314.42	41.25
2003	1756.52	19.31	1410.02	26.89	1314.43	41.25
2004	1643.55	34.25	1412.93	33.37	1738.82	40.51
2005	2003.30	31.09	1480.80	35.82	1653.10	43.66
2006	2092.10	29.62	1718.70	41.64	1470.10	42.42
2007	1878.10	34.45	1592.10	33.43	1459.00	56.24
2008	2705.65	47.79	1663.01	35.75	1928.23	40.37
2009	2791.07	41.85	1806.44	26.38	2619.10	40.29
均值	1947.66	27.97	1305.11	28.67	1390.48	44.92

资料来源：罗剑朝. 中国农村金融前沿问题研究（1990—2014）［M］. 北京：中国金融出版社，2015.

　　可以看出，经济发育程度与正规金融供给呈反向关系，即东部地区的经济发育程度高，农户从正规金融机构获得贷款的比例相对较低，正规金融供给严重不足，也从侧面反映出这些地区的非正规金融活跃度较高。2008 年之后，东部地区的正规金融供给环境不断向好发展，中部地区的金融抑制比较明显，正规金融供给状况不容乐观。

8.2　农村数字普惠金融面临的定价机制约束

利率是资金使用权的价格，目前农村普惠金融机构可在基准利率上下的一定范围内，自主确定存贷款利率，但利率浮动空间仍然受限，农村金融机构仍只拥有不完全的资金价格定价权。尤其是在经济欠发达地区，正规金融供给不足，更容易滋生资金使用权的垄断定价。

8.2.1　价格不确定性增强，经营风险加大

自 1996 年放开同业拆借利率以来，我国利率市场化不断加速。2013 年 7 月，人民银行放开金融机构贷款利率管制。2015 年 10 月，人民银行对商业银行和农村合作金融机构等不再设置存款利率浮动上限，增强了农村普惠金融机构对资金使用权定价的不确定性。发展中国家放松利率管制过程中，利率通常会出现不同幅度的上升态势，这是基本事实。较高的贷款利率水平在促使稀缺的资金资源真正地作用于农户尤其是贫困人口的同时，有利于农村普惠金融机构自身实现财务可持续发展。根据世界银行估计，小额信贷利率一般在 15% ~ 20% 才可以实现盈亏平衡。多数国家的小额信贷机构利率介于商业银行与非正规金融之间，如孟加拉国格莱珉银行的贷款利率在 20% ~ 35%，比当地商业银行贷款利率高出 1 倍以上，但远低于非正规金融资源 180% ~ 240% 的贷款利率（汤敏，2008）。我国的民间借贷利率能够更加真实有效地反映资金的市场供求关系，非正规小额贷款 2011 年的年化利率超过了 140%，远高于小额贷款公司 18% 的年化利率水平（见表 8 - 7）。

表 8 - 7　　　　　　　2011 年中国民间金融机构年化贷款利率

机构名称	年化利率（%）
城商行对中小企业小额贷款	9
亲友或关系企业间拆借	12 ~ 15
正规小额贷款公司	18
担保公司	18 ~ 24
典当行	36.5 ~ 182.5
非正规小额贷款	146 ~ 182.5

贷款利率的不断走高留给农户和小微企业的利润空间越来越窄。据笔者估算，农业平均利润率约为20%。2009年，粮食平均成本利润率约为32.04%，其中，稻谷和大豆的成本利润率低于这一水平（见图8-1）。利率市场化的不断加速，增强了资金使用权价格的不确定性，压缩了"息差"空间。新型农村金融机构由于成立和发展的时间较短，缺乏科学合理的利率定价体系，利率定价机制较为单一，大多采用成本加成定价的方法。根据规定，农村普惠金融机构的贷款利率可以在基准利率的0.9~4.0倍浮动，由于资金的稀缺性和资本的逐利性，金融机构大都设置较高利率，部分地区的最高利率水平逼近利率上限。价格不确定性的增强，可能会恶化农村普惠金融机构的客户结构，导致贷款对象的"逆向选择"，致使高风险客户频出，不利于贷款的回收，加大了农村普惠金融机构的经营风险。

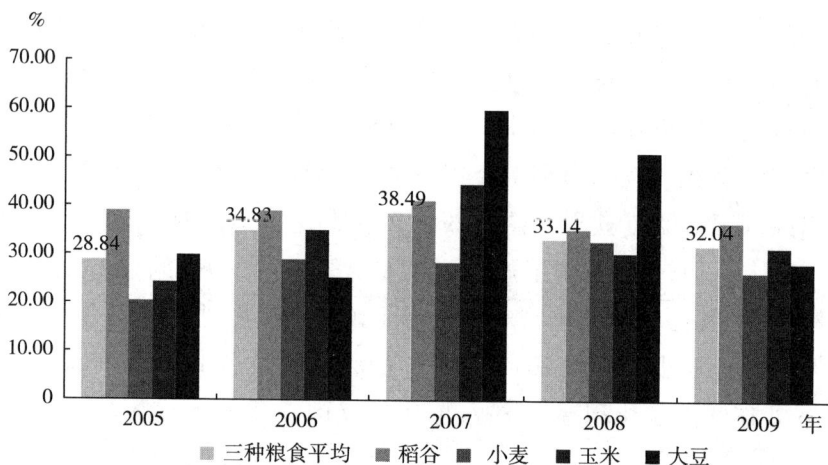

图8-1 2005—2009年部分农产品成本利润率

8.2.2 抵押担保方式仍是贷款定价的首要考量

随着利率市场化的推进，农村普惠金融机构开始逐步针对贷款产品或目标客户进行细分定价。比如，山西长子农商银行将客户群体区分为法人客户和自然人客户，将客户与机构之间的金融交易细分为开户情况、抵押担保、参保情况、网银交易、POS 机消费、刷卡消费、理财产品、不良贷款清收贡献度、政策帮扶、改制贡献度等，针对细分项目分别给予法人客户和自然人客户不同程度的贷款利率优惠，并将累加优惠利率限定在了 4‰ 之内（见表 8-8）。在给予客户优惠利率，增强客户黏合度的同时，为了更加有效地防范风险等，长子农商银行还根据客户的资金归社率、贷款违约记录等确定了利率上浮标准。若客户在该行的结算账户流水日均存款除以当前贷款余额即资金归社率低于 10%，则贷款利率会相应上浮 1‰（见表 8-9）。这些举措表明，农村普惠金融机构不仅要维护良好的客户黏合度，也要尽可能地防范贷款风险。尽管长子农商银行在确定贷款执行利率①时，综合考量了优惠利率与上浮幅度等因素，但在运用贷款定价权时仍然存在着以下问题：一是抵押担保情况、不良清收贡献度等因素仍然是农村普惠金融机构在确定贷款利率优惠幅度方面的重要考量。抵押率越低，客户能够享受的利率优惠幅度越大。调研资料显示，无论是法人客户还是自然人客户，若抵押率低于 40%，则统一享有 2‰ 的利率优惠。二是贷款利率优惠更多针对的是存量客户，未能涉及增量客户。比如，存量法人客户偿还本金 2 次以上且达到借款金额的 10% 以上，可以享受 0.3‰ 的利率优惠；自然人客户在办理续贷时，若续贷额度为原用信额度的 90% 以下，同样可以享有 0.3‰ 的利率优惠。仅针对存量客户设置贷款利率优惠标准，不利于发掘潜在客户，使其通过小额度借贷累积信用。三是资金归社率越低，贷款利率上浮幅度越大，不利于客户合理安排现金流。尽管设置资金归社率旨在防范风险，确保信贷资产安全，强化客户贷存之间的关联度与依存度，但农村贷款客户尤其是农户经常面临季节性、临时性资金短缺。这一比例的设置，使贷款客户要么被动接受加息，要么提前还款，既不利于客户合理安排现金流，又潜在地增加了客户的资金成本。

---

① 贷款执行利率（月）＝贷款基础利率（月）＋各项上浮幅度－各项优惠幅度

表 8 - 8 长子农商银行贷款利率优惠标准

指标	法人客户		自然人客户	
	条件	优惠幅度（‰）	条件	优惠幅度（‰）
开户情况	3 个月（含）	0.2	近三个月结算频率在 15 次（含）以上且累计结算金额达到 15 万元（含）以上	0.1
	6 个月（含）	0.3		
	1 年以上（含）	0.5		
	他行未设账户	0.25		
存量客户	偿还本金 2 次以上，达到借款金额的 10% 以上	0.3	—	—
抵押担保（商业用房和普通住宅）	50%≤抵押率<60%	1	同法人客户	
	40%≤抵押率<50%	1.5		
	抵押率<40%	2		
参保情况	按照参保加权比例×0.5‰			
网银交易	半年内转账达 10 笔（含）以上且金额达 500 万元（含）以上	0.1	近半年转账达 10 笔（含）以上且占贷款余额的 30%（含）以上	0.05
POS 机消费	近半年每月刷卡达 10 笔（含）以上且金额达贷款余额的 2%（含）以上	0.05	近半年每月刷卡达 5 笔（含）以上且金额达贷款余额的 2%（含）以上	0.05
刷卡消费	近半年刷卡消费，金额达到贷款余额的 30%（含）以上	0.2	近半年消费金额达到贷款余额的 20%（含）以上	0.1
理财产品	企业法人（包括股东）近半年在本行营销理财产品金额累计达到贷款余额的 10%（含）以上	0.15	近半年达到贷款余额的 20%（含）以上	0.1
	金额累计达到贷款余额的 30%（含）以上	0.25	达到贷款余额的 50%（含）以上	0.2
代发工资	代发工资员工人数在 100 人（含）以上且近一个月代发工资平均账户余额占贷款余额 10% 以上的	0.02	—	—
不良清收贡献度	化解不良资产与申请借款金额比例为 1:100 的	1	同法人客户	
	化解不良资产与申请借款金额比例为 2:100 的	2		

续表

指标	法人客户		自然人客户	
	条件	优惠幅度（‰）	条件	优惠幅度（‰）
政策帮扶	企业经营困难实施盘活救助的法人客户和国家政策扶持的农业项目	1.5	同法人客户	
改制贡献度	参与本行改制、具有特殊贡献的集团客户	2	同法人客户	
日均存款	—	—	达到贷款余额的10%（含）	优惠0.1‰；每增1%，再优惠0.01‰
贷款续贷	—	—	本息未逾期	0.2
	—	—	续贷额度为原用信额度的90%以下（含）	0.3
长青融e贷	—	—	余额累计达到贷款余额的10%（含）以上	优惠0.02‰；每增加10%，再追加优惠0.02‰

注：以上优惠条款累计不超过4‰。

资料来源：根据相关资料整理而得。

表 8－9　　　　　　　　长子农商银行贷款利率上浮标准

指标	条件（%）	上浮标准（‰）
资金归社率①	40＜资金归社率≤50	0.2
	30＜资金归社率≤40	0.3
	20＜资金归社率≤30	0.4
	10＜资金归社率≤20	0.5
	资金归社率≤10	1
贷款违约记录	利息逾期②一次	0.2‰；每增加一次逾期记录，再增加0.1‰
	本金逾期30天（含）内	0.3‰；每增加一天，再增加0.02‰

注：①资金归社率是指本行结算账户流水日均存款除以当前贷款余额（日均存款计算期为近半年）。信贷制度中资金归社率一般最低为50%，因此，此项不应优惠，只应上浮。

②利息逾期是指以每月底贷款余额统计表中表内欠息超过当期利息1%。

自然人客户与法人客户的上浮标准相同。

资料来源：根据相关资料整理而得。

8.2.3　高交易成本提高了小额度贷款利率

在农村信贷市场上，贷款对象的小众分散、贷款类型的小额短期，加大了农村普惠金融机构的交易成本。相对于一次性博弈而言，建立在经常性重复博弈基础上的信用村、信用镇和信用户的建设，有助于降低谈判成本和交易成本。但是，农村普惠金融机构对于信用村、信用镇、信用户的评定，对信用户授信额度的确定与调整，事实上构成了贷款的贷前成本和隐性交易成本。正因如此，农村普惠金融机构通常会提高贷款利率以弥补高交易成本。比如，腾冲县农联社在制定贷款利率时，主要采取了以下做法（见表8－10）：一是针对农户、女性、创业人员等特定群体发放小额度信用贷款；二是针对下岗失业人员、创业党员等目标群体发放小额度保证贷款，并依据各级党组织推荐建议，适度调高授信额度；三是针对专业合作社、企业等，发放期限较长、额度较大的贷款，并提出了更为严格的抵质押贷款条件；四是信用贷款的利率普遍高于抵质押贷款利率；五是农户小额信用贷款、农户联保贷款和金碧惠农卡利率普遍较高，利率并未对农户体现出应有的"普惠"性。农村普惠金融机构在贷款定价方面，作出这种倾向性选择，原因在于：一方面，农户和个体工商户等，资金需求额度低，贷款成本高，农村普惠金融机构不得不通过制定较高的贷款利率，覆盖交易成本等；另一方面，农村普惠金融机构面临着同业竞争，需要以优惠利率竞争优质贷款客户，维持自身的盈利性。

表8－10　　　　腾冲县农联社贷款管理办法

贷款类型	贷款方式	最高贷款额度（万元）	期限（月）	利率（%）	贷后管理
农户小额信用贷款	信用	10	36	9.84	贷前调查、贷时审查、贷后管理
巾帼创业信用贷款	信用	10	24	8.46	不定期还款
"贷免扶补"小额创业贷款	信用	10	24	7.65	分期还款
小额扶贫贴息贷款	信用保证	5	12	7.2	建立信贷档案

续表

贷款类型	贷款方式	最高贷款额度（万元）	期限（月）	利率（%）	贷后管理
金碧惠农卡	信用担保	30	36	9.84	不定期还款
农户联保贷款	保证	20	36	9.84	先评级、后授信、再用信
下岗失业人员小额担保贷款	保证	10	24	7.65	不定期还款
农村党员创业贷款	保证	5①	24	8.46	组织（党）推荐、一次核定、随用随贷、余额控制、循环使用
劳动密集型小企业贷款	担保抵质押	200	36	8.979	分期还款
专业合作社贷款	担保抵质押	1000	36	8.979	报批制
林权抵押贷款	抵押	1000	36	8.46	林权抵押承诺书
企业流动资金贷款	担保抵质押	3000	36	8.979	分期还款
企业固定资产贷款	担保抵质押	20000	60	9.6	分期还款

注：①信用贷款额度：在当地农户小额信用贷款最高额度基础上，结合信用评级，行政村党组织认定并推荐的可提高 20%，乡镇党委认定并推荐的可提高 30%，县（市、区）党委认定并推荐的可提高 40%，最高不超过 10 万元。选择联保贷款方式的贷款额度：在当地农户联保贷款最高额度基础上，结合信用评级，行政村党组织认定并推荐的可提高 30%，乡党委认定并推荐的可提高 40%，县党委认定并推荐的可提高 50%，原则上每一联保小组成员最高不超过 20 万元。

资料来源：根据调研资料整理而得。

8.3　农村数字普惠金融面临的风控机制约束

8.3.1　团体贷款在机制设计上存在着风险转移与成本转嫁可能性

渐进式贷款机制和团体贷款机制是农村普惠金融机构在风险控制方面普遍采取的做法。其中，渐进式贷款机制是指农村金融机构首次为客户发放利率较高、额度较小、期限较短的贷款，若客户能按时还款，则会降低利率、增加授信；反之则会终止放贷、提高利率或者降低授信等。这种以增加授信、降低利率、延长期限的动态激励机制，可以有效降低贷款风险。团体贷款机制主要利用团体成员之间的甄别机制，实现互筛互选，缓解信息不对称造成的"逆向选择"；通过在成员之间建立起连带还款责任，发挥成员之间的相互监督作用，有效缓解贷后易发的"道德风险"问题。此外，成员违约不仅会被团队驱逐，也会被其他团队排斥，获得再次贷款的机会微乎其微，这种贷前的信用识别机制、贷中的监督约束机制以及贷后的违约惩罚机制，共同降低了团体贷款风险。

根据中国人民银行 2000 年 1 月出台的《农村信用合作社农户联保贷款管理指导意见》（银发〔2000〕27 号），农村信用社按照"多户联保、按期存款、分期还款"的原则为联保小组提供贷款，联保小组应由没有直系亲属关系的、居住在信用社服务辖区内有借款需求的 5 户至 10 户借款人自愿组成，小组成员对借款人的借款债务承担连带保证责任，在借款人不能按时还本付息时，代为还款。农户联保贷款的这种"团体贷款机制"，意在通过小组联保的激励约束机制，增强农户贷款的可得性。尽管这一机制在实践中发挥了积极的促进贷款发放与回收作用，但小组联保最初在制度设计上仍然存在着固有缺陷。第一，小组成员必须基于共同借款需求，才能组成联保小组，加大了信息搜寻和撮合成本；第二，小组成员对贷款违约行为的无限连带责任，增加了小组内部风险，提高了隐形门槛；第三，小组成员享有的贷款机会均等权，加大了组织内部的谈判成本；第四，小组成员申请贷款时，需按借款额的 1% 设立小组互助金，降低了信贷可得度，变相地提高了贷款利率；第五，小组全体成员还清欠款、成员方可退出联保小组的政策约束，使潜在守信者"被失信"，产生了负的外部性。由此可以看出，农户联保贷款增加了小组内部的信息搜寻成本、成员筛选成本、失信连带成本等。这种团体贷款机制，在某种程度上是将农村普惠金融机构贷款交易成本与潜在风险，通过"小组联保"形式转移到组织内部，转嫁给小组成员，既损失了潜在客户，容易产生金融排斥，也不利于农村普惠金融目标的实现。

8.3.2 大数据挖掘投入不足，内控机制不健全

健全的内控机制是农村普惠金融机构稳健经营、实现可持续发展的基础。与大型商业银行相比，普惠金融机构因资金实力有限，普遍对网络架构、数据挖掘等投入不足；受地域限制，难以获取客户全面流水数据信息等（见表 8 - 11）。既容易损失潜在客户，又为内控机制建设留下

了安全隐患。此外，普惠金融机构高管及工作人员的金融素养参差不齐，违规操作时有发生。为加强内控机制建设，金融机构专门构建了针对银行员工、客户经理的监督与管理机制，强调对员工 8 小时工作时间外生活习惯的知晓，建立"人盯人、一对一"的客户经理操作风险防范制度。比如，威海市商业银行关注客户经理有无酗酒、赌博等不良嗜好，是否出入高档场所等，努力做到防患于未然。问题是，这种内控机制，既增加了无谓的成本投入，也容易使客户经理产生心理排斥，信任感的丧失不利于客户经理真正树立起以银行为本的理念，降低了对银行文化的认同感。

表 8－11　　　　　　大型商业银行与普惠金融机构内控机制比较

类型	大型商业银行	普惠金融机构
组织架构	组织架构复杂，授信环节多，风险反应迟滞	组织架构简单，授信环节少，风险反应迅速
信息获取	无法深入客户社会生活、获得有效的软信息，存在信息约束	"接地气"、了解客户，通过获取"软信息"弥补账面信息不足
研发成本	资金实力雄厚，可负担和分摊高昂的研究、网络架构、技术平台搭建成本等	资金实力弱，对网络架构、数据挖掘、用户画像等投入不足
分散风险	可以在不同行业、不同区域间进行资金配置	具有地域性，系统性风险高且难以分散
定价策略	贷款额度大、期限长，可以采取"一户一价一策略"的精准定价模式	贷款额度小、期限短，通常采取"普适性、大众化"定价策略
数据范围	综合化金融服务有利于获得客户流水数据信息，用于风险控制	金融服务相对单一，不易利用客户全面流水信息进行风险防范

资料来源：根据相关资料整理而得。

8.3.3　基于线上交易的风险排查应用有限

部分农村普惠金融机构结合农村地区人口基数大、居住较为分散的地区特点，从借款主体、还款能力、贷款用途、贷款方式等方面，针对不同风险明确划分了不同的风险点。比如，菏泽农商银行在排查借款主体风险时，主要考察企业法定代表人与实际控制人是否一致，合同借款人与借款实际使用人是否一致等；在排查还款能力风险时，不仅关注借款人的现金流、收入等，也将民间融资考虑在内，避免借款人重复借款，影响最终还款能力；在排查贷款用途风险时，也会关注借款是否用于归还他行贷款本息等；在排查贷款方式时，主要关注担保人资质与担保能力，不动产或权利等是否存在多次抵质押等（见表8－12）。问题是，无论是排查何种借贷风险，这些风险点相关信息的获取主要是通过人民银行的征信系统查询，对借款人情况进行实地走访与调查，大多是以传统的线下调查为主。既不利于节省人力成本，又缺乏基于线上交易数据的用户画像，降低了贷款决策及风险排查的客观性。

表8－12　　　　　　　　　部分借贷风险主要风险点

不同风险	主要风险点
借款主体风险	1. 企业法定代表人与实际控制人非同一人
	2. 存在合同借款人与借款实际使用人不一致
	3. 冒名贷款，借款主体不知情及编造相关材料办理贷款
还款能力风险	1. 因经济下行导致借款人经济状况恶化
	2. 借入现金流异常，客户收入锐减，比如客户的存款减少
	3. 民间融资还贷
贷款用途风险	1. 信贷资金虽有借款人使用，但与贷款申请或审批用途不一致
	2. 信贷资金用于归还农村信用社贷款利息或者他行贷款利息
	3. 受托支付资金直接或者间接回流至借款人账户
保证担保风险	1. 保证人本人的贷款及其担保的到款出现逾期、欠息或进入不良
	2. 不具备担保能力的融资性担保公司提供担保
抵（质）押风险	1. 抵（质）押物与权属证书和抵（质）押清单记载内容不一致
	2. 押品监管人不具备监管资质及监管物价值不足，同一批货物多次质押

资料来源：根据调研资料整理而得。

8.3.4　基于风险触发的预警机制不健全

实地考察仍是普惠金融机构控制贷款风险普遍采取的做法。比如，威海市商业银行在贷前环节，通过交易合同查验、现场调查、社会调查和上下游客户调查等多种方式，多维度分析小微企业的经营风险和市场风险，坚持"不见面不放款"；在运用现金流技术进行交叉检验的基础上，要求双人实地考察。在贷中环节，对大额、可疑贷款进行抽查，确

174

保风险可控。在贷后环节，采取交叉走访的方式，了解客户生产经营变化状况，关注客户资金回笼状况及是否存在欠款、欠薪等情形（见图8-2）。尽管普惠金融机构大都建立了覆盖贷前、贷中、贷后的全流程贷款风险防范机制，但大多仍是基于事后防范风险的角度；未能通过对客户微信群、电话记录、账目流水、线上交易、保费缴纳等情况进行数据还原，建立风险预警模型，在风险触发点之前最大可能地降低风险发生概率，风险预警机制不健全。

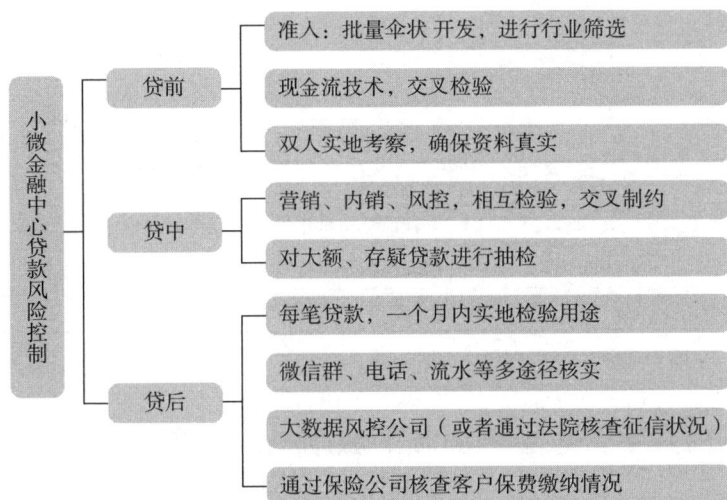

图 8 - 2　小微金融服务中心贷款风险控制

8.3.5　传统审批制度与方式易产生贷款时滞

为有效防范信贷风险，农村普惠金融机构大都对信贷业务采取分级授权、逐级审批、分类指导的管理原则。比如，腾冲县农联社采取对营业网点实施差别化授权、区别贷款种类进行逐级授信。在授信过程中，经济发育程度越高，授信额度越大；对中和、和顺等25个网点的最高授信为20万元（含），对北海、蒲川等16个网点则仅有10万元（含）。针对贷款类型，采取营业网点、联社信贷审批小组和联社信贷审批委员会逐级审批的信贷管理体制。比如，对于10万元以下的存单质押贷款和300万元以下的固定资产贷款由网点审批即可，对于50万元以上的存单质押贷款和 500 万元以上的固定资产贷款，则需要报联社信贷审批委员会集体讨论后，由理事长签批。对于内部职工贷款，无论额度多大，均由联社信贷审批委员会审批（见表 8 - 13）。这种分级授权、逐级审批制度，拓展了贷款流程，增加了审贷环节，延长了放贷时间，降低了信息对称度，容易产生贷款时滞，在一定程度上与"便捷申请、快速审贷、及时放贷"的农村普惠金融需求不相适应。

表 8 - 13   腾冲县农联社逐级授信审贷情况

贷款种类	授信额度（元）	审批部门
存单质押贷款	10 万以下	营业网点
	10 万 ~ 50 万（含）	联社信贷审批小组讨论，报分管领导
	50 万以上	报联社信贷审批委员会集体讨论后，报理事长签批
固定资产贷款	300 万以下	营业网点
	300 万 ~ 500 万（含）	联社信贷审批小组讨论，报分管领导
	500 万以上	报联社信贷审批委员会集体讨论后，报理事长签批
内部职工贷款	任意额度	统一由联社信贷审批委员会审批

资料来源：根据调研资料整理而得。

8.4 农村数字普惠金融面临的激励机制约束

我国存款保险制度起步较晚，对于金融机构的监管更多地侧重于风险控制，而非合规性监管，在一定程度上制约了金融机构进行普惠金融服务创新的主动性和能动性。此外，传统普惠金融机构行政色彩浓重，任期时效更是制约了对普惠金融的长期规划与长效支持。为实现规模、效益与风险之间的平衡，金融机构往往在制度设计上更加注重维持与大企业客户的关系，锦上添花多，雪中送炭少，对客户经理等的激励与考核机制，折射出嫌贫爱富的"金融特质"，使马太效应愈演愈烈。

部分普惠金融机构为了更好地激励客户经理走出柜台，走进街道挖掘潜在客户需求，采取将信贷人员的工资收入与其贷款规模、贷款质量直接挂钩等措施。如威海市商业银行制定内部考核办法，针对信贷系统发放贷款的笔数，平均每月 60 ~ 80 笔，旺季 100 笔以上，放款每笔增加 0.5 分，出错每次扣减 0.5 分，激励信贷员提高业务水平，增进工作效率。维持与客户之间良好的关系，应着力建立起一种长效的激励机制。相较于薪酬等物质激励，信贷员尤其是职业经理人应更加看重培训、晋升等后续职业发展机会，以及激励机制等制度设计对个人潜能的挖掘与激发。现行激励机制多着眼于短期回报，未能从长期效应出发进行制度设计。

8.5　农村数字普惠金融面临的治理机制约束

农村普惠金融机构股东结构单一，法人治理结构仍待完善。比如，2010 年 1 月成立的榆树融兴村镇银行，由哈尔滨银行全资发起设立，注册资本 3000 万元。融兴村镇银行只有哈尔滨银行一家法人股东，无自然人股东和政府出资，内设业务拓展部、风险合规部、运营管理部、营业部、综合保障部等部门（见图 8 – 3）。尽管融兴村镇银行不断加强法人治理结构和基础性制度建设，明确了专职董事长、董事制度及"三会一层"的"权、责、利"，实现了所有权与经营权的分离，完善了以股东大会为最高权力机构、董事会为决策机构、经营管理层为执行机构的科学规范的法人治理结构。但与股份制商业银行相比，农村普惠金融机构的治理结构相对简单，决策层次少。

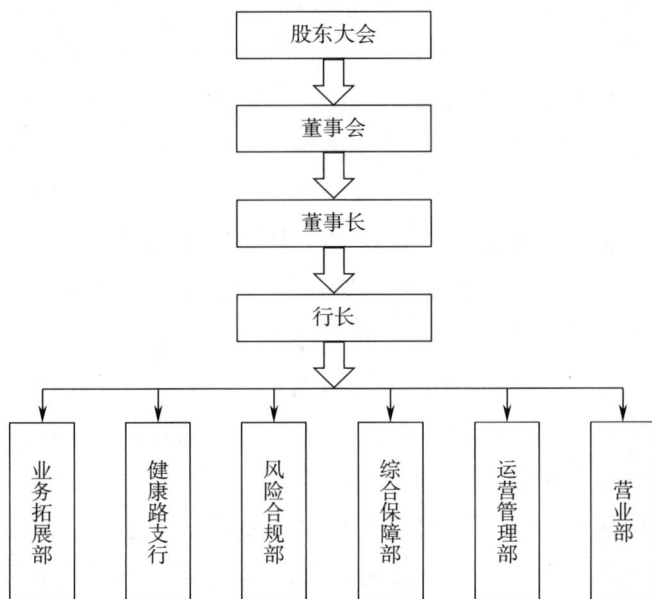

图 8 – 3　榆树融兴村镇银行组织架构

村镇银行大多由主发起行发起设立,在主发起行制度下,尽管主发起行可以将管理经验与业务技术直接移植给村镇银行,并在必要时承担"风险兜底"责任,但正是这种特殊的股权关系,也为主发起行干预村镇银行业务经营、控制村镇银行人财物等创造了便利。村镇银行看似实施了"三会一层"的治理结构,但董事长、监事长及行长往往由主发起行任命,不利于发挥"三会一层"的相互制衡作用。主发起行的过度控制,使股东大会流于形式,股东难以发挥应有作用,不利于村镇银行治理结构的完善和可持续发展。不仅如此,股东为追求利润最大化,也会偏离设立村镇银行的初始目标,背离服务"三农"的普惠金融发展宗旨。

8.6 农村数字普惠金融面临的信用机制约束

8.6.1 地区之间信用生态环境差异较大

信用和信用体系在市场经济中的间接作用是降低市场交易中的制度性、中介性以及交易性等无效成本。目前,我国市场交易中的无效成本占到了国内生产总值的 10% ~ 20%。我国农村经济是典型的小农经济,农户基于交易动机和谨慎动机产生金融需求。金融交易主体的信用意识薄弱,社会信用失范现象普遍,弱化了信用文化环境的正导向作用,导致金融交易的无序和低效,加大了金融交易的隐性成本。不仅如此,建立在经济基础之上的作为上层建筑的信用文化建设,又因经济基础、对外开放程度、企业金融诚信、地方政府服务、居民生活水平、人文环境和社会生活保障等方面的不同,表现出明显的区域金融生态环境差异(邓淇中等,2012)。企业金融诚信与金融生态环境的地区排名呈同步相关关系,即金融生态环境排名在前的地区,企业的诚信度越高。金融生态环境呈现明显的东中西部地区依次弱化的区域差异,东部地区的上海、广东、北京整体金融生态环境在全国位居前三,属于成熟型的金融生态环境;西部地区的贵州、青海、宁夏则排在全国倒数,属于落后型的金融生态环境(见图 8 - 4)。良好的信用环境可以有效地降低交易中的无效成本。在信用环境方面,东部地区的信用信息库的建设相对较为完善和健全。如北京和上海在全国分别率先进行了企业和个人信用体系建设试点。

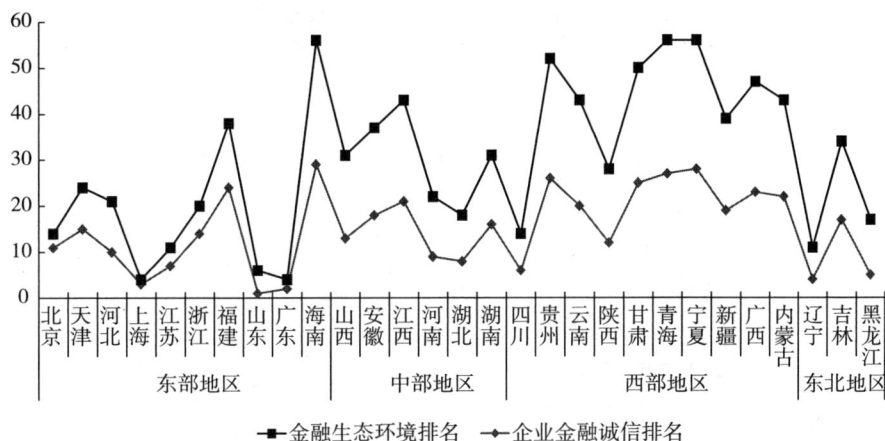

图 8 - 4　不同地区金融生态环境排名

8.6.2　农村普惠式信用体系建设滞后

当前我国农村社会信用环境和信用体系建设还存在诸多问题，如制假售假、价格欺诈、逃废债务、信贷违约等失信行为时有发生，对失信者的追责与处罚力度不够，变相地对守信者产生了负向激励，陷入失信成本外化与守信收益外化并存的怪圈。"激励守信、惩戒失信"作为规范经济主体信用行为的有效制度安排，离不开农村信用文化建设和信用政策环境的培育。2014 年 6 月，国务院发布《社会信用体系建设规划纲要（2014—2020 年）》，到 2020 年，基本建成以信用信息资源共享为基础的覆盖全社会的征信系统。尽管各部门就推进农村地区信用体系建设，陆续出台了相关政策（见表 8 - 14），但既有政策仍存在以下几个方面的不足：一是现行政策更多涉及了政务、商务、司法等领域的信用服务体系建设，结合农村地区实际的社会诚信体系建设方面，政策引导不足。二是主要集中于商品领域，专门针对和服务于金融领域的政策指引较少。信用信息覆盖、激励惩戒举措等更多涉及农产品质量安全，更加关注和强调生产经营主体是否诚信经营。三是涉及对象和作用范围有限。如重点建立健全农安县、菜篮子大县、粮食大县规模生产经营主体的信用档案等，未能实现信用档案的全方位覆盖，农村普惠式信用体系建设滞后。

表 8 – 14　　　　2017—2019 年农村地区信用体系建设相关政策

时间	文件	政策要点
2014 年 6 月	《国务院关于印发社会信用体系建设规划纲要（2014—2020 年）的通知》（国发〔2014〕21号）	到 2020 年，社会信用基础性法律法规和标准体系基本建立，以信用信息资源共享为基础的覆盖全社会的征信系统基本建成，信用监管体制基本健全，信用服务市场体系比较完善，守信激励和失信惩戒机制全面发挥作用。政务诚信、商务诚信、社会诚信和司法公信建设取得明显进展
2014 年 12 月	《农业部关于加快推进农产品质量安全信用体系建设的指导意见》（农质发〔2014〕16号）	到 2020 年，农产品质量安全信用体系基本建成，重点是农业投入品和农产品两个领域，重点生产经营主体的信用信息基本实现全覆盖
2016 年 6 月	《国务院关于建立完善守信联合激励和失信联合惩戒制度 加快推进社会诚信建设的指导意见》（国发〔2016〕33号）	构建政府、社会共同参与的跨地区、跨部门、跨领域的守信联合激励和失信联合惩戒机制，促进市场主体依法诚信经营，维护市场正常秩序，营造诚信社会环境
2017 年 8 月 1 日	《农业部办公厅关于建立农资和农产品生产经营主体信用档案的通知》（农办质〔2017〕30号）	争取用 3 年左右时间，基本建立农资和农产品生产经营主体信用档案，使信用档案成为政府监督、市场评价、消费选择的重要依据
2019 年 1 月	《人民银行等五部门关于金融服务乡村振兴指导意见》（银发〔2019〕11号）	稳步推进农户、家庭农场、农民合作社、农业社会化服务组织、农村企业等经济主体电子信用档案建设，多渠道整合社会信用信息，完善信用评价与共享机制，促进农村地区信息、信用、信贷联动
2019 年 2 月	《农业农村部办公厅 2019 年农产品质量安全工作要点》（农办质〔2019〕7号）	加大信用信息归集、公示和共享，建立健全农安县、菜篮子大县、粮食大县规模生产经营主体的信用档案。推动出台《农资领域严重失信联合惩戒对象名单管理办法》，对失信主体实施联合惩戒

资料来源：根据相关文件整理而得。

此外，鉴于信用服务缺失，2013 年人民银行发布了《征信业管理条例》，允许民营企业开展信用服务，芝麻信用、腾讯信用、鹏元评级、中诚信国际信用评级等相继成立。以阿里巴巴创建的芝麻信用为代表，通过抓取淘宝、天猫、支付宝平台众多买家和卖家的交易活动信息，为客户信用集成提供基础数据，用于支持平台客户获得贷款、开展应收账款融资等。这些电商平台虽服务于众多小微企业和个体消费者，但小微卖家多集中于非农领域，涉农小微客户并非平台服务主流。农村地区消费者受制于互联网基础设施建设滞后、智能设备终端应用不足、金融素养普遍较低等现象，依托电商平台开展的线上交易不足，无法通过"交易留痕"提供大数据信息，以致无法通过信用累积方式获得信贷支持。

8.6.3　以内部信用评级为主，统一量化授信依据不足

目前，大多数农村普惠金融机构都开展了信用评级工作。比如，长子农商银行成立了专门的评级委员会，对法人客户进行信用评级[①]，评级结果从 AAA 级到 C 级，风险等级逐级递增（见表 8 - 15）。AA 级以下由长子农商银行发文，并向法人客户颁发等级确认书，AAA 级由省联社发文及颁发信用等级确认书。只有信用等级在 BBB 级及以上的客户才能获得授信，BBB 级以下的已获授信客户也会被逐步压缩贷款额度。在此基础上，长子农商银行还以 AAA 级客户为基准，结合客户的信用等级以及或有负债情况设计了相应的调节系数（见表 8 - 16）。

表 8 - 15　　　　　　长子农商银行法人客户信用评级标准

信用等级	标准	得分
AAA	管理层素质优良；各类信用记录、资产负债率为满分；经营性现金流量充足；违约分风险偏低	≥95
AA	管理层素质较好；各类信用记录、资产负债率为满分；现金流量较充足；违约风险较低	85≤得分<95

----

① 信用评级指标体系由指标与权重两部分组成，指标体系主要包括基本指标、评议指标、特殊指标等。基本指标包括偿债能力状况、财务效益状况、资产营运状况和发展能力状况；评议指标包括市场竞争力、管理水平、经营状况、信誉状况和发展前景；特殊指标包括资金归社率、上缴税金等。其中，基本指标占比75%，评议指标占比25%。

信用等级	标准	得分
A	管理层素质一般；信用记录较好；现金流量基本能保证；经营和财务风险影响增强；违约风险趋升	75≤得分<85
BBB	管理层素质一般，经营和财务管理存在一定缺陷；信用记录一般，有违约情况出现；负债率居高不下，发展前景较差；违约风险加大	65≤得分<75
BB	管理层难以改变经营困境，经营和财务管理存在重大缺陷，有重大违约行为；经营实力和财务实力严重削弱，现金流量衰减；经营或财务风险非常严重，不具备发展前景	55≤得分<65
B	管理层已经失去经营管理能力，有严重违约行为；法人客户所在行业、产品或技术不符合国家环保政策、产业政策或信贷政策准入标准；经营和财务风险极其严重，清偿债务能力严重不足	50≤得分<55
CCC	实力已无，损失很大	45≤得分<50
CC	实力已无，损失极大	40≤得分<45
C	实力已无，濒临破产	得分≤40

资料来源：根据调研资料整理而得。

表8－16   长子农商银行信用等级和或有负债调节系数

等级	AAA	AA	A	BBB
信用等级调节系数（K）	1	0.9	0.8	0.7
或有负债调节系数	0.1	0.2	0.4	0.6

资料来源：根据调研资料整理而得。

尽管信用评级已在农村普惠金融机构中广泛开展，但在信用评级过程中，仍然存在以下问题：一是信用评级多以内部评级为主，缺乏客观性与公正性。如长子农商银行评级委员会是由审贷委员会成员兼任的，委员会成员以投票方式进行表决，认定客户的信用等级。评级与审贷不分离，很容易出现针对贷款目标客户给定评级结果，根据评级结果进行综合授信，陷入为贷审而评级的怪圈，使评级结果缺乏客观性和公正性。二是以定性评级为主，量化评级依据不足。如长子农商银行在进行信用评级时，主要选取了管理层素质、信用记录、资产负债率、现金流等指标，但大多是描述性统计，未能通过构建信用评级模型，建立合理的评级指标体系，进行信用评级的量化，弱化了信用评级结果的科学性和合理性。三是信用评级结果适用范围有限。不同金融机构在信用评级过程中，选取的指标存在差异，评级方法也不尽相同，最终评级结果大多是服务于机构自身，无法在农村普惠金融机构之间实现信用数据共享。如长子农商银行将授信方式分为内部授信和公开授信两种，前者不公开授信额度，属于机构商业秘密，后者则严格限定于 AAA 级客户。这种信用评级方式，既造成人力、物力、财力的浪费，也不利于信用信息平台的共建与共享；既无法分享信用数据，也无法共享违约信息，不利于农村普惠金融机构之间开展合作，实现共赢。

8.6.4　农户信用评级指标不合理，授信额度偏低

我国在信用户、信用村和信用镇的评定工作中，积累了比较丰富的评级经验和原始数据。各金融机构大都出台了针对农户进行信用评级的举措办法等。比如腾冲县农联社成立了专门的信用评价小组，对满足信用评定条件的农户①从道德品质、信用记录、经营状况、经济实力、偿还能力等方面进行综合测评，评定信用等级，确定授信额度，实行户主制管理，建立了农户信用信息档案②及管理台账③（见表 8 - 17）。长子农商银行对信用户、信用商户采取贷款限额④管理（见表 8 - 18），在核定的贷款限额和期限内，已获授信的持卡人可以在辖区内任意营业机构以及全国范围内 ATM、POS 机终端上取现、转账或刷卡消费。

信用户评定对于及时满足农户信贷需求发挥了积极作用，但在实践中仍然存在着以下问题：一是选取的评级指标仍着眼于住房、大宗耐用消费品等传统抵质押物。二是信用记录在评分标准中占比较高，不利于挖掘潜在客户，培育新型客户群体。三是农户授信额度普遍较低。对于家庭净资产在 100 万元以上的特级信用户，最高授信也仅有 20 万元，远

---

① 农户主要是指已发生信贷业务和已发生对外担保的农户或者已有贷款需求或者有潜在贷款需求的农户。

② 信用户的生产生活资料信息、从事行业的主要内容、人均净收入、信用记录、借款及对外担保情况、现借款需求量或潜在借款需求量、信用评定意见等信息。

③ 台账内容包括农户姓名、农户身份证号码、联系电话、授信额度和家庭地址等。

④ 授信额度 =（月均存款次数）×0.1 +（自有固定资产）×0.3 ×0.4 +（日均存款次数）×0.4 +（业务往来年限系统）×0.1

表 8 – 17 　　　　　　　　　　腾冲县农联社信用评定情况

评定对象	评定指标	信用等级或评定条件	授信情况	评定管理
信用户	1. 农户基本情况（10分） 2. 道德品质（10分） 3. 家庭净资产（10分） 4. 生产经营情况（20分） 5. 偿债能力（25分） 6. 信用记录（25分）	特级：100分且家庭年总收入在50万元以上、家庭净资产在100万元以上	10万～20万元	每三年复评一次、每年年审一次
		AAA级：90分（含）以上	10万元以内	
		AA级：80分（含）～90分	8万元以内	
		A级：70分（含）～80分	5万元以内	
		70分以下	不予授信	
信用村	1. 资信状况（40分） 2. 资信等级（20分） 3. 村级班子建设（15分） 4. 村级财务状况（15分） 5. 协作关系（5分） 6. 规划措施（5分）	1. 辖区内信用户占全村（社区）农户数比例达到50%以上 2. 按期归还贷款农户占辖内贷款农户总数的90%（含）以上 3. 辖内不良贷款按五级分类占比不高于3%	按照"先申报，后评定"的程序，经复评、评定得分在90分（含）以上的，确定为信用村（社区）并授牌	实行每年年检
信用乡镇	1. 辖内50%以上（含）的行政村被评为信用村 2. 乡镇辖内80%以上行政村在银行开立基本结算账户 3. 乡镇辖内不良贷款余额按五级分类占比不高于3%，近2年来新增发放贷款不良率按五级分类控制在1%（含）以内；辖内守信用贷款户达95%（含）以上		经乡镇申报，信用评价小组推荐，由县农村信用体系建设工作领导小组初评，上报市"一创两建"工作领导小组复审认定授牌	实行每年年检

资料来源：根据《腾冲县农村信用体系建设试点工作实施方案》（腾政办发〔2012〕83号）整理而得。

表 8－18　　长子农商银行信用户、信用村、信用商户的评定标准

标准	信用户	信用村	信用商户
核心指标	1. 婚姻状况 2. 年龄段 3. 健康状况 4. 经营能力 5. 住房 6. 大宗耐用消费品	1. 村支两委班子健全，群众威信高 2. 信用户占全村 80％以上 3. 当年新发放到期贷款本金收回率 95％以上 4. 利息收回率 100％ 5. 不良贷款 5％以下	婚姻状况、年龄段、健康状况、经营能力、年净利润、家庭纯收入；家庭收入住处占比；资产负债率；销售及贷款回笼情况；净资产；借款人还款意愿
贷款限额	一星级≤2 万元 二星级≤3 万元 三星级≤5 万元	—	一星级≤5 万元 二星级≤10 万元 三星级≤20 万元

资料来源：根据调研资料整理而得。

低于一般企业客户授信额度。四是对信用村、信用镇的评定结果如何应用于农户增信，缺乏量化关联标准。五是农村普惠金融机构对农户的信用评级指标、标准与方法不尽相同，以内部评级为主，不利于评级结果在同一区域内不同金融机构之间开展共享，限制了农户从不同金融机构进行多渠道融资。

8.6.5　大数据技术在信用管理中应用有限

与商业银行、线上金融相比，传统普惠金融机构在信用风险管理方面有以下几点劣势（见表 8－19）：一是对信用信息的获取与收集以本地化信息为主，难以获取外部化信息，尤其是通过大数据抓取信息，获取交易主体的行为数据存在诸多困难。二是在对信用风险度量方面，以定性分析为主，量化评定运用不足。三是就信用风险控制而言，农村普惠金融机构仍是以传统的信贷员定期上门走访为主，基于信贷工厂模式的大数据技术运用有限，分散信用风险的能力普遍较弱。信用信息共享平台的缺失，使得农村普惠金融机构之间无法实现客户信用信息共享，成为联合防范信用风险的薄弱环节。

表 8－19 普惠金融机构的信用风险管理差异

项目		全国性银行	区域性银行	公益性小额贷款公司	商业性小额贷款公司	第三方互助联盟	互联网P2P借贷	网商平台贷款
典型代表		民生银行	台州银行	中和农信	各地小额担保贷款公司	"3＋1"诚信联盟	拍拍贷	蚂蚁微贷
信用信息收集		外部化信息为主	本地化信息为主	本地化信息为主	本地化信息为主	本地化信息为主	用户自愿提供信息、大数据抓取信息	交易行为数据
信用风险度量		定量、定性	定性、定量	定性为主	定性为主	定性为主	定量为主	定量为主
信用风险控制	实时识别风险	依靠外部信息更新	依靠定期上门走访	依靠定期上门走访	依靠定期上门走访	依靠互助会活动	依靠大数据技术	依靠网商平台
	共享平台	普遍缺乏						
	联合担保	部分有	部分有	有	较少	有	较少	较少
	小额	根据自身资金实力及服务对象特点确定						
	分散	好	较差	较差	差	差	好	较好
	信贷业务模式	信贷工厂模式为主	信贷员模式为主	信贷员模式为主	信贷员模式为主	信贷员模式为主	类似于信贷工厂模式	类似于信贷工厂模式

注：对民生银行信用风险管理特征的总结，依据的是民生银行小微金融2.0版本。

资料来源：贝多广，李焰. 好金融 好社会——中国普惠金融发展报告（2015）［M］. 北京：经济管理出版社，2016.

第9章　农村数字普惠金融发展市场约束

9.1　农村地区互联网基础设施建设滞后

互联网和移动终端是数字普惠金融发展的重要载体,农村互联网的发育程度影响着数字普惠金融的可触及面与可降成本,移动终端的应用水平影响着数字普惠金融的覆盖面和便捷度。农村地区互联网基础设施建设的滞后性主要表现在:一是农村地区互联网普及率远低于城镇。2018 年 12 月,农村互联网普及率为 36.5%,远低于 72.7% 的城镇互联网普及率水平。到 2019 年 6 月,农村网民规模达 2.25 亿人,占网民整体的 26.3%,较 2018 年底增长 305 万;城镇网民规模达 6.30 亿人,占比为 73.7%,较 2018 年底增长 2293 万。农村地区网民在规模、占比及增长数方面均远远落后于城镇地区。二是从事农业的网民占比偏低。2019 年 6 月,从事农林牧渔劳动的网民比例仅有 8.1%,较 2018 年底增长了 0.3 个百分点;农村外出务工的网民占比仅为 3.3%,下降了 0.6 个百分点。互联网在"三农"领域普及滞后及其应用不足,成为制约农村金融机构运用数字化手段践行金融普惠的突出问题。三是手机银行在农村地区发展滞后。农村地区手机银行开通数为 6.70 亿户、支付业务笔数达 93.87 亿笔,但支付业务金额仅有 52.21 万亿元。农村商业银行的手机银行客户覆盖面不到 10%,农村地区的转账支付仍以现金、POS 机为主,手机银行转账支付占比低。此外,城乡地区互联网资源配置不均衡,农村高速宽带建设相对滞后,网络传输速度慢且不稳定,资费水平普遍偏高。

9.2　数字金融在农村地区的内生创新性不足

农村数字普惠金融发展刚起步,农村金融机构在智慧银行和智能投顾等方面的建设能力不足，在供应链金融和消费金融创新等方面仍处于跟随地位。农村数字普惠金融供给主体严重缺位，金融服务和产品同质化严重，多是线下产品简单地向线上移植或进行复制，由线下的网点交易转变为线上的人机交易，金融服务和产品未能依托金融科技实现实质性变革和创新。此外，农村金融机构平衡线上线下的技术研发和应用能力较弱，在新旧系统并行更替之际，系统维护成本大幅提升。为了降本增效，农村普惠金融机构往往简单模仿大银行的产品和业务，专门针对农户和农村新型经营主体的数字金融产品缺失。

9.3 以信贷为核心的农村数字普惠金融覆盖率低

根据 2016 年全球普惠金融合作伙伴组织（GPFI）的定义，数字普惠金融旨在以数字化手段为金融服务缺失或不足的群体提供一系列正规金融服务，涵盖支付、转账、储蓄、信贷、保险、证券、电子货币等。以蚂蚁金服为例，截至 2017 年 2 月，蚂蚁金服在支付、保险、信贷方面服务的"三农"用户数分别达 1.67 亿人、1.42 亿人、3824 万人，以数字化手段为"三农"提供的信贷服务不足。此外，蚂蚁金服于 2016 年 3 月启动了"千县万亿"计划，但主要涉及转账汇款、话费充值、理财、信息查询、缴费、挂号就诊、农业保险购买等服务，以信贷业务为核心的数字普惠金融服务同样存在着缺失。

9.4 数字普惠金融风险具有隐匿与多发性

科技驱动金融创新的同时，随之产生新的技术风险，诱致风险的易发、多发与高发，尤其是在组织形式多样、交易路径复杂、行业链条延伸的情况下，极易导致风险的蔓延。农户在享受数字金融便利服务的同时，对金融欺诈行为与消费金融陷阱防不胜防。P2P 网贷、互联网理财、众筹等利用农户金融科技知识的匮乏、对隐匿风险辨识度低，防范能力不强的弱点，诱使农户通过网络转移存款、进行超出自身风险承受能力的投资等，对农村数字普惠金融发展造成严重的负面影响；第三方支付平台安全防范措施不到位，容易造成用户信息泄露，强化农户对数字普惠金融的抵触心理。

此外，农村金融市场信息披露程度低，市场透明度建设滞后，融资主体的履约意识淡薄，服务对象具有分散性、多样性、小众性等特点，金融需求具有小额性、重复性、及时性等特点。农村数字普惠金融服务形式多样、方式复杂、路径多元、场景虚拟，对金融监管的模式、手段、方式、途径等提出了新的要求。传统的线下监管手段和现场监管方式已经无法适应这一发展趋势，金融监管覆盖不足，对农村金融交易主体的保护存在"真空地带"。

9.5　数据挖掘与处理的专门部门和专业人才缺失

农村普惠金融机构在放贷过程中，积累了大量的用户数据，但这些存量数据分散且未能得到实时更新，没有发挥应有作用，产生相应价值，数据有效利用率低。不仅如此，农村普惠金融机构受自身实力限制，专门进行数据挖掘与处理的专业人才缺失，数据运用与量化研究能力不足，无法通过构建科学合理的贷款定价模型，进行风险与收益匹配，降低了放贷效率，弱化了数字金融惠农的广度和深度。此外，大数据部门在农村金融机构中普遍性缺位，无法进行前端数据收集、中端数据整合和后端数据分析，无法对农户等开展用户画像，实现贷款的精准营销与投放，更无从谈及大数据在农村普惠金融机构间的全面共享和互联互通。

9.6　农户数字金融素养亟待加强

"互联网＋"的日益普及，要求农村经济主体具备一定的数字金融知识，拥有对储蓄、投资、借贷等金融行为进行决策的能力，帮助人们就金融管理作出理性决策。全球金融启蒙报告显示，2015 年全球仅 1/3 的成人符合金融启蒙标准，约有 35 亿成人缺乏基本金融常识。我国则仅有 28% 的成人符合金融启蒙标准，考虑到经济和金融发展水平的城乡差异，农村地区人口的金融启蒙教育程度更是不容乐观。中国金融教育发展基金会和中国金融博物馆的调查报告显示，2013 年我国农村地区人口对基础金融知识的了解仅为 50%。

农户金融素养直接决定着其对数字普惠金融的理解、接受和使用能力。2019 年，在我国农村劳动力中，初中及以下文化程度的占比约为

87％。农户金融素养总体水平相对较低，其金融素养指数均值为 0.35，而金融素养会显著正向影响农户的信贷行为、理财行为及保险行为（何学松、孔荣，2019）。不仅如此，农户金融需求多限于传统的存款与贷款服务，对理财、保险、证券、期货等金融产品有效需求不足；农户网络技术学习和操作能力弱，对手机支付、购物、生活缴费等功能的应用性不强，更是较少涉及 P2P、众筹等数字化金融领域。此外，农户固化的金融意识与交易行为在短期内难以突破，对线上金融产品的信任感缺失，对数字金融的自我排斥严重，阻碍了数字普惠金融在农村地区的快速普及与发展。

9.7　大数据技术应用于征信系统面临制约

9.7.1　大数据征信覆盖范围有限

大数据的挖掘与应用对传统征信产生了颠覆性影响，通过将分散在各个不同领域、不同机构的局部的、碎片化信息进行融合加工，利用技术分析优势识别风险信息，能够有效缓解因信息碎片化在金融交易中出现的信息不对称问题。目前我国的大数据征信体系覆盖范围十分有限。人民银行征信中心披露的数据显示，2007—2018 年，央行征信中心收录的自然人信息数量由近 6 亿人增加到 9.8 亿人，有贷款记录的人数从不足 1 亿人上升至约 5 亿人。尽管央行征信覆盖的绝对人数在逐步提高，但对于个人征信情况的覆盖率仅在 50％左右，尤其是以信贷记录为核心的征信人数覆盖范围更少，覆盖率占比偏低（见图 9-1）。正是由于我国征信业务起步晚，还处于发展的初级阶段，因此大数据技术应用于征信业务时仍存在着较大难度。比较而言，美国早在 2014 年征信覆盖率就已经达到 92％。高覆盖率离不开健全的法律法规、创新发展的信息技术以及快速发展的市场化征信业。美国在 1906 年就初步确立了信息共享机制，17 部与征信相关的法律法规在 20 世纪 60 年代至 80 年代相继出台，为征信业的健康发展提供了坚实的制度保障。20 世纪后期，信息技术的快速发展又使征信机构在全国范围内经营成为可能，三大巨头占据了征信行业的半壁江山，并不断开拓海外市场（见表 9-1）。

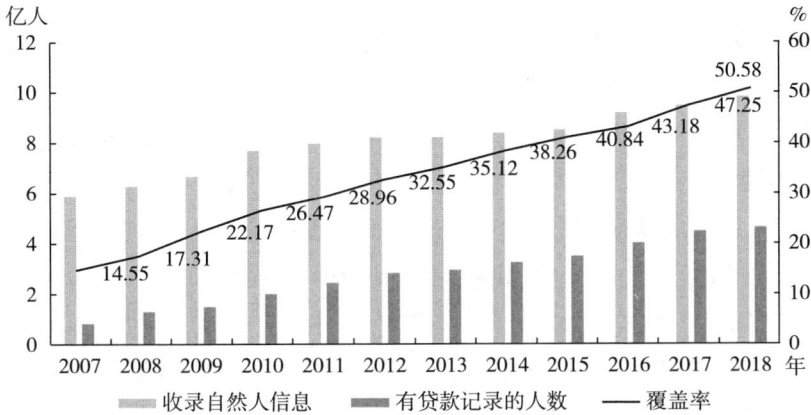

图 9 - 1　2007—2018 年中国人民银行征信中心人群覆盖情况

（资料来源：https：//www.weiyangx.com/277673.html）

表 9 - 1　　　　　　　　　　美国个人征信行业发展阶段及特点

时间	发展阶段	特点
1920 年以前	探索阶段	非盈利；1906 年确定信息共享机制；信贷主体以零售商为主
1920—1960 年	发展阶段	大众消费文化盛行、催生信贷需求；大萧条，违约率上升，社会关注征信、逐步形成体系
1960—1980 年	制度完善阶段	17 部法律相继出台，奠定征信法律基础；金融机构提供身份甄选服务；银行卡联盟维萨（VISA）、万事达卡（MasterCard）的建立，扩大信贷需求
1980—2000 年	并购整合阶段	银行跨区经营，并购较为频繁，催生全国性征信需求；信息技术发展使征信机构全国性经营成为可能，三大征信巨头出现，占到了 50% 的市场份额
2000 年至今	稳定发展阶段	三大征信机构形成"三足鼎立"态势；国内市场趋于饱和，开拓海外市场，应用范围不断扩大

资料来源：根据相关资料整理，https：//www.weiyangx.com/277673.html。

9.7.2　大数据征信制度建设滞后

为规范征信活动，保护当事人合法权益，国务院于 2013 年 1 月颁布

《征信业管理条例》，开始为我国征信业健康发展提供法律依据。同年，人民银行发布《征信机构管理办法》，就设立个人征信机构作出若干规定。之后，《征信机构信息安全规范》《金融信用信息基础数据库用户管理规范》等文件相继颁布实施。根据相关规定，银行等金融机构应无偿提供信用数据，并以成本价向社会上有需要的机构提供信用查询服务。2014 年 6 月，国务院印发我国首部国家级社会信用体系建设专项计划——《社会信用体系建设规划纲要（2014—2020 年）》，部署加快建设社会信用体系、构筑诚实守信的经济社会环境。尽管相关法律法规的出台，为大数据征信提供了制度基础，但制度建设经常性滞后于征信行业发展实际；一方面是制度基石有待夯实，如加强对消费者和投资者隐私信息的保护等，另一方面也存在着金融大数据征信监管力度薄弱，方式与手段单一，从业人员知识储备与专业素养有待提高等诸多问题。

9.7.3　缺乏统一的信用数据库和信息共享机制

在我国，开展征信业务的主体主要有两类：一类是央行征信系统及其下属的上海资信公司。属于传统金融领域的征信机构，征信来源主要是银行、证券等传统金融机构，征信依据主要是反映借款人还款能力的系列财务数据；一类是社会征信机构，比较知名的如芝麻信用、腾讯征信、前海征信等。相较于央行征信系统，社会征信机构更加注重对互联网信用数据的利用（宋杰，2018）。阿里集团旗下的芝麻信用可以利用天猫、淘宝网站的数据进行信用评定；腾讯征信可以利用社交软件抓取用户支付记录等；平安集团下的深圳前海征信可以利用旗下的银行、保险公司的客户信息作为信用评定依据。这些社会征信机构有一个共同的特点，就是自身拥有庞大的客户或用户资源群体，可以获取相对可靠、稳定、有价值的交易信息数据等，为客户信用等级评定提供大数据基础。一方面，不同征信公司获取信用信息的渠道不同，很少有一家公司能够获得用户的全方位信息，提供借款人在多金融领域的信用记录，造成信用数据分散，存在不同程度的缺失等；另一方面，互联网巨头们试图建立自己的商业信用体系，在征信依据的设置上又有所侧重，信用信息数据既存在部分交叉重合又标准不一。继蚂蚁"芝麻分"、苏宁"苏宁分"

后，信用分市场又迎来了微信"支付分"、美团"信任分"，360金融"360分"等。信用分作为用户商业信用的表现，正逐步成为互联网巨头们的"标配"，背后均对应着相应的信贷产品。比如，芝麻分对应的"花呗、借呗"，苏宁分对应的"任性付、任性贷"等（见表9-2）。在移动互联网红利殆尽的情况下，对应特定金融产品的信用分，成为了互联网金融巨头建立用户权益体系，争夺存量用户，增强用户黏性的重要手段。

此外，作为信息撮合中介的P2P平台如果想全面获知借款人的信用数据，往往需要和多家征信公司合作，还会因交叉重合产生无效数据，付出高昂的信息成本，不仅压缩了网贷平台的利润空间，也不利于P2P平台稳健运作。鉴于此，部分P2P平台选择了自建信用数据库，若平台间共享信用数据库资源，可能会造成潜在优质客户流失，若不能实现信息共享，又会给平台客户创造提供虚假信息、逃废债务的空间和可能性。因此，如何在信用信息共享收益外溢与信息割裂违约成本高企之间实现平衡，就显得尤为迫切和重要。

表9-2　　　　　　　　　　互联网企业信用分评分依据

信用分产品	芝麻分	微信支付分	苏宁分	信任分	360分
运营主体	蚂蚁集团	财付通	苏宁金融	美团金融	360金融
评分维度	守约记录、行为积累、身份证明、资产证明、人脉关系	身份特质、支付行为、信用历史等	身份特性、履约能力、信用历史、金融属性、消费行为等	身份信息、行为特征、守约历史、金融表现等	身份特质、信用历史、履约能力、人脉关系、行为偏好等
分数范围	350~950	300~850	350~950	—	0~900
信贷产品	花呗、借呗	分付（未全部放开）	任性付、任性贷	月付	360借条
核心场景	电商、金融、本地生活	社交、金融	电商、金融	本地生活、金融	金融

资料来源：苏宁金融研究院.2020互金二季报［EB/OL］.（2020-07-10）http://sif.suning.com.

9.7.4　征信机构缺乏独立性，信息贡献度差异显著

2018年2月，由中国互联网金融协会牵头，8家获批筹建的个人征

信机构联合成立百行征信有限公司即"信联"，获得我国首个个人征信牌照。其中，中国互联网金融协会拥有 36% 的股权，8 家征信机构各占 8% 的股权份额。

尽管百行征信的前景被普遍看好，但在发展过程中仍面临以下几个方面的问题：一是个人征信机构业务不独立。世界征信业近百年发展历史表明，只有独立第三方开展个人征信才更具公信力。而国内的商业征信机构并非完全独立的第三方机构，比如消费者可以根据芝麻分获得蚂蚁金服的信用贷款等，债权人身份与信用评定独立性要求背道而驰。二是百行征信与 8 家机构需要在技术上进行对接，保证信用信息的顺利上传与查询，实现信息的及时更新与共享。此外，《网络借贷信息中介机构信息披露指引》规定，P2P 平台应将交易数据提交给各地方金融监管机构，而非将全国各地平台的数据直接汇集于"信联"，这样自下而上的数据上传耗时较长。三是征信机构信息贡献度存在差异，信息闭环易造成市场信息链的分割。尽管 8 家机构在百行征信中的股权比例相同，但各自的客户信息源存在显著差异，每家机构的信息覆盖范围有限，实际的信用数据贡献程度也存在较大差距，自身利益驱动下形成的信息闭环，容易造成市场信息链的分割。加之局部信息造成的产品有效性不足，不利于"信息共享"，使个人征信发展陷入数据孤岛的"囚徒困境"。

9.7.5 大数据征信系统存在潜在安全隐患

2017 年 3 月，作为全球性征信机构的邓白氏公司发生了信息泄露事件，涉及 3000 多万条联系方式，数据量高达 58GB；2017 年 9 月，美国三大征信局之一的 Experain 公司受黑客攻击发生了类似的信息泄露事件，涉及 1.43 亿美国人，波及了 45% 的美国人口。这些市场发育程度较高的征信机构都难逃信息泄露风险。可见，征信机构作为信用信息的集大成者，在信息安全方面的确面临着很大的挑战。随着百行征信有限公司的设立，我国的个人信用数据都将集聚于"信联"，涉及数量众多的个人身份信息、金融信息、消费记录等数据信息，更容易成为全球黑客攻击的目标，用户数据和信息的安全问题在大数据征信系统建设中理应得到足够的重视。事实上，我国大数据金融行业的相关标准还处于探索初期，缺乏统一的数据储存与管理标准，缺少互通的数据信息共享平台等，仍是大数据征信行业面临的共同问题。相较于其他行业，大数据金融行业在数据的采集和应用方面会涉及个人隐私、企业机密甚至国家安全问题。随着大数据在金融领域尤其是征信行业的广泛应用，若行业内统一的信息安全管理和制度规范长期处于空缺状态，仅依靠单一机构进行约束和规范，就会存在金融风险易发及频发的可能性。因此，有必要加快相应的大数据征信行业制度规范建设，在信息收集、查询与应用过程中加强信息安全保护，提高数据信息安全防护等级。

9.7.6　农村金融机构难以利用碎片化信息开展大数据征信

目前，农村经济主体信用信息数据库不健全，数据信息孤岛普遍存在，农村大数据征信推进缓慢，无法有效降低信贷成本。一方面，用户数据过于分散，80% 以上的数据信息分属于不同部门。政府部门各自为政，依据自身需要制定数据采集标准，建立数据库，部门之间缺乏信息共享机制与平台，碎片化数据难以有效整合，更加无法实现与农村金融机构之间的有效对接。海量数据分散沉淀在不同部门，无法实现数据价值，降低了数据利用率。农村金融机构受多种因素制约，尚不具备挖掘用户数据的能力与条件。另一方面，农户数据在经过数据清洗后，容易出现数据残缺现象。尤其是与农户信用相关联的数据缺失，加大了对农户进行用户画像的难度，更无从谈及运用大数据进行贷款定价、构建风控模型、创新金融产品等，降低了分散信贷风险的可能性。

第10章 国外普惠金融发展及启示

10.1 设置普惠金融机构准入门槛

10.1.1 对普惠金融机构设置最低资本要求

对于普惠金融机构的最低资本要求在不同国家之间存在着较大的差异。比如，资本要求最高的巴基斯坦达到 860 万美元，埃塞俄比亚仅要求 2.4 万美元就可以注册成立小额信贷机构。并且，同一国家对不同类型的小额信贷机构也设置了差异化最低资本要求。巴基斯坦根据小额信贷机构所处地域范围的不同，设置了差别化的最低资本准入门槛，全国范围内的小额信贷机构的最低资本应达到 860 万美元，全省范围内的小额信贷机构的最低资本应达到 430 万美元，地区范围内的小额信贷机构的最低资本则应达到 170 万美元。尼泊尔要求处于雅加达的小额信贷机构最低资本达到 22.4 万美元，省会城市和乡村地区则相对较低，分别为 11.2 万美元和 5.6 万美元（见表 10 - 1）。可以看出，部分国家对于小额信贷机构最低资本的要求是与其业务覆盖范围密切相关的，覆盖范围越广，注册资本要求越高。

表 10 - 1　　　　　　　　各国小额信贷机构的最低资本要求

国别	机构类型	绝对数额（美元）	是人均国民收入多少倍
玻利维亚	私人金融机构	870000	1280
	开放存贷款业务的合作组织（CAC），等级一至四	207000 ~ 7600000	300 ~ 11180
埃塞俄比亚	微型金融机构	24000	240

196

续表

国别	机构类型	绝对数额（美元）	是人均国民收入多少倍
加纳	乡村银行	62000	210
	吸收存款的非银行金融机构	1900000	6550
洪都拉斯	第一类私营金融发展组织	60000	70
	第二类私营金融发展组织	600000	670
印度尼西亚	有限制性银行业许可证的合作组织	13000 ~ 130000	50 ~ 520
尼泊尔	乡村地区的尼泊尔人民银行	56000	80
	省会城市的尼泊尔人民银行	112000	160
	雅加达的尼泊尔人民银行	224000	320
巴基斯坦	地区范围的小额信贷机构	1700000	4050
	全省范围的小额信贷	4300000	10240
	全国范围的小额信贷机构	8600000	20240
乌干达	吸收储蓄的微型机构	270000	960

资料来源：王曙光，王丹莉，王东宾，等. 普惠金融：中国农村金融重建中的制度创新与法律框架［M］. 北京：北京大学出版社，2013.

不仅如此，小额信贷机构的最低资本与人均国民收入之比，在国家间也存在显著差异。洪都拉斯对小额信贷机构的最低资本要求仅是其人均国民收入的 70 倍，而巴基斯坦对于全国范围内小额信贷机构的最低资本要求则是其人均国民收入的 20240 倍，相差甚远。

10.1.2　对小额信贷机构提出更高的资本充足率要求

根据 1988 年的《巴塞尔协议》，商业银行的资本充足率应达 8% 以上。相较于商业银行，小额信贷机构的资产风险度较高，风险资产占比大。部分国家认为对于小额信贷机构的资本充足率要求应高于商业银行。比如，玻利维亚和乌干达对于吸收存款的小额信贷机构的资本充足率要求最高达 20%（见表 10 - 2）。

表 10 - 2 各国小额信贷机构的资本充足率要求

国别	机构类型相应的资本充足率（%）	
玻利维亚	私人金融机构	8
	开放存贷款业务的合作组织，等级一至四	10 ~ 20
埃塞俄比亚	微型金融机构	12
加纳	乡村银行	6
	吸收存款的非银行金融机构	12
印度尼西亚	印度尼西亚人民银行	8
尼泊尔	有限制性银行业许可证的合作组织	5 ~ 10
巴基斯坦	提供小额信贷服务、在小额信贷机构法令监管之下	5 ~ 10
乌干达	吸收存款的微型金融机构	15 ~ 20

资料来源：王曙光，王丹莉，王东宾，等. 普惠金融：中国农村金融重建中的制度创新与法律框架［M］. 北京：北京大学出版社，2013.

10.1.3 将最大贷款额度与资本相联系

尽管不同国家对于小额信贷机构的最低资本和资本充足率的要求不尽相同，但多数国家仍是将小贷机构的最大贷款额度与资本数额联系在一起。比如，印度尼西亚规定，小贷机构的最大贷款额度为资本的10%；玻利维亚和乌干达这一比例相对较低，仅有1%，更加体现了支小惠小的发展理念（见表 10 - 3）。

表 10 - 3 各国小额信贷机构最大贷款额度限制

国别	最大贷款额度（占全部资本比重）	最大贷款额度（美元）	最大贷款额度（是人均国民收入多少倍）
玻利维亚	1%（对于开放存贷款业务的合作组织，等级一至四）	2050 ~ 76000	2.2 ~ 81
埃塞俄比亚	定值	600	6.0
加纳	10%（对于乡村银行） 10%（对于吸收存款的非银行机构）	6200 190000	21.4 655
洪都拉斯	2% ~ 5%（根据是否有担保）	1200 ~ 3000	1.3 ~ 3.3
印度尼西亚	10%（人民银行）	5500 ~ 22000（根据不同地域）	8.1 ~ 32.4

续表

国别	最大贷款额度 （占全部资本比重）	最大贷款额度 （美元）	最大贷款额度（是人 均国民收入多少倍）
尼泊尔	有限制性银行业许可证的合作组织： 5%、10%、20%（对于第一次、第 二次和此后的贷款）	650～2600 （乡村的合作协会） 6500～26000 （城市的合作协会）	2.6～10.4 26～104
巴基斯坦	定额	1725	4.1
乌干达	1%（对于个人贷款） 5%（对于团体贷款）	2700 13500	9.6～48.2

资料来源：王曙光，王丹莉，王东宾，等. 普惠金融：中国农村金融重建中的制度创新与法律框架［M］. 北京：北京大学出版社，2013.

10.2 营造适合普惠金融创新的制度环境

在穆罕默德·尤努斯看来，尽管金融服务的设计和贷款发放已经取得较大进步，但在世界范围内仍有 50% 以上的人口无法获得"经济氧气"。因此，世界各国有必要进一步简化监管小微金融服务的法律法规，允许小贷机构吸收公众存款并向穷人发放贷款，给开展小额贷款业务的非政府组织发放有限的金融牌照。此外，不同国家在制度框架内应允许小贷机构通过动员储蓄实现扩张，支持小额贷款项目在全球范围内的推广与应用。例如，印度央行允许以非营利组织运作成功的微型金融机构获得特殊银行牌照，发展成为小型商业银行等。

不仅如此，各国在制定相关法律法规时，应充分考虑到弱势群体尤其是穷人的切身利益和金融诉求，摒弃那些不利于穷人和年轻人自主创业的法律法规等。比如，可以借鉴自贸区或者免税区的经济发展模式，针对特殊目标群体实行监管豁免，设立法律意义上的无阻碍区，尽可能地使穷人和年轻创业者免受法律干扰，营造适合普惠金融发展的制度环境。

10.3 弱化权益资金在资金来源中的比重

2009 年，摩洛哥、印度等拥有最多贷款的 25 个国家的小额信贷机构的资金主要来自投资者借款、吸收存款和权益资金三种途径。权益资金在小额信贷机构资金来源中占比最低,存款成为小贷机构的最主要资金来源。在 25 个国家中,摩洛哥、印度、尼泊尔等 8 个国家的小额信贷机构资金主要来自投资者借款,借款最高的摩洛哥达 81%;南非等 17 个国家小额信贷机构的资金主要来自存款,在印度尼西亚小额信贷机构中,存款占比达 89%;权益资金在小额信贷机构资金来源中的占比普遍不足 50%,印度尼西亚这一比例仅有 5%(见表 10-4)。

表 10-4　　　　　　2009 年拥有最多贷款的 25 个国家的
小额信贷机构的融资结构

序号	国家	融资比例(%)		
		从投资者获取借款	存款	权益
1	摩洛哥	81	0	19
2	印度	76	4	19
3	尼泊尔	67	24	9
4	波斯尼亚和黑塞哥维那	64	18	18
5	尼加拉瓜	64	21	16
6	埃及	49	0	50
7	巴基斯坦	49	26	25
8	巴西	45	25	30
9	南非	37	42	21
10	墨西哥	29	47	24
11	菲律宾	28	53	19
12	秘鲁	25	59	16
13	柬埔寨	24	60	16
14	尼日利亚	23	48	29
15	厄瓜多尔	22	61	17
16	埃塞俄比亚	21	39	40
17	孟加拉国	20	55	25
18	蒙古国	20	72	9
19	玻利维亚	17	70	13
20	哥伦比亚	16	65	18
21	乌干达	15	65	21

续表

序号	国家	融资比例（％）		
		从投资者获取借款	存款	权益
22	肯尼亚	13	65	22
23	斯里兰卡	11	75	13
24	巴拉圭	9	78	12
25	印度尼西亚	5	89	5

资料来源：戴维·鲁德曼，全球发展中心.微型金融［M］.游春，译.北京：中国金融出版社，2015.

10.4　建立健全征信服务体系

10.4.1　几种主要的征信模式比较

1803 年，一群裁缝为互相保护，自发成立伦敦互助交流协会，定期在会员之间共享违约客户信息，开启了征信业的发展。1852 年，信托登记有限公司在英国上议院大法官办公室设立，负责登记县法院对欠款人的判决，之后被移交至一家非营利性机构并对外开放，降低了征信机构采集数据成本，推动了征信业的发展。

一国征信体系模式的选择主要受其政治治理结构、经济发展水平、文化背景以及信息技术水平等多种因素的影响。目前，全球的征信制度主要分为市场征信、公共征信①、行业征信②和混合征信四种模式。其中，市场征信以美国为代表，公共征信（政府主导型）以法国、德国等欧洲国家为代表，混合征信则以巴西为代表（见表 10－5）。

美国征信体系组成范围较广，涵盖了个人征信局、征信公司和区域行业性机构，负责的分工领域各不相同。美国依靠先进的互联网技术，建立了个人信用信息网络档案并不断及时更新信息情况。在运作过程中，征信机构先收集客户信用数据，再对信用数据进行处理进而评定信用等

---

① 政府机构强制银行等金融机构无偿提交信用数据，并以成本价向社会上有需要的机构提供信用查询服务。

② 对个人和企业进行征信，信用信息一般由协会成员提供，其产品和服务也仅提供给行业协会成员。

表 10 - 5   三种个人征信模式的比较

征信模式	市场主导型	政府主导型	混合型
代表性国家	美国	法国、德国	巴西
征信机构	商业性质的征信机构	政府、央行等公共信用信息登记机构	公共信用信息登记机构、私营征信机构、行业性合作式征信机构
特征	自愿性、营利性	强制性、非营利性	自愿性与强制性结合，营利性与非营利性结合
数据来源	丰富，各类私营机构和公共部门	缺少，主要是金融机构	丰富，各类私营机构和公共部门
优势	信息全面，满足多种社会需求	严格保护个人隐私，打破信息孤岛，快速建立征信体系	信息全面，打破信息孤岛，满足多种社会需求
劣势	发展过程缓慢，易过度竞争，造成资源浪费	信用信息不足，征信效率低，造成资源浪费	不同征信机构之间关系复杂，协调沟通难度大

资料来源：贝多广，李焰. 好金融　好社会——中国普惠金融发展报告（2015）［M］. 北京：经济管理出版社，2016.

级，之后将评级结果作为商品出售给需求者。目前美国三家最大的消费征信机构分别是益百利、环联和艾克飞公司，这三家公司保存着 2 亿美国人和企业的信用信息。

　　与美国征信体系的市场化运营模式不同，欧洲的征信体系建设是以政府为主导的。欧洲银行委员会负责欧洲信用体系的建立，委员会利用政府职权强制性征集个人信用资料，确保信息资料的真实性和及时性，通过规范的信用评估制度进行评级，再将数据和评估结果在金融机构之间共享交流。为增强对用户信息的隐私保护，法律明确规定，只有经过政府授权的机构才有权利进入个人信用系统查询数据，且不可擅自共享数据资源。这一规定避免了信息泄露对个人造成危害，更加有利于人们从主观上提供真实信息。

10.4.2　构建信用评分模型预测偿债能力

　　信用评分主要用来预测一个人是否具备按时偿还债务的能力。1989

年，费埃哲公司发布了第一个通用的 FICO[①] 评分，该评分由信用偿还历史、欠款数额、信用历史的时长、使用的信贷产品组合和新开立信用账户五个要素构成。其中，反映公开记录和催收事项的信用偿还历史在评分中的权重最高，达 35%，欠款数额次之，占比为 30%（见表10 - 6）。这些权重对不同的人群是有差别的，如对信用历史较短的人，该指标的权重相对较低，在评分时，当前工作岗位年限以及信贷产品类型会是信贷审批决策时的主要参考依据；而对于低收入群体，性别、年龄和家庭成员数则是被重点关注的因素。

表 10 - 6 　　　　　　　　FICO 信用评分的构成要素及权重

构成要素	权重（%）	备注
信用偿还历史	35	公开记录和催收事项
欠款数额	30	所有账户的欠款、欠款账户的类型、循环授信账户额度的利用程度、有多少账户还未偿付、相比于分期付款贷款总额还有多少尚未偿付
信用历史的长短	15	信用历史较短的人也可能有较高 FICO 评分，这取决于其信用报告除了信用历史之外的信息
使用的信贷产品组合	10	信用卡、百货公司账户、分期付款贷款账户、财务公司账户和抵押贷款账户
新开立信用账户	10	是否在短时间内开了大量信用账户

资料来源：零壹财经·零壹智库. 金融基石——全球征信行业前沿［M］. 北京：电子工业出版社，2018.

　　2006—2013 年，Vantage 个人信用评分标准相继发布，取值区间不断调整，调整后的取值区间与 FICO 基本相同，偿还历史、信用历史、资产余额占债务的比例等成为评分模型中的主要构成要素，其中偿还历史则是最主要的影响因素（见表 10 - 7）。FICO、艾克飞、环联、益博睿和邓白氏作为美国最具代表性的征信机构，其分支机构已经覆盖到全球 25 个国家，拥有 3000 多名员工，为 2 亿人左右的消费者提供征信服务（见表 10 - 8）。

① FICO 为借款人违约风险评价公式，"收入"并非 FICO 评分的构成要素，该评分普遍应用于美国的消费信贷领域。

表 10 - 7 　　　　　Vantage 评分的构成要素、权重及提高建议

影响程度	构成要素	提高建议
极大	偿还历史	及时偿还账单
较大	信用历史	
	信用账户的类型	保持多样化的信用账户组合（如信用卡、车贷账户、放贷账户……）
	信用额度的利用程度	保持低于 30% 的信用额度利用率
一般	资产余额占债务的比率	减少欠款额
较小	最近信用报告被查询的情况	不要在短时间内开立多个新的信用账户
	可用信用额度	只使用需要的信用额度

资料来源：零壹财经·零壹智库．金融基石——全球征信行业前沿［M］．北京：电子工业出版社，2018.

表 10 - 8 　　　　　征信代表性机构和 FICO 发展现状

	艾克飞	环联	益博睿	邓白氏	FICO
成立时间（年）	1913	1969	1980	1933	1956
源自行业	零售业	铁路运输业	零售业	纺织业	—
创办主体	零售信用公司	联合油罐车公司	诺丁汉商业信用有限公司	邓氏公司和白氏公司合并	工程师 Bill Fair 和数学家 Earl Isaac 创办
分支机构覆盖国家数（个）	24	超过 30	37	220	25
统计时间和来源	2016 - 12 - 31（年报）	2016 - 12 - 31（年报）	2017 - 06（官网）	2016 - 12 - 31（年报）	2017 - 06（官网）
员工数（人）	9700	4700	16300	4800	3088
统计时间和来源	2017 - 06（官网）	2016 - 12 - 31（年报）	2017 - 03 - 31（年报）	2016 - 12 - 31（年报）	2016 - 09 - 30（年报）
覆盖消费者数（亿）	8.2	超过 10	9.89（信用数据）；7（营销数据）	—	2
覆盖企业数（家）	9100 万	65000	1.11 亿	2.65 亿	—
覆盖消费者和企业数统计时间和来源	2017 - 06 - 28（官网）	2016 - 12 - 31（年报）	2017 - 03 - 31（年报）	2016 - 12 - 31（年报）	2016 - 09 - 30（年报）

资料来源：零壹财经·零壹智库．金融基石——全球征信行业前沿［M］．北京：电子工业出版社，2018.

10.4.3　完备的征信有助于提高信贷可得率

在发达国家，评分所显示的信用记录对消费者尤为重要，决定着其是否能获得贷款以及授信额度的高低等。若无信用评分或者评分较低，中产阶级在美国社会将会寸步难行。信用记录的缺失使年轻人、低收入人群很容易被排斥在主流信贷系统之外。因此，帮助他们重构信用评分就显得尤为重要和迫切。比如，美国推出的 500～750 美元的小额阶梯式"信用构建"贷款，就是要帮助被排斥客户建立起积极的信用记录。甚至有些征信机构在构建信用评分模型时，以房租和水电费等取代了银行信贷历史记录等。

此外，由于银行和小贷机构之间并未建立起信用信息共享系统，客户在小额信贷机构良好的还款记录并无助于其从商业银行获得贷款。因此，征信对于"金字塔底部"人群具有重要的市场价值。国际财务公司（IFC）对来自 51 个国家的 5000 家公司的调查表明，征信有助于增强小企业的贷款可得性，减缓其面临的信贷约束。资料显示，若一国设有征信机构，小企业获取贷款的概率为 40%，受到信贷约束的小企业仅有27%；若无征信机构，这两个比率分别会降至 28% 和升至 49%。尽管征信有助于拓宽信贷范围，降低信贷成本，促进信贷增长，但征信机构覆盖率低确是一个不争的事实。据世界银行的研究显示，2006 年，经合组织国家的征信机构对成年人的覆盖率仅有 58%，南非则仅有 3%，大多数国家征信覆盖率均不到 50%（见表 10－9）。

表 10－9　　　　　　　征信机构个人平均覆盖率　　　　　　单位：%

经合组织国家	58
拉丁美洲和加勒比地区	31
东亚和大洋洲	11
东欧和中亚	18
撒哈拉以南非洲地区	5
中东和北非	10
南亚	3

注：以成年人口百分比计。

资料来源：伊丽莎白·拉尼. 从小额信贷到普惠金融——基于银行家和投资者视角的分析［M］. 李百兴，译. 北京：中国金融出版社，2016.

10.4.4　负面报告覆盖和应用范围日益扩大

关于客户的不良信息数据报告最初主要侧重于贷款，之后逐渐扩大到储蓄、信用卡、公用事业费用和房屋所有权信息等各个领域；对于客户负面报告的应用范围也不再仅仅局限于金融领域，还被应用到拒签等方面。此外，在激烈的市场竞争中，过度负债也被认为是一种风险，这就要求贷款人能够对申请人的债务总额做出清晰的判断。考虑到客户信息不仅是积极的正面信息，也有消极的负面信息，非正式系统或临时合作系统已经无法完成两类信息之间的自动交互和转换，因此将由金融机构或政府运营的征信机构转型为专业征信供应商就显得尤为重要和迫切。

10.5　构建动态的多层次金融监管体系

10.5.1　美国对第三方支付的监管

美国是第三方支付的发源地，其监管对象不是第三方支付机构，而是具体的第三方交易过程。在美国，第三方支付平台的沉淀资金并非存款，而是以企业负债的形式存在，因其未涉及吸存，通常被定性为非银行金融机构，作为一种货币服务机构存在。鉴于此，美国并没有专门针对第三方支付机构的法律法规，而是对于交易过程的各个阶段实行功能监管。比如，《电子资金转移法》和《真实信贷法》旨在对第三方支付中的消费者权益进行保护，保证交易安全。

10.5.2　欧盟对第三方支付的监管

在欧盟，第三方支付被定性为金融机构，只有获得金融牌照的机构才获准开展相关业务。第三方支付交易的主要是电子货币和商业银行货币，欧盟通过对电子货币的监管实现对第三方支付的监管。考虑到欧盟是众多国家的联合体，各国之间经济和金融往来密切，因此，第三方支付机构由欧盟统一制定和发放牌照，并接受欧洲银行监管委员会的统一监管，这无疑打破了不同国家之间的制度障碍，有助于推动第三方支付的快速发展。此外，欧盟先后颁布了《电子签名共同框架指引》《电子

货币指引》《电子货币机构指引》等专门的法律法规对第三方支付机构
进行监管，出台了《增进消费者对电子支付手段的信心》《反对非现金
支付工具的欺诈和伪造行动框架》对消费者进行保护等。

10.5.3　美国与欧盟第三方支付监管异同

在对第三方支付的监管方面，相同的是，美国和欧盟都采取了动态
监管，实施定期报告检查，对可能发生的风险、风险发生后的处罚和补
偿都作出了明确规定等。不同的是，美国采取的是功能监管，市场准入
门槛较低，业务范围相对较广，没有设立专门监管机构，而是将既有法
律法规应用到了第三方支付，更加注重对第三方支付的业务监管，比较
注重反洗钱风险防范；欧盟采取的是机构监管，市场准入门槛较高，业
务范围相对较窄，不仅审核支付机构的资质，还专门设立了一套完整的
电子货币法律体系对第三方支付机构进行监管（见表 10 - 10）。

表 10 - 10　　　　　　　美国与欧盟第三方支付监管比较

内容	美国	欧盟
监管模式	功能监管	机构监管
市场准入条件	1. 登记注册，一州一证，若跨州营业，需另行申请许可证 2. 不低于 25000 美元的资本净值、不低于 5000 美元的保证金	1. "一证通用"制度① 2. 初始资本金从 1000 万欧元降到了 35 万欧元 3. 上交完整可行的商业计划、初始资金证明材料、高级管理人员等的相关信息
审慎监管原则	1. 监管客户沉淀资金 2. 不可以办理存贷款业务、不可以擅自使用客户交易资金 3. 具有流动资产或者相应金额的担保债权	1. 对于电子货币机构，有较高的初始资金要求，对于只提供支付中介服务的机构要求较低 2. 严格限制对客户资金的使用，仅限于债务工具等低风险资产
消费者权益保护原则	1. 交易安全。《电子资金转移法》和《真实信贷法》对消费者权益进行保护 2. 知情权。给出具体的信息披露内容 3. 隐私权。法律规定未经授权禁止透露	1. 设立赎回制度，允许客户可任意时间赎回任意金额，不得收取费用 2. 交易安全。消费者发现并及时通知机构发生未授权交易，由机构承担损失 3. 知情权。详细列出支付机构要提供给消费者的信息 4. 隐私权

注：①欧盟许可证适用范围较广，只需在一个成员国获得许可证则可用于欧盟各个国家。一旦
获取许可证后可开展发行电子货币等支付中介服务。

资料来源：根据相关资料整理而得。

10.6 发达国家与发展中国家普惠金融创新比较

10.6.1 发达市场与发展中市场金融创新环境比较

发达市场以"橄榄型"社会结构为主,这一结构的特点是两端群体少,中间阶层居多。这一市场是自由开放的,通常由正规金融主导,市场竞争度高,行业监管规范和完善,金融服务渗透率高,信用体系完善,以移动互联网、社交媒体、大数据为基础的金融科技创新,正在不断推动金融服务业的转型和升级。发展中市场多是"金字塔型"的社会结构。这一结构的特点是存在大量的中低收入群体和农村人口,金融服务供给不足,金融资源配置不均衡,正规金融在市场准入、利率等方面受到管制,处于垄断经营的发展态势,民间金融活跃,信用建设缺失,法律法规体系不健全,仍以传统的小微金融为主要服务形式(见表10-11)。

表 10-11　　　　　　发达市场与发展中市场金融创新比较

内容	发达市场	发展中市场
社会结构	橄榄型	金字塔型
市场准入	自由开放	严格管制
金融监管	监管规范	监管缺失
市场结构	正规金融主导,竞争度高	民间金融活跃,垄断经营
服务水平	金融服务渗透率高	金融资源配置不均衡
基础设施	信用体系完善、法律法规健全	信用建设滞后、法律体系不完善
创新主题	以金融科技推动金融业转型升级	提供传统小微金融产品服务

资料来源:根据相关资料整理而得。

10.6.2 综合账户拥有率是金融普惠的首要目标

在戴维·鲁德曼(2015)看来,完成交易、投资、建立资产和维持消费是人们普遍使用金融服务的四大理由。就维持消费而言,储蓄账户被认为是一张安全网,退休储蓄账户保证在人们在退休后仍能按需购买,信用卡和家庭贷款使人们在满足温饱需求后能够扩大消费支出。交易账户、非交易账户、贷款和保险是人们在选择金融服务时的首选(见表10-12)。其中,非交易账户主要是通过各类储蓄账户,为未来的消费支出提供准备；交易账户主要为人们提供交易上的便利和安全保障；贷款旨在鼓励人们提前消费，如改善住房、提升就业竞争力等；保险则是当意外发生时，为使家庭免遭财务危机而采取的一种事前风险防范行为。

表 10 – 12　　　　　　　　获取金融服务目的

项目	金融服务	目的
非交易账户	储蓄账户	为失业等紧急情况做准备
	退休储蓄	退休后维持基本生活支出
	教育储蓄	准备投资于孩子的教育
交易账户	支票账户	保证远距离和大额交易的安全性
	电汇	发送和接收国际款项
	贝宝账户	汇钱给朋友；在线购物
贷款	信用卡	无现金交易；预支消费
	住房抵押	用于购买房屋
	房屋净值信用额度	用于购买房屋或使用廉价信贷修缮住房
	汽车贷款	用于购买车辆
	助学贷款	投资于自身技能，提升就业竞争力
保险	健康保险	面临严重健康问题时，使家庭免遭财务危机
	房屋保险	面对房屋损坏时，使家庭免遭财务危机
	汽车保险	面对汽车损坏或交通事故时，使家庭免遭财务危机
	伞护式责任保险	保护家庭免受责任诉讼
	人寿保险	面对死亡时，使家庭免受财务危机
	残疾保险	丧失工作能力时，使家庭免受财务危机

资料来源：戴维·鲁德曼，全球发展中心. 微型金融 [M]. 游春，译. 北京：中国金融出版社，2015.

10.6.3　弱势群体是普惠金融关注的主要目标群体

普惠金融机构在经营地区和目标客户的选择上，大多将农村地区和穷人或小企业等作为首选地区和首要目标客户。比如，孟加拉国格莱珉银行将农村地区的穷人作为主要的目标客户，玻利维亚阳光银行尽管是营利性金融机构，但仍以城镇地区的小企业等为主要服务群体。金融要想实现普惠目标，妇女是不可忽略的重要群体，出于维护妇女权益、保障妇女基本金融权等的考虑，孟加拉国格莱珉银行和玻利维亚阳光银行服务的妇女客户的比例分别达到97%和61%（见表10－13）。尽管普惠金融机构的名义贷款利率相对较高，但贷款条件相对宽松，还款方式也较为灵活，这些都有利于推动普惠金融的发展。

表10－13　　　　　国外微型金融典型模式比较

内容	孟加拉国格莱珉银行	印度尼西亚人民银行	玻利维亚阳光银行
性质	非政府组织模式	正规金融机构	营利性金融机构
经营地区	农村	农村	城镇
目标客户	穷人	非穷人	小企业、大多非穷人
客户数（人）	240万	200万（借款）1600万（储蓄）	8.15万
妇女客户比例（%）	97	23	61
一般贷款期限	1年	3～24个月	4～12个月
还款规则	每周还款	灵活	灵活
贷款名义年利率（%）	20	32～43%	47.5～50.5
团体贷款	是	否	是
要求担保	否	是	否
强调自愿储蓄	否	是	是

资料来源：根据国外微型金融典型案例整理而得。

10.6.4　发达国家通过"金融科技"践行数字普惠金融

20世纪80年代，互联网券商、互联网银行和互联网保险开始在以美国为代表的发达国家相继出现，2005年P2P网贷平台和众筹逐渐兴起，之后，大数据等开始被应用于信用评级等。近年来，智能投顾发展迅速，区块链技术也被广泛应用于金融领域，金融科技成为发达国家推动数字金融创新的重要力量。

目前，移动支付、大数据征信、大数据风控、网络借贷、智能投顾等构成一条完整的数字普惠金融链。移动互联技术推动了移动支付的快速发展，移动支付致力于为客户提供安全便利的转账、消费等网上支付服务。1998年成立的PayPal是全球最大的网上支付公司之一。在网贷方面，数字技术可以更加有效地契合中低收入者和小微企业的需求，为其提供方便快捷的金融服务。比如，美国的网贷平台对小企业、学生和低收入群体等"长尾客户"的信贷支持，正是普惠金融的体现。在风控方面，金融科技行业依托社交网络的海量数据，通过精准的用户画像，运用先进的机器学习算法模型，提高了风险识别能力，切入被传统金融忽视的"金字塔底"群体，不断拓宽放贷对象范围。与传统投顾相比，智能投顾的核心竞争力在于低费率，只需 0.2% ~ 0.4% 的咨询与管理费，仅是传统投顾的 1/10。

10.6.5　"移动货币"开启了发展中国家践行数字普惠金融之路

根据全球移动运营商协会（GSMA）的定义，"移动货币"是借助信息和通信技术以及非银行物理网络，将金融服务延伸到没有被传统银行覆盖的地区和人群。在非洲发展银行看来，"移动货币"是指存放在用户识别卡（SIM 卡）上的货币，SIM 卡取代银行账号被用来识别用户身份信息。

移动货币主要通过移动数字平台为无银行账户客户提供移动汇款、手机支付和手机银行等服务，帮助拥有电话和 SIM 卡的人们完成储蓄、转账等基本金融交易。该货币在东非首创，以肯尼亚移动网络运营商 Safaricom 的 M – Pesa 最为著名，其在活跃用户、交易数量、交易规模等方面占有绝对市场份额。据英国《经济学人》调查，截至 2011 年，肯尼亚使用移动货币进行汇款或支付的比例高达 68%。之后这一模式迅速传播到南非、赞比亚等发展中国家。根据 GSMA 发布的《2015 年移动货币行业现状报告》，2015 年移动货币注册账户达到 4.11 亿个，已在 93 个国家提供了 271 项服务，覆盖了 85% 的特定市场。

移动货币业务之所以在肯尼亚得以迅速发展，主要有三个方面的原因：一是网点多、覆盖广的便捷优势。药房、理发店甚至公厕都有售卖 M – Pesa，客户在任意 M – Pesa 代理网点均可完成注册，实现支付、提现、转账等基本金融交易。二是正规金融供给严重不足。2006 年，肯尼亚仅有 19% 的人口拥有银行账户，且大部分银行机构集中在城镇地区，对偏远和农村地区的覆盖几乎为零。M – Pesa 推出之前，肯尼亚 38% 的人口从未获得任何金融服务。三是手机等移动设备拥有率较高。肯尼亚 80% 的人口都拥有手机，为移动货币发展创造了良好的基础条件。

移动货币的快速发展和普及，使得偏远和农村地区的人们可以通过手机等移动设备获得更多的金融服务，提升了金融覆盖的广度，日益成为扩大全球金融普惠的重要平台，创新了金融普惠的方式，改变了金融普惠的格局。

10.6.6 发展中国家的普惠金融竞争力相对较弱

2008—2013 年，37 个国家与地区中，瑞士、韩国连续 6 年位居前 2 位，而哥伦比亚、乌兹别克斯坦、布隆迪、尼日利亚、马达加斯加、伊拉克一直都处于后 6 位，伊拉克始终排在最后。从排名情况看，普惠金融发展较快的国家是孟加拉国、俄罗斯和印度，指数排名分别由 29 名上升至 19 名、23 名上升至 14 名、25 名上升至 21 名。与之相反，拉脱维亚、匈牙利、安哥拉、墨西哥、汤加、萨尔瓦多、格鲁吉亚、埃及等国家或地区的普惠金融指数排名则呈现下降趋势，其中，汤加、萨尔瓦多、埃及退步明显，排名下降均在 10 位以上。

2013 年，37 个国家与地区中，瑞士、韩国、比利时 3 个发达国家的普惠金融指数排名均在前 10 位，远超其余 34 个发展中国家与地区（见图 10 - 1），发展中国家与地区仍需进一步提升普惠金融竞争力。

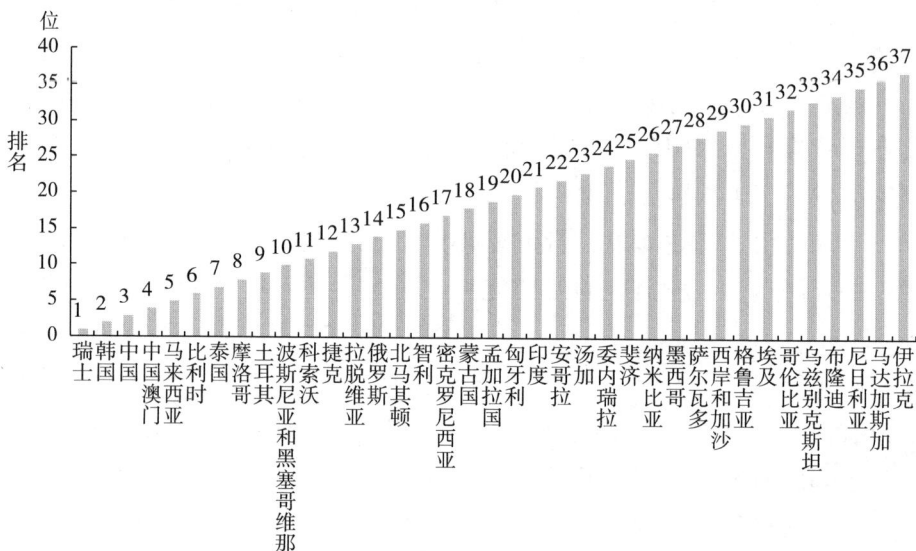

图 10 - 1 37 个国家与地区 2013 年普惠金融指数排名

第 11 章　农村数字普惠金融创新路径

11.1　加快农村金融科技创新步伐

完善的金融基础设施，是保障农村普惠金融机构低成本、高效率运作的前提。通信网络和智能终端是开展数字化金融交易的基础，不仅可以有效降低普惠金融机构的运营成本，又为数字金融在农村地区的全覆盖提供了可能。自 20 世纪 80 年代我国实施"金卡工程"以来，人民银行先后建设了若干个支付清算系统，铺就了数字普惠金融发展的"高速公路"。法定数字货币的推出对金融基础设施建设提出了更高要求，也会倒逼支付系统更加健全、支付效率全面提升。因此，有关部门应加大农村信息与通信基础设施投入，增加对农村网络建设的补贴力度，提高网络连接速度，增强网络稳定性，降低农村电信资费，优化农村地区的网络使用环境。农村普惠金融机构应加快手机银行、网上银行、支付宝、微信支付等在农村地区的推广与应用，减少用户对物理网点和柜面人员的依赖，打破传统金融的时空限制，提升数字普惠金融服务效率，将金融触角依托数字技术渗透到金字塔底，为金融资源在城乡的均衡配置创造可能。

11.2　完善数字普惠金融法律法规建设

坚持以客户为中心，在金融产品设计、服务流程优化和信贷政策指向等方面不断改进，做负责任的金融是农村普惠金融机构开展业务的应有之意。主要体现在：一是使金融产品和服务模式更负责任。农村普惠金融机构应通过培育企业文化，对内提升员工对于机构的认同感，对外增强客户与机构之间的黏合度，创造"共享价值"。二是平衡好机构权

213

益与客户利益之间的关系。客户贷款违约成本低、金融机构维权难，客户利益凌驾于机构权益之上，是农村普惠金融机构普遍面临的难题。因此，既要加强农村金融消费者教育，提升其金融能力，帮助客户采取负责任的行为，又要建立严格的失信惩戒制度，从立法上加强对普惠金融机构债权的保障措施和保护力度，化解小微信贷供给不足困境。三是制定普惠金融机构行为准则，强化普惠金融行业自律建设。既要重视衡量客户是否通过普惠金融改善了境遇，又要加强对消费者保护的监管，防止客户过度借贷引发风险。四是推进数字金融相关立法。移动技术作为普惠金融的重要载体，推动了数字金融产业的快速发展，加强产业引导和业务监管，加快信息保护、电子签名、电子认证等方面的立法，为数字普惠金融发展提供制度保障。

11.3　提高普惠金融数字化监管效能

从全世界范围来说，"只贷不存"小额贷款公司从事微型金融，在大多数国家不受审慎性监管，在一些国家仅实行备案制，只有机构达到一定规模才进行适度监管。在我国，小额贷款公司短短几年就实现了飞跃式发展，几乎各地都出台了相应的管理办法，但地方管理大多处于松散状态，缺乏中央层面的管理部门在省际间进行沟通和协调。这样的管理模式不利于调控小额贷款公司发展节奏，加强小贷行业能力建设，调剂普惠金融系统内资金余缺。尤其是小额贷款公司获准跨地区设立分支机构后，对小额贷款公司的监管应该是分层次的。中央和地方各司其职、外部监管与行业自律相得益彰。中央层面的监管着力于注册资本金在一定限额之上的小额贷款公司的牌照审批和跨区域小额贷款公司的合规经营。适度放宽县域及以下地区小额贷款公司的资本上限，变审批制为报备制，由地方金融办负责小额贷款公司的报备。外部监管主要着力于机构准入与合规运行，行业自律则主要强调内控建设与自我监管。通过行业协会进行的行业自律式监管，较之"外部"监管者的监管行为具有成本和信息对称性上不可比拟的优势。

有利的监管环境是农村普惠金融可持续发展的制度保障，完全的审慎监管容易造成"一管就死、一放就乱"情形。因此，建立适合农村普惠金融发展的监管体系就显得尤为重要。针对数字金融组织形式分散，服务方式多样，传递渠道多元等特点，监管部门有必要转变监管模式，创新监管方法，由"形式"监管转变为"行为"监管，运用大数据，建立预警机制，对问题机构进行风险警示。2019 年 8 月，人民银行印发《金融科技发展规划（2019—2021 年）》，并于 12 月率先在北京地区开展金融科技创新监管试点，开始试行"监管沙盒"。加快金融监管技术创新，利用数字技术提高监管能力，实施穿透式金融监管，探索试行"监管沙盒"，有效防范风险外溢，增强数字化监管效能。

11.4 推进数字化普惠式征信体系建设

目前，美国有各类征信机构 200 多家，欧洲有 40 多家，日韩有 30 多家，大都以社会征信机构为主。2015 年，中国人民银行批准深圳前海征信、腾讯征信等 8 家民营个人征信机构运营，向市场化征信体系迈出了重要一步。随着互联网向各个领域的渗透，构建数字化普惠征信体系，让市场化的征信机构发挥主导作用，满足不同主体、不同机构对征信产品的多层次、多元化需求，就显得尤为重要和迫切。

一是从立法上保护消费者信息隐私及其价值权益不受侵犯。信用数据采集过程中，经常会涉及个人隐私信息等，这些信息是否公开、如何公开、公开范围、使用边界等这些方面的问题，应通过出台与大数据相关的立法予以解决。既要能有效保护消费者隐私权，又要保障大数据信息的完整性，为开展大数据征信创造良好的制度环境。此外，基于大数据的征信服务可以累积两种信息，即与个体身份匹配的多种信息源以及信用评级信息。信用信息作为一种特殊商品，具有生产难、复制易、传播快的特点，因其可以被多次低价转让，均衡价格或趋近于零。因此，有必要从立法层面加强对信用信息转让等方面的保护，避免服务商因无法获取信息的外部正向收益而产生逆向激励。

二是搭建数字化信用信息数据集成、处理和交换中心。专门面向"三农"和小微企业征信体系的缺失，加大了农村普惠金融机构的信息收集成本，增加了金融交易成本。在数字金融时代，数据是最重要的资源，足量的用户数据有助于进行全面画像，缓解信息不对称的问题，实现"滴灌效应"，增强数字普惠金融服务的精准性。社保、财政、医疗等政府部门掌握了 80% 以上的客户基础数据；京东、淘宝等电商企业积累了丰富的客户资源以及大量的客户生活信息和交易数据；农村金融机构拥有众多分散的客户信贷、结算、信用记录等。三方应加强合作，以政府为主导，金融机构为主体，电商企业为支撑，搭建信用数据信息集成、处理和交换中心。此外，2016 年农业农村部开始实施"信息进村入户工程"，农村金融机构应加强与农业部门在渠道共建、信息共享、平台互通、功能互补等方面的合作，通过外部数据整合与内部数据挖掘，进行数据耦合，架构目标用户全景视图，完善农户数字化征信体系建设，实现贷款的精准营销。因此，建立由点到面再统一接入央行的数字化普惠式征信体系，有助于降低信息成本，提高放贷效率。

三是为弱势群体创造积累信用的机会。金融的本质是信用，信用信息未能在全社会范围内实现共享，守信的机会收益几乎为零，造成信息内在价值的贬损。小额信贷是普惠金融的基石，1000 元额度虽低，却是借款人能否按时还本付息的试金石。让信用变成财富，给低收入群体提供积累信用的机会，让弱势群体能够有尊严地、及时地享有金融服务，是发展普惠金融的根本目标。相较于传统借贷因信息不对称、信用不完备等过度看重担保物品，大数据时代的信息透明度更高，行为交易数据更易获取和识别，金融服务门槛大为降低，失信成本明显提高，增加了弱势群体基于个体信用获得金融服务的机会。如阿里的芝麻信用，就是通过抓取客户的社交数据等，从守约记录、行为积累、身份证明、资产证明、人脉关系等方面对客户进行信用评分，不仅挖掘了潜在客户利润源，也使更多客户有机会获得资金支持。

四是构建多维度交互式征信体系。大数据技术为信息收集、信息核验和欺诈检测提供了可能。首先，构建"自主报告 + 政府信息 + 机构合作 + 网络收集"的全方位数据源。首先，通过个人或企业自主报告信息、捕捉用户线上行为信息、获取合作机构的线下交易数据、整合金融机构间共享数据、收集政府部门的公开数据等，构建全方位数据源。其次，依托大数据，进行多维度信息核验与评估，通过大数据交互校验和获取借款人最近住址联系方式等，识别用户填写电话等基本信息时是否是有意识的错误输入，帮助金融机构减少信息记录中的偏差。从真实性、风险、价值、兴趣等多个维度，对用户信用进行综合评估（见表 11 - 1）。最后，借助信息交互识别，开展防欺诈检测。借款人有可能在个别领域或某一方面对信息进行伪装或刻意作为，但无法覆盖到所有领域，并保持伪装信息的高度一致性。因此，对借款人在不同平台的行为进行比对，有助于农村普惠金融机构防范信息欺诈风险。如百融金服在发现商户关键刷卡人有多个身份证、手机号，与商户有共同的地址信息时，就会相应调高小微企业主个人风险度等（见表 11 - 2）。

表 11 - 1　　　　　　　　　　百融至信个人征信报告

报告名称	模块名称	释义
真实性评估报告	身份信息核查	用户身份证、手机号、邮箱、姓名、座机号等用户身份信息的一致性核查
	上网信息核查	用户设备上网城市的信息
	位置信息核查	用户详细地址信息的一致性核查
风险评估报告	稳定性评估	用户手机、邮箱、姓名、地址等变更次数的评估
	商品消费评估	用户商品消费行为的统计评估
	申请信息核查	用户身份证号、手机号和设备的信贷申请及使用情况统计核查
	线上行为评估	用户设备上网的操作系统、上网类型等信息
	学历背景评估	用户学历背景的评估
	风险评估模型	用户信用风险评分值或者策略规则
	初始额度模型	用户初始信用额度的评分值或规则
价值评估报告	企业管理者标识	用户是否是小微企业主或企业高管的标识
	商旅消费评估	用户航空旅行的消费情况统计评估
	支付消费评估	用户一般消费情况统计评估
兴趣评估报告	阅读兴趣评估	用户媒体阅读偏好统计评估
	品牌兴趣评估	用户品牌消费的统计评估
	商品兴趣评估	用户商品消费偏好统计评估

资料来源：贝多广，李焰. 好金融　好社会——中国普惠金融发展报告（2015）［M］. 北京：经济管理出版社，2016.

表 11 - 2　　　　　　　　小微企业主个人行为的风险程度

小微企业主的个人行为	风险程度
商户身份证和电话在数据中的显示是一致的	风险较低
商户的个人信用和企业信用分值较高	风险较低
商户匹配的档案中有多个身份证号码	风险较高
商户在游戏、动漫、娱乐等类目上的消费级别高	风险很高
商户在经营、科技等类目上的活跃度较高	风险较低
商户关键刷卡人有多个身份证、手机号	风险较高
商户关键刷卡人与商户有共同的地址信息	风险较高

资料来源：贝多广，李焰. 好金融　好社会——中国普惠金融发展报告（2015）［M］. 北京：经济管理出版社，2016.

11.5　引导机构树立责任金融意识

　　小额贷款公司选址决策趋同是导致小额贷款公司空间内生集聚差异的根本诱因，各地区金融业发展水平的高低以及地区内金融供求关系的非对称是小额贷款公司外生集聚的路径依赖，致使小额贷款公司在地区间的分布不均衡。帮助贫困地区和贫困户发展商业性、可持续性的项目，满足他们的信贷需求是农村普惠金融机构践行社会责任的体现。但是，相关部门对农村普惠金融机构竞争力的评价指标更多涉及贷款比率、营业费用率、逾期率、资产收益率、涉农贷款比率等经济指标，没有考虑农村普惠金融机构在环境保护、社区发展、文化扶持、社会和谐等方面应遵循的"赤道原则"。一个金融企业的社会责任更多在于用融资的方法，用信贷的方法支持贫困人群（王曙光，2009）。

　　农村普惠金融机构应逐步树立起责任金融意识，服务于真正需要帮助的客户群体，并尽可能地减轻借款人负担，避免其出现过度负债。国家应从政策层面上，逐步将涉农贷款正向激励政策扩大至普惠金融机构。2012 年，天津、辽宁、山东、贵州 4 省份开始开展小额贷款公司涉农贷款增量奖励试点，对小额贷款公司当年涉农贷款平均余额同比增长超过15% 的部分，按 2% 的比例给予奖励。部分省市也出台了相应的激励政策，如福建在 2013 年 12 月 31 日前，对小额贷款公司农户小额贷款的利息收入免征营业税。青岛对贷款年平均余额同比增长或年均贷款利率低于全市同行业平均水平的小额贷款公司，按其上年小企业、"三农"贷款年平均余额 1% 标准给予补助或奖励。考虑到地区经济与金融发展差异，政府应进一步放宽涉农贷款增量奖励试点范围，对县域及以下地区实行涉农贷款存量奖励，将税收减免与金融服务行为相结合，对"涉农"金融行为给予税收减免，其他金融服务照章纳税。

农村普惠金融机构主要服务于县域经济，在关注其"三农"贷款比例基础上，更应着眼于帮助农户中的弱势群体——贫困户发展商业性可持续项目，满足他们的信贷需求正是普惠金融践行社会责任的体现。因此，相关部门在对农村普惠金融机构进行监管和评价上，应引入贫困户、贫困地区贷款覆盖面等指标，同时关注贷款项目对环境的影响等。

11.6　激励民营资本践行小额放贷

作为被监管对象的普惠金融机构服务于大众，需要监管规则既能确保市场准入者具备相应资质，又不至于因过于严苛而产生金融排斥。监管主体则认为，金融机构中资金总量庞大的"大庄家"，而非数量众多的金融受众决定着金融体系的整体稳健，因此对普惠金融机构提出了同一监管标准。监管主体与被监管对象在监管目标上存在着一定偏差，造成农村普惠金融机构在普惠目标与财务可持续发展目标之间处于两难选择。

此外，各地区金融交易参与成本的不同，经济发展水平地区的不平衡，造成有能力支付参与成本的群体数量的地区差异，影响了农村普惠金融机构的内生发展，诱致了门槛效应的地区差异。目前小额贷款公司准入门槛从千万元到上亿元，在准入门槛对放贷额度的正向引导和激励作用下，10 万元以下小额度贷款比例仅在 10% 左右。因此，要想使农村金融机构真正开展普惠金融服务，必须在准入门槛上进一步松绑，使更多的小额度民营资本有准入资格，能够为弱势群体提供普惠金融服务，扩大贷款覆盖面。政府要想使农村普惠金融机构成为有责任的放贷者，关键在于平衡债权人和债务人之间的利益关系。因此，政府应逐步简化行政性审批事宜，弱化在市场准入、业务监管等方面的事务性管理职能，降低农村普惠金融机构的行政性运行成本，使市场在金融资源配置中起决定性作用,达到降成本、增信贷、扩覆盖、强绩效的实效。

11.7 提升传统农户的数字金融素养

农村普惠金融的受众多是受到传统金融排斥的对象,普遍需要接受金融消费者教育,以便获得所需金融支持,利用金融消费者保护,维护自身合法金融权益。事实上,农户对数字金融的认知能力弱,可接受程度低,抗风险能力差,制约了数字金融的普惠程度。根据数字金融服务和渠道的特性、优势及风险,提升消费者数字技术基础知识和金融素养,提升农户风险防范意识和运用数字普惠金融资源的能力(尹优平,2017)。农村普惠金融机构可以采取线上线下相结合的方式,利用网点、街道、便利店、手机 APP 等多种途径,加大对农户认知和应用数字金融的宣传、教育和培训力度;还可以采取进村入户到人的方式,为农户量身定制数字金融素养成长计划,打破农户面临的金融素养瓶颈,提高农户对数字金融产品的可接受度,更好地开展数字化金融服务。

11.8 适度放宽融资渠道和业务范围限制

从可持续发展角度看,农村普惠金融机构拓宽融资渠道可以有多种路径选择。首先,提高小额贷款公司银行业融资比例,允许小额贷款机构以小比例抵押向大型银行融入资金,既可以扩大小额贷款机构可用资金来源,又避免了与地方金融机构竞争存款。其次,适度开放金融市场,允许小额贷款机构发行中短期票据、债券、进行再贷款融资、拆借等,允许和鼓励各类金融机构向小额贷款机构发放委托贷款、批发贷款等,扩大小额贷款机构的可贷资金规模。利用国家政策性银行批发贷款,建立小额信贷基金,批发资金给小额贷款机构。再次,在资产证券化的基础上,对于符合条件的小额贷款机构可允许其择机上市融资。最后,适度放松存款业务限制。在小额信贷之父尤努斯看来,小额贷款机构必须有贷有存,否则就会因为"短腿"发挥不了应有作用。尽管小额贷款机构吸收存款存在一定的风险,但这种风险毕竟是局部风险,不会造成体制内的系统性风险。监管部门可以结合小额贷款机构实际情况,实行有差别的适度存款准入制度,允许小额贷款机构在其经营达到一定年限、县域贷款比、不良贷款率、资本充足率达到一定标准后，开展存款业务。

11.9　增强数字金融产品供给能力

金融产品设计不合理阻碍着人们使用正规渠道金融服务。农村金融机构应积极利用大数据、云计算等精准识别农户等的金融需求偏好，运用金融科技加快数字金融产品研发与应用，实现其精准触达。具体地，一是利用数字技术完善物理网点和电子渠道的应用场景，提升农户体验度。二是充分利用数字技术，改进账户开立、支付汇兑、存贷款等基础性金融服务，有效降低人工成本，实现传统金融业务在农村地区的全覆盖。三是推动数字技术在精准扶贫上发挥作用，延伸金融触角至贫困地区的"长尾客户"。因地制宜、因户施策，利用数字金融技术优势为低收入群体量身定制金融产品，从产品期限、数量、结构等方面最大限度地匹配扶贫对金融产品的需求。四是加强与通信运营商的合作，面向农村地区用户，推出加载金融 APP 功能的定制化智能手机，实现渠道专享和服务直通，增强农村地区用户对数字普惠金融服务的认可度和获得感。

11.10　构建基于大数据技术风控体系

如何在安全可控的前提下整合分散的金融数据，并在金融机构之间实现数据的开放共享，创造有利于农村金融机构风控的大数据环境，是摆在农村普惠金融机构面前的现实问题。一是利用"软信息"构建风险管理体系。针对"三农"、小微企业基于财务报表等的"硬信息"不足，依托经验判断、社会口碑、人脉关系等"软信息"，构建适合农村普惠金融发展的风险管理体系。二是利用爬虫技术，不间断地收集客户实时动态数据信息，降低大数据风控成本。农村金融机构要想以大数据取代人工调查，利用大数据进行信用评估及风险防控，应着力构建准确的信用记录数据库并不断对征信平台进行更新补充，确保数据信息真实有效。推动征信体系与大数据技术的融合，既可以提高风控的高效性，又能有效降低风控成本。三是制定行业标准化数据目录，明确数据公开共享原则，保障数据信息安全。互联网突破了空间和时间约束，使金融机构能够更加快捷便利地获取客户在医疗、出行、教育、电商等方面的行业数据。因此，为了更好地推动各行业、各领域在数据信息方面开展共享应用合作，应由监管部门牵头，制定统一的行业数据目录，明确对外开放的最低标准，克服数据在金融机构之间的传导障碍，不断提升大数据金融的内在价值。四是明确法律、会计等制度规范，健全数据从收集到应用的外部制度环境。相对于静态数据，图像、音频等动态数据信息日益丰富，对数据采集和处理技术提出了更高要求。这些都要求立法先行，在法律法规方面为农村金融机构利用大数据进行风控，创造良好的外部制度环境，既要保证数据获取的真实合法有效，又要能够有效保护消费者个人信息的隐私权。

参考文献

［1］爱德华·肖．经济发展中的金融深化［M］．上海：上海人民出版社，1988．

［2］贝多广，李焰．好金融　好社会——中国普惠金融发展报告（2015）［M］．北京：经济管理出版社，2016．

［3］贝多广，李焰．普惠金融——中国金融发展的新阶段［M］．北京：人民出版社，2016．

［4］卜又春，赵其伟，陈强，王捷．关于数字货币支付体系的几点思考［J］．金融发展研究，2016（12）．

［5］陈时兴．小额贷款公司创新的制约因素与发展对策［J］．国家行政学院学报，2011（4）．

［6］程萍．农村数字普惠金融的创新发展与监管［J］．农村经济与科技，2020（5）．

［7］戴维·鲁德曼，全球发展中心．微型金融［M］．游春，译．北京：中国金融出版社，2015．

［8］邓淇中，李鑫，陈瑞．区域金融生态环境指标体系构建及竞争力评价研究［J］．湖南科技大学学报（社会科学版），2012（11）．

［9］董玉峰．农村数字普惠金融模式探索与困境化解——基于北川县实践［J］．农村金融研究，2018（10）．

［10］杜晓山，孙若梅．中国小额信贷的实践和政策思考［J］．财贸经济，2000（7）．

［11］杜晓山．中国小额信贷和普惠金融的发展现状及挑战［J］．博鳌观察，2013（10）．

［12］杜晓山．小额信贷机构的绩效评价［N］．中国城乡金融报，

2010 – 12 – 1.

[13] 冯兴元, 孙同全. 金融支持乡村振兴战略与多层次农村金融体系探讨 [J]. 农村金融研究, 2018 (12).

[14] 傅秋子, 黄益平. 数字金融对农村金融需求的异质性影响——来自中国家庭金融调查与北京大学数字普惠金融指数的证据 [J]. 金融研究, 2018 (11).

[15] 葛和平, 朱卉雯. 中国数字普惠金融的省域差异及影响因素研究 [J]. 新金融, 2018 (2).

[16] 葛延青. 农村数字普惠金融发展的生态框架及实施路径探讨 [J]. 金融理论与实践, 2020 (3).

[17] 官兵. 中国农村金融改革的制度解释 [J]. 农业经济问题, 2005 (10).

[18] 郭田勇, 陆洋. 小额贷款公司: 民间借贷的阳光化之路 [J]. 西部论丛, 2008 (10).

[19] 顾宁, 刘扬. 我国农村普惠金融发展的微观特征分析 [J]. 农业技术经济, 2018 (1).

[20] 赫尔曼, 穆尔多克, 斯蒂格利茨. 金融约束: 一个新的分析框架//青木昌彦. 政府在东亚经济中的作用 [M]. 北京: 中国经济出版社, 1999.

[21] 何广文, 杨虎锋. 小额贷款公司制度目标及其实现路径探讨 [J]. 农村金融研究, 2012 (6).

[22] 何广文. 农户小额信用贷款的制度绩效、问题及对策 [J]. 中国农村信用合作, 2002 (11).

[23] 何广文, 潘婷. 普惠金融涵义及其推进路径 [J]. 海外投资与出口信贷, 2017 (10).

[24] 何广文, 何婧. 农村金融转型发展及乡村振兴金融服务创新研究 [J]. 农村金融研究, 2018 (12).

[25] 何广文, 何婧, 郭沛. 再议农户信贷需求及其信贷可得性 [J]. 农业经济问题, 2018 (2).

[26] 何德旭, 王进成. 网络借贷平台的风险与监管 [J]. 武汉金

融，2013（8）.

［27］何德旭，苗文龙.金融排斥、金融包容与中国普惠金融制度的构建［J］.财贸经济，2015（3）.

［28］何婧，李庆海.数字金融使用与农户创业行为［J］.中国农村经济，2019（1）.

［29］何学松，孔荣.金融素养、金融行为与农民收入——基于陕西省的农户调查［J］.北京工商大学学报（社会科学版），2019（3）.

［30］胡战勇，等.小额贷款公司的运作制度缺陷与政策修正［J］.武汉金融，2009（4）.

［31］胡可.我国发展农村数字普惠金融的实践与对策［J］.南方农业，2020（3）.

［32］粟芳，方蕾.“有为政府”与农村普惠金融发展——基于上海财经大学2015“千村调查”［J］.财经研究，2016（12）.

［33］李建华，许传华.约束与深化：我国村镇银行建设研究［J］.中州学刊，2008（5）.

［34］李喜梅，林素媚，陈银芳.我国新型农村金融机构会履行社会责任吗——基于博弈论视角的分析［J］.贵州财经学院学报，2009（11）.

［35］李明贤，叶慧敏.普惠金融与小额信贷的比较研究［J］.农业经济问题，2012（9）.

［36］李雪静.国外P2P网络借贷平台的监管及对我国的启示［J］.金融理论与实践，2013（7）.

［37］李明贤，谭思超.我国中部五省农村普惠金融发展水平及其影响因素分析［J］.武汉金融，2018（4）.

［38］刘时习.农村数字普惠金融发展经验［J］.中国金融，2020（2）.

［39］刘志阳，黄可鸿.梯若尔金融规制理论和中国互联网金融监管思路［J］.经济社会体制比较，2015（2）.

［40］芦国荣，拜剑梅.农村数字普惠金融发展实践［J］.中国金融，2020（5）.

［41］鲁钊阳．P2P 网络借贷风险规制法律问题研究［J］．商业研究，2017（3）．

［42］罗纳德·麦金农．经济发展中的货币与资本［M］．上海：上海人民出版社，1997．

［43］罗剑朝、曹瓅、罗博文．西部地区农村普惠金融发展困境、障碍与建议［J］．农业经济问题，2019（8）．

［44］江维国，李立清．互联网金融下我国新型农业经营主体的融资模式创新［J］．财经科学，2015（8）．

［45］姜振水．农村数字普惠金融发展与实现路径［J］．农村金融研究，2017（4）．

［46］蒋庆正，李红，刘香甜．农村数字普惠金融发展水平测度及影响因素研究［J］．金融经济学研究，2019（7）．

［47］焦瑾璞，黄亭亭，汪天都，张韶华，王瑱．中国普惠金融发展进程及实证研究［J］．上海金融，2015（4）．

［48］焦瑾璞．"普"与"惠"：新时期下的普惠金融发展思路［J］．金融市场研究，2016（6）．

［49］刘英．村镇银行支付结算业务发展的现状、问题及建议——以河南省为例［J］．金融理论与实践，2014（2）．

［50］龙建平．欠发达地区金融支持乡村振兴的路径选择［J］．金融与经济，2018（12）．

［51］罗剑朝．中国农村金融前沿问题研究（1990—2014）［M］．北京：中国金融出版社，2015．

［52］吕瑛春，余良，姬明琦．数字普惠金融高级原则的 SWOT 分析——以青海省海东市为例［J］．青海金融，2016（11）．

［53］马勇，陈雨露．作为"边际增量"的农村新型金融机构：几个基本问题［J］．经济体制改革，2010（1）．

［54］马九杰，吴本健．互联网金融创新对农村金融普惠的作用：经验、前景与挑战［J］．农村金融研究，2014（8）．

［55］茅于轼．小额贷款的高成本问题［N］．21 世纪经济报道，2011 - 04 - 15．

［56］穆罕默德·尤努斯著，陈文，陈少毅，郭长东，等译．普惠金融改变世界［M］．北京：机械工业出版社，2018.

［57］潘广恩．小额贷款公司可持续发展机制的研究［J］．浙江金融，2009（4）.

［58］潘晓健，杜莉．以供给侧结构性改革推动我国农村普惠金融纵深发展［J］．经济纵横，2017（2）.

［59］秦汉锋．新型农村金融机构的制度变迁与演进［J］．中国金融，2009（12）.

［60］任碧云，张彤进．移动支付能够有效促进农村普惠金融发展吗？——基于肯尼亚 M－PESA 的探讨［J］．农村经济，2015（5）.

［61］宋晓玲．数字普惠金融缩小城乡收入差距的实证检验［J］．财经科学，2017（6）.

［62］宋杰．央行正式颁发国内首家个人征信牌照，阿里腾讯等企业征信业务"被收编"阿里腾讯如何把数据贡献给"信联"？［J］．中国经济周刊，2018（3）.

［63］孙健，胡金焱．小额贷款公司与农民收入关系研究——以山东省小额贷款公司为例［J］．山东社会科学，2011（12）.

［64］孙同全．从农户家庭资产负债表看农村普惠金融供给侧结构性改革［J］．中国农村经济，2017（5）.

［65］谭文培．基于"三位一体"视角的农村普惠金融体系构建［J］．湖南科技大学学报（社会科学版），2013（11）.

［66］汤敏．中国金融论坛［M］．北京：社会科学文献出版社，2008.

［67］田霖，金雪军．金融地理学视角下的证券市场投资潜力分析［J］．世界地理研究，2004（3）.

［68］王曙光，王丹莉，王东宾，等．普惠金融：中国农村金融重建中的制度创新与法律框架［M］．北京：北京大学出版社，2013.

［69］王睿，周应恒．乡村振兴战略视阈下新型农业经营主体金融扶持研究［J］．经济问题，2019（2）.

［70］王颖，曾康霖．论普惠：普惠金融的经济伦理本质与史学简

析［J］．金融研究，2016（2）．

　　［71］王婧，胡国晖．中国普惠金融的发展评价及影响因素分析［J］．金融论坛，2013（3）．

　　［72］王曙光．金融企业的社会责任不是负担而是机遇［EB/OL］［2009 - 04 - 09］．http：//www. jrj. com.

　　［73］王姣，周颖．数字普惠金融在农村发展的共享价值提升研究［J］．农业经济，2017（11）．

　　［74］王家传，冯林．农村小额贷款公司营运成效与发展方略：以山东省为例［J］．农业经济问题，2011（7）．

　　［75］王景新．村域经济转型发展态势与中国经验［J］．中国农村经济，2011（12）．

　　［76］王雪，何广文．县域银行业竞争与普惠金融服务深化——贫困县与非贫困县的分层解析［J］．中国农村经济，2019（4）．

　　［77］吴金旺，郭福春，顾洲一．数字普惠金融发展影响因素的实证分析——基于空间面板模型的检验［J］．浙江学刊，2018（5）．

　　［78］吴国华．进一步完善中国农村普惠金融体系［J］．经济社会体制比较，2013（7）．

　　［79］吴玉宇．村镇银行运行存在的问题及对策分析［J］．改革与战略，2008（24）．

　　［80］谢平，邹传伟．互联网金融模式研究［J］．金融研究，2012（12）．

　　［81］谢平．互联网金融的现实与未来［J］．新金融，2014（4）．

　　［82］谢平，邹传伟，刘海二．互联网金融监管的必要性与核心原则［J］．国际金融研究，2014（8）．

　　［83］谢平，邹传伟，刘海二．互联网金融的基础理论［J］．金融研究，2015（8）．

　　［84］谢汶磊．农村数字普惠金融县域差异的影响因素分析——基于婺源县和嘉鱼县的调研［J］．湖北经济学院学报（人文社会科学版），2019（11）．

　　［85］徐瑜青，周吉帅，刘冬．村镇银行问题调查与研究［J］．农

村经济，2009（4）.

［86］徐洁，隗斌贤，揭筱纹．互联网金融与小微企业融资模式创新研究［J］．商业经济与管理，2014（4）.

［87］闫广宁，丁劲光．小额信贷：创新农村普惠金融制度——对宁夏盐池县妇女发展协会小额信贷服务中心营运情况的调查［J］．中国金融，2007（9）.

［88］杨菁．小额贷款公司风险探析及相关建议［J］．农村经济，2013（2）.

［89］杨菁．互联网金融监管与发展的非对称性及创新思考［J］．新金融，2017（4）.

［90］杨菁．金融深化与中国农村金融市场发展研究［M］．北京：中国物资出版社，2011.

［91］杨菁．村镇银行区域发展失衡：表象与诠释［J］．生产力研究，2014（2）.

［92］杨菁，何广文．利率市场化对农户投资行为影响的实证分析［J］．金融理论与实践，2008（1）.

［93］杨虎锋，何广文．商业性小额贷款公司能惠及"三农"和微小客户吗？［J］．财贸研究，2012（2）.

［94］零壹财经·零壹智库．金融基石——全球征信行业前沿［M］．北京：电子工业出版社，2018.

［95］伊丽莎白·拉尼．从小额信贷到普惠金融——基于银行家和投资者视角的分析［M］．李百兴，译．北京：中国金融出版社，2016.

［96］易行健，周利．数字普惠金融发展是否显著影响了居民消费——来自中国家庭的微观证据［J］．金融研究，2018（11）.

［97］尹应凯，侯蕤．数字普惠金融的发展逻辑、国际经验与中国贡献［J］．学术探索，2017（3）.

［98］尹优平．金融科技助推普惠金融［J］．中国金融，2017（11）.

［99］应宜逊，黄震宇，徐永良．我国小额农贷体制的特点及改进思路［J］．金融研究，2005（5）.

［100］曾刚．创新理念下的商业银行转型发展分析［J］．农村金融

研究，2016（3）．

[101] 张承惠，郑醒尘，等．中国农村金融发展报告 2015 [M]．北京：中国发展出版社，2016．

[102] 张正平，杨丹丹．市场竞争、新型农村金融机构扩张与普惠金融发展——基于省级面板数据的检验与比较 [J]．中国农村经济，2017（1）．

[103] 张正平，江千舟．互联网金融发展、市场竞争与农村金融机构绩效 [J]．农业经济问题，2018（2）．

[104] 张正平，李玟琛，赵红．"互联网＋"背景下我国农村金融发展的若干思考 [J]．农村金融研究，2017（8）．

[105] 张正平，刘旭晶，夏海．《G20 高级原则》视角下农村商业银行数字普惠金融的发展 [J]．农村金融研究，2019（3）．

[106] 张春莉．农村普惠金融之法制路径：基于国际小额信贷的启示 [J]．江苏社会科学，2019（11）．

[107] 张珩，罗剑朝，郝一帆．农村普惠金融发展水平及影响因素分析——基于陕西省 107 家农村信用社全机构数据的经验考察 [J]．中国农村经济，2017（1）．

[108] 张晓燕．互联网金融背景下普惠金融发展对城乡收入差距的影响 [J]．财会月刊，2016（6）．

[109] 张栋浩，尹志超．金融普惠、风险应对与农村家庭贫困脆弱性 [J]．中国农村经济，2018（4）．

[110] 张海燕，张小晴．农村数字普惠金融发展与实现措施浅谈 [J]．知识经济，2018（11）．

[111] 郑美华．农村数字普惠金融：发展模式与典型案例 [J]．农村经济，2019（3）．

[112] 郑中华，特日文．中国三元金融结构与普惠金融体系建设 [J]．宏观经济研究，2014（7）．

[113] 郑曙光，林恩伟．小额贷款公司运行中的政策环境与制度完善——基于对浙江省小额贷款公司设立、运行现状的调查、分析 [J]．宁波大学学报（人文科学版），2010（6）．

［114］中国银行业协会，等．优秀微型金融机构案例选编——基于
中国银行业协会（花旗集团）微型创业奖获奖机构的调研［M］．北京：
中国金融出版社，2015.

［115］中国银行业协会，等．优秀微型金融机构案例选编——基于
中国银行业协会（花旗集团）微型创业奖获奖机构的调研［M］．北京：
中国金融出版社，2016.

［116］周雨晴，何广文．数字普惠金融发展对农户家庭金融资产配
置的影响［J］．当代经济科学，2020（4）.

［117］Anand SK, Chhikara KS. A Theoretical and Quantitative Analysis
of Financial Inclusion and Economic Growth ［J］. Management and Labour
Studies, 2012 (2).

［118］Anderloni, Luisa, and D., Vandone,. Migrants and Financial
Services: Which Opportunities for Financial Innovation Frontiers of Banks in a
Global Economy ［M］. UK: Palgrave Macmillan, 2008.

［119］Appleyard L. Community Development Finance Institution: Geog-
raphies of Financial Inclusion in the US and UK ［J］. Geoforum, 2011 (2).

［120］Arora, R. Measuring Financial Access ［D］. Griffith University
Discussion Paper in Economics, 2010.

［121］Beck T, Honohan P. Finance for All Policies and Pitfalls in Ex-
panding Access ［M］. Washington D. C: World Bank, 2007.

［122］Elizabeth Littlefield, S. R. The Impact of Formal Finance on the
Rural Economy of India ［J］. Journal of Development Study, 2003.

［123］Daniela Gabor, Sally Brooks. The Digital Revolution in Financial
Inclusion: International Development in the Fintech Era ［J］. New Political
Economy, 2017.

［124］Joassart – Marcelli P. and Stephens P. Immigrant Banking and Fi-
nancial Exclusion in Greater Boston ［J］. Journal of Economic Geography,
2010 (6).

［125］Julapa Jagtiani, Catharine Lemieux. Fintech Lending: Financial
Inclusion, Risk Pricing, and Alternative Information ［J］. Social Science

Electronic Publishing, 2017 (26).

[126] Komarova Y. and Gonzalez L. Competition Against Common Sense: Insights on Peer to peer Lending as a Tool to Allay Financial Exclusion [J]. International Journal of Bank Marketing, 2015 (5).

[127] Kondo, T. , A. Orbeta, C. Dingcong, and C. Infantado. Impact of Microfinance on Rural Households in the Philippines [R]. IDS Bulletin, 2008 (1).

[128] Lensink, R. , and T. T. T. Pham. The Impact of Microcredit on Self – Employment Profits in Vietnam [J]. Economics of Transition, 2012 (1).

[129] Priyadarshee A, Hossain, Arun T. Financial Inclusion and Social Protection: A Case for India Post [J]. Competition and Change, 2010 (14).

[130] Roodman D, Morduch J. The Impact of Microcredit on the Poor in Bangladesh: Revisiting the Evidence, Center for Global Development [R]. Center for Global Development, Washington DC, 2009 (174).

[131] Sarma, M. Index of Financial Inclusion [R]. Indian Council for Research on International Economic Relations, Working Paper No. 215, 2008.

[132] Sarma, M. , Pais, J. Financial Inclusion and Development: a Cross Country Analysis [J]. Journal of International Development, 2011 (5).

[133] Stiglitz J E, Weiss. Credit Rationing in Markets with Imperfect Information [J]. American Economic Review, 1981.

[134] Stiglitz J E, Weiss. Credit Rationing and its Implications for Macroeconomics [J]. Oxford Economic Papers, 1992.

[135] Stiglitz J E. Peering Monitoring and Credit Markets [J]. World Bank Economic Review, 1990 (3).

[136] Wentzel P. Diatha S. , Yadavalli S. An Investigation into Factors Impacting Financial Exclusion at the Bottom of the Pyramid in South Africa [J]. Development Southern Africa, 2016 (2).